RENDEZ-VOUS DANS LES
HIMALAYAS
MA QUÊTE DE VÉRITÉ

DISTRIBUTEURS :

. Pour le Québec :
QUÉBEC-LIVRES
4435, boul. des Grandes Prairies
Saint-Léonard (Qué.) H1R 3N4
Tél. : (514) 327.6900   Télécopieur : (514) 329.1148

. Pour la France :
LES MESSAGERS DE L'ÉVEIL
34, rue du 4 septembre
24290 Montignac
Tél. : (33.1) 53.50.76.31 Télécopieur : (33.1) 53.51.05.69

. Pour la Belgique :
VANDER
321 B, avenue des Volontaires
1150 Bruxelles
Tél. : (322) 762 9804   Télécopieur : (322) 762 0662

. Pour la Suisse :
DIFFUSION TRANSAT S.A.
Route des Jeunes, 4ter, C.P. 125
1211 Genève 26
Tél. : (41.22) 342.77.40 Télécopieur : (41.22) 343.46.46

Claudia Rainville

RENDEZ-VOUS DANS LES HIMALAYAS

MA QUÊTE DE VÉRITÉ

Du même auteur:

PARTICIPER À L'UNIVERS,
sain de corps et d'esprit

VIVRE EN HARMONIE
avec soi et les autres

RENDEZ-VOUS DANS LES HIMALAYAS (Tome II)
Les enseignements

Copyright
©1992 Claudia Rainville

Dépôt légal: Bibliothèque nationale du Québec
Dépôt légal: Bibliothèque nationale du Canada
Troisième trimestre 1992
ISBN 2-9801558-4-5
Première édition, 2e impression

Les Éditions F.R.J. Inc.

153, du Sommet
Vermont sur le Lac
Stoneham (Québec)
Canada
G0A 4P0

Tél.: (418) 848-4290   Télécopieur: (418) 848-5442

Tous droits réservés.
Toute reproduction ou traduction partielle
ou totale de ce volume est interdite sans
l'autorisation de la maison d'édition.

*À tous ceux et celles
qui ont soif de vérité*

REMERCIEMENTS

Une création littéraire ne peut jamais être l'oeuvre d'une seule personne, même si un seul nom apparaît sur la couverture du livre.

Du plus profond de mon être, je tiens à remercier chaque personne (amis, adversaires, camarades, collaborateurs, collègues, conjoints, parents, professeurs, participants à mes ateliers, guides et Maîtres) qui m'a permis d'avancer dans cette quête spirituelle.

Aussi, j'invite le lecteur à faire germer dans son coeur des pensées d'amour pour toutes les personnes qui ont contribué à sa réalisation.

Un merci tout spécial s'adresse à mon bien-aimé Richard, à nos enfants Karina, Mikhaël et Martin, ainsi qu'aux membres de l'équipe dévouée qui a contribué à la production de ce volume. Ce sont:

Micheline Chamberland, Ginette Laliberté,
Véronique Lacourse et Ginette Chagnon, mes fidèles collaboratrices.

À certaines étapes, d'autres personnes se sont jointes à nous:

France Dallaire (saisie de données)
Sylvie Ruel (correction)
Claire Gagnon (graphisme)
Judith Tremblay et son équipe (révision linguistique)
Anne-Marie Pétillon (correction)
Pierre Laplante et l'Imprimerie Gagné
Marie-France Paquette et Claude Bouthillier, responsables de l'oasis de paix «La Catalina» en République Dominicaine où fut écrit ce premier tome.

AVANT-PROPOS

La recherche de la vérité transforme l'être humain en pèlerin; le lieu qu'il doit visiter, c'est lui-même. Qui ne s'est jamais demandé, dans un moment de souffrance, pourquoi il était venu en ce monde?

Combien ont cherché à connaître ce qu'il y a après cette vie? Qui n'a pas souhaité rencontrer Dieu? Qui n'a pas ressenti de l'injustice dans ce qu'il vivait ou observait?

C'est très souvent après de grandes souffrances que nous décidons de nous mettre en quête de la connaissance. Cela demande de l'audace, du courage et la volonté de trouver la réponse à la grande question: «Qui suis-je?»

Puisse ce livre que tu tiens entre tes mains te donner le goût de t'engager pleinement dans cette merveilleuse aventure qu'est la montée vers la connaissance.

Pour ce faire, il te faudra ouvrir ton coeur et être prêt à mettre de côté certaines croyances bien enracinées, sans toutefois accepter d'emblée ce qui te sera présenté. Tout au long de cette montée, tu devras donc être accompagné de tes fidèles amis que sont l'amour et le discernement. Il te faudra également expérimenter ce qui te sera proposé, car le véritable "savoir" relève de l'expérience. Tu réaliseras que tu es inscrit à plein temps à l'école de la vie et que chaque jour t'amène de nouvelles leçons à intégrer.

Il est à noter que l'histoire racontée est authentique, du début à la fin; cependant, certains noms et prénoms ont été modifiés afin de conserver l'anonymat des personnes concernées.

En écrivant ce volume, qui contient deux tomes: «Ma quête de vérité» et «Les enseignements», mon but était qu'en te confiant mes propres expériences, ce livre soit un guide dans ta propre quête spirituelle.

Puisse ce volume contribuer à ce «que l'aspiration précieuse à l'éveil naisse partout où elle n'est pas, et qu'elle aille croissant sans jamais se dégrader, là où elle existe déjà».

Avec tout mon amour

Ton amie Claudia

Laurent

Comme un vent
doux et caressant
comme le courant
imprévisible et changeant
comme un chant
qui berce un enfant
comme le temps
qui prend son temps
peu à peu tu t'es infiltré
doucement tu as imprégné
l'écorce de mes résistances
faisant naître l'espérance.
Impassible j'observais
la métamorphose qui s'opérait
dans mon être et dans ma vie.
Dans mes rêves et dans mes nuits
tout s'illuminait
tout resplendissait.
De mes yeux éblouis
montaient mille mercis.
Tel un papillon
qui quitte son cocon
tes ailes aux reflets d'or
me disaient
que tu avais
transcendé ta mort.

Claudia

L'APPEL

En ce magnifique dimanche de fin d'été 1987, nous roulons, Laurent et moi, le long du fleuve Saint-Laurent. Le soleil se répand en taches de lumière sur l'eau. Je n'ai qu'une envie, celle de chanter. Je suis profondément heureuse aux côtés de cet homme qui est pour moi le compagnon idéal. Pour la première fois, j'ai le sentiment de connaître l'amour, l'amour tendresse, l'amour partage, l'amour amitié. Depuis ma rencontre avec Laurent, j'ai retrouvé les rires et l'émerveillement; chaque jour est un jour de bonheur.

Nous nous rendons à Montréal, où je dois participer à une émission de télévision. J'y parlerai de «métamédecine». Mes recherches et ma propre expérience m'ont amenée à découvrir que ce sont nos émotions refoulées qui sont à l'origine de nos malaises, de nos maladies et de tous nos «mal-être». La «métamédecine», ou médecine de l'âme, nous aide à reprendre contact avec nos émotions inconscientes et à nous libérer de ce qui entrave notre santé et notre joie de vivre.

L'intégration de ces connaissances a graduellement transformé la femme malade et dépressive que j'étais en cette femme rayonnante qui jouit maintenant d'une excellente santé. Je sais que mon expérience de vie peut aider plusieurs personnes à se reconnaître à travers mes anciens schèmes de pensée. Et qu'elles peuvent, comme moi, transformer le film de leur vie.

Ce travail en psychothérapie me fascine; chaque jour, j'élargis mes connaissances et j'approfondis le fonctionnement de l'être humain. J'ai le goût de partager mes découvertes, ne serait-ce que pour être, à mon tour, une petite lumière dans l'obscurité de la souffrance d'une autre personne.

Cette émission de télévision m'offre une excellente occasion de parler de mes découvertes et, qui sait, d'éveiller les consciences prêtes à cette ouverture. L'enregistrement a lieu à l'Université du Québec, à Montréal. L'émission est sur le point de débuter, lorsqu'un homme à la barbe et aux cheveux blancs comme neige franchit la porte de l'auditorium. On croirait à une apparition. J'ai la sensation que cet homme me regarde, bien que ses yeux ne soient pas dirigés sur moi.

À la fin de l'émission, il s'adresse à moi. Il s'appelle Hans. Il avoue me connaître depuis quelques années, bien que ce soit la première fois qu'il me rencontre. J'en suis étonnée. Des années plus tôt, m'apprend-il, il avait chargé quelqu'un de se renseigner à mon sujet. Cela m'intrigue!

Il nous invite, Laurent et moi, à nous joindre à lui et à sa compagne pour prendre une bouchée dans un petit restaurant végétarien. Bien que Hans ait la barbe et les cheveux complètement blancs, ses traits sont jeunes. Il ne doit guère avoir plus de quarante-cinq ans. Sa compagne semble beaucoup plus jeune. Belle, réservée, elle dégage une pureté qui évoque bien le surnom qu'on lui donne: Crystal.

Les propos de Hans sont à la fois étranges et pleins de sagesse. Il s'exprime avec beaucoup de douceur et chaque fois qu'il me regarde, ses yeux noirs comme du charbon pénètrent au plus profond de mon être. J'ai le sentiment qu'il lit en moi comme dans un livre ouvert.

Chap. I L'appel

Hans nous parle des âmes soeurs, des êtres vivant sur d'autres plans de conscience... Je suis magnétisée à la fois par sa voix, ses propos et sa présence. J'oublie le temps. Le monde autour de moi disparaît. Seul l'instant présent existe. Laurent me rappelle l'heure. Nous convenons de nous revoir au sujet d'un local que je recherche sur la rive sud de Montréal. Hans me propose de visiter celui qu'il utilise pour ses cours et ses thérapies.

De retour à la maison, Laurent m'avoue être aussi intrigué que moi par ce personnage énigmatique, mais nous ressentons une grande paix à la suite de cette rencontre. Les jours passent, sans que j'aie le temps de répondre à l'invitation de Hans. Mais les événements se chargeront de le remettre sur ma route.

Quelque temps plus tard, Laurent fait une appendicite aiguë avec péritonite. L'opération est de rigueur. Après sa sortie de l'hôpital, je l'emmène en vacances à Bromont pour qu'il récupère. Ces événements ont un effet des plus dommageable sur mon système digestif. Avant d'aller à Bromont, j'avais rencontré une amie qui étudie l'iridologie; en regardant mon iris, elle a vu que je faisais de l'acidité et m'a demandé s'il y avait une personne ou une situation qui me créait de l'anxiété. Je lui ai répondu, en badinant: «Oh! Laurent me fait faire des litres d'acide!» J'enseigne pourtant le pouvoir qu'ont les mots! Et voilà qu'à Bromont, je fais une telle acidité gastrique qu'aucun antiacide n'agit.

Laurent me suggère d'appeler Hans qui est phytothérapeute. J'essaie de le rejoindre chez lui à plusieurs reprises, mais sans succès. De retour à la maison, à Sainte-Julie, le malaise persiste. Tôt le lendemain, je suis réveillée par le téléphone. C'est Hans qui s'informe si je vais mieux. Je me sens beaucoup mieux en effet, mais je n'ai pas encore eu le temps de le réaliser. Il me dit qu'au cours de la nuit, à 2 h 20 précisément, il m'a fait un transfert d'énergie. Mais comment donc savait-il que j'étais malade? Qui donc peut-il bien être? Hans me dit qu'il est important que l'on se voie.

- Je donne une soirée d'information à Longueuil. On pourrait se voir après, lui dis-je.

En arrivant dans la salle, j'aperçois Hans et Crystal assis à la première rangée. Après la conférence, Hans me remet une enveloppe sur laquelle est écrit en grosses lettres: UN BONJOUR DU COSMOS

À MA SOEUR. L'information contenue dans cette lettre lui a été transmise, semble-t-il, par voie médiumnique. Il y est question de mon potentiel énergétique, en général assez bon, mais qui a chuté de façon inquiétante au cours des derniers jours. La thérapie proposée est un transfert d'énergie, l'application des douze lois cosmiques, de même que du soutien.

Il y est également écrit:

> *«Âme spéciale... venue accomplir trois missions qui ont trait à l'harmonie. La première de ces missions débutera dans environ 28 mois de notre temps. Encore dix mois à l'Éveil Radieux, puis la suite sera reprise, car elle a besoin d'un peu d'ajustement avant de partir pour environ trois mois à l'étranger.*
>
> *Le principe de "l'âme soeur" est bien réel dans cette vie avec son compagnon actuel Laurent C... Claude[1] complète présentement sa 189e incarnation depuis les tout débuts. Les lettres F.R.J. forment l'appellation énergétique de son âme».*

Je suis stupéfaite!
- Tu sais, lui dis-je après avoir lu cette lettre, si j'avais reçu un tel message dans le passé, il aurait probablement gonflé mon EGO, mais aujourd'hui, cela me fait comprendre l'importance de poursuivre dans la voie où je me suis engagée.
- Nous le savons, dit Hans. C'est pourquoi ces révélations n'auraient pu t'être faites dans le passé.

Ce qui me plaît, c'est ce qui est écrit à propos de Laurent et de moi. Cependant, je ne comprends pas ce que signifie: «Encore dix mois à l'Éveil Radieux, puis la suite sera reprise...»

Je n'ai jamais pensé une seconde que je pourrais quitter l'Éveil Radieux. Ce Centre d'harmonisation intérieure est maintenant en pleine expansion. Et je n'ai nullement envie de partir à l'étranger,

---
1. À cette époque, l'auteure portait le nom de Claude.

puisque Laurent et moi devons nous marier au mois de mai. Laurent est aussi perplexe que moi devant cette lettre. Je la mets de côté sans en parler à qui que ce soit et sans y prêter d'importance.

Je n'ai pas l'intention de revoir Hans. Quelque part, cet homme me fait peur. Mais encore une fois, les événements me ramèneront auprès de lui. Au mois de novembre, Hans et Crystal nous invitent chez eux. Ils ont beaucoup maigri. Ils ne mangent presque plus, se contentant d'eau et de tisanes. Ils veulent s'alléger, disent-ils. Hans a reçu le message qu'ils doivent se tenir prêts à partir. Où et comment? Qui lui a donné ce message? Un sourire est leur réponse. Depuis le début, ils me semblent si mystérieux que j'en conclus que cela fait partie de ce qui les entoure. Je n'insiste pas.

La semaine suivante, j'apprends, par une amie qui est passée les voir, que le mystérieux couple a disparu. Dans leur maison pourtant, tout est demeuré en place: meubles, vêtements, objets personnels... Je ne les reverrai jamais.

Et les prédictions de Hans se réaliseront: dix mois après avoir reçu sa lettre, je fermerai le Centre d'harmonisation intérieure l'Éveil Radieux, à Montréal, et je partirai ensuite trois mois à l'étranger. Et vingt-huit mois plus tard, mon premier volume «Participer à l'Univers, sain de corps et d'esprit» sera disponible dans les librairies du Québec.

À la fin de novembre 1987, l'Éveil Radieux éprouve certaines difficultés. Plusieurs comptes non payés ont été accumulés à mon insu par l'ancienne administratrice. Celle que j'ai récemment embauchée possède une vaste expérience et elle m'apprend qu'il lui faudrait au moins 25 000 $ pour à la fois payer les comptes en souffrance et relancer l'entreprise.

J'ai déjà emprunté 20 000 $ pour l'aménagement intérieur du Centre et utilisé complètement une marge de crédit de 5 000 $. Cela porterait ma dette à 50 000 $! Je dois réfléchir... Je ne peux cependant envisager la fermeture du Centre dans lequel j'ai déjà investi beaucoup d'énergie.

La seule pensée d'avoir à demander de l'aide m'est pénible. Moi, la femme forte qui me suis toujours débrouillée seule lorsque j'avais des difficultés, je dois cette fois faire face à la réalité. Il ne s'agit pas seulement de moi, mais de tous ceux et de toutes celles qui ont cru en moi et en l'Éveil Radieux. Pour ces personnes, je dois prendre mon courage à deux mains. À chaque refus, cela m'est de plus en plus pénible de demander de l'aide. Une douleur persistante au nerf sciatique me fait prendre conscience des peurs qui m'habitent face à ma situation financière. Je marche sur mon orgueil en révélant les difficultés financières du Centre. Un de mes participants accepte de se porter garant pour un prêt personnel de 25 000 $. Ouf! le Centre est sauvé. Du moins, je le crois.

Mais décembre s'avère plus difficile. Janvier, c'est la catastrophe. Un quotidien de Montréal se lance dans une guerre contre les centres de croissance et de thérapie. Les participants se font plus rares, effrayés par ces vents de peur qu'alimentent les médias. Au début de février, les réserves sont à sec. Je n'ai plus d'argent pour faire la moindre publicité ni pour payer mon personnel. Les frais mensuels alourdissent ma dette. Puis, mon administratrice me dit: «Claude, tu n'as plus le choix: il te faut déclarer faillite».

FAIRE FAILLITE?

Cela me semble impensable. J'ai toujours vu ma mère faire face courageusement à ses dettes. Combien de fois l'ai-je entendue me dire dans le passé: «J'ai des dettes, mais j'ai un excellent nom. Je peux obtenir facilement du crédit». J'ai toujours admiré le courage et l'honnêteté de ma mère.

Faire faillite signifierait manquer de courage et d'honnêteté et trahir la confiance que mes amis Robert et Serge ont placée en moi en me cautionnant pour des prêts d'importance.

Ces pensées me ramènent en arrière... bien avant que je songe à ouvrir l'Éveil Radieux.

C'était en 1983.

L'année avait bien débuté avec la naissance d'un beau petit garçon que j'espérais tant. Cependant, ma relation de couple s'avérait de plus en plus décevante et frustrante. Moi qui rêvais tellement d'un couple réussi et d'une famille unie, j'en étais à une seconde union et je reproduisais le même scénario qui m'avait menée à la séparation.

Chap. I L'appel

J'ignorais à cette époque que dans l'amour étouffant de «la femme qui aime trop» ou qui ne s'aime pas assez, je limitais la liberté de mon conjoint. Celui-ci s'enfermait dans ses silences, il fuyait dans le travail ou devant le poste de télévision. Dans mes complaintes de femme abandonnée et malheureuse, je n'attirais que de la pitié de sa part. J'ignorais que pour recevoir l'amour, il fallait rayonner de bonheur.

L'AMOUR SE DONNE À CELUI QUI EST HEUREUX; LA PITIÉ VA AU MALHEUREUX.

Osho Rajneesh

J'étais convaincue que si cette relation de couple ne fonctionnait pas, aucun bonheur de couple ne serait possible dans l'avenir, avec quelque partenaire que ce soit. Je me croyais intérieurement tarée, marquée par le foyer dysharmonieux de mon enfance. Je me sentais tellement déséquilibrée que je croyais que si je disparaissais, mes enfants auraient plus de chance d'être heureux avec quelqu'un d'autre. Je sombrais dans un profond désespoir.

Au mois de juin 1983, j'atteignis ce qu'on peut appeler «mon émotion salvatrice». C'est l'émotion déterminante qui nous fait chavirer, nous oblige à lâcher prise et nous fait dire parfois pour la première fois: «J'ai besoin d'aide».

Ce peut être une maladie mortelle qui nous terrasse ou qui s'acharne sur l'être qui nous est si cher; ce peut être le départ ou la perte de l'être aimé et qui nous fait dire: «Pourquoi? Pourquoi moi?» C'est l'alcoolique qui tombe à genoux au plus profond de son abîme de souffrance et qui supplie Dieu de l'aider; c'est le dépressif qui ayant perdu tout espoir de bonheur, attente à ses jours et lance un dernier «au secours»; c'est le moment où on atteint le plus profond de sa souffrance et où s'allume une petite lumière sous la forme d'une présence, d'un livre ou d'une voix... On veut se donner une dernière chance, on veut comprendre... C'est alors qu'on est prêt à apprendre...

Depuis des mois, je harcelais mon conjoint pour que nous sortions ensemble un samedi soir, histoire de briser la routine quotidienne, avec son cortège de petits problèmes reliés aux enfants, au bureau... Je souhaitais retrouver l'ambiance amoureuse du début de notre relation. Mais mes requêtes demeuraient sans réponse. Un samedi, mon conjoint rentra à la maison, passé minuit, en compagnie de son frère. Je lui demandai des explications; il me dit qu'il avait travaillé jusqu'à 17 h et que son frère lui avait proposé d'aller au restaurant et ensuite au cinéma.

J'entrai dans une colère qui n'était au fond que l'expression de la souffrance qui m'habitait. Cette crise fit fuir son frère, ce qui provoqua la colère de mon conjoint qui, habituellement, se contenait. C'en était trop. Je n'en pouvais plus de vivre ce sentiment d'abandon et de rejet. J'avalai, à l'insu de mon conjoint, tout un flacon de somnifères et j'allai dormir, espérant ne plus jamais me réveiller.

À l'aube, j'eus de sérieuses difficultés à respirer, ce qui réveilla mon conjoint. Alerté par mon inconscience, il fit venir une ambulance. Lorsqu'on me descendit dans l'escalier menant au véhicule, j'eus l'impression d'être deux marches au-dessus de mon corps. Cette impression s'accentua à la salle d'urgence de l'hôpital: je me situais maintenant à la hauteur du plafond. Je voyais très bien mon corps et le personnel qui tentait de me réanimer. On me fit un lavage gastrique, on me planta des aiguilles dans la peau... une infirmière me pinçait les jambes, espérant me faire réagir... J'observais la scène avec une totale indifférence. J'entendis clairement le médecin dire à mon conjoint: «Il lui reste environ deux heures à vivre».

Je n'avais nul désir de revenir. Toutefois, je n'étais pas encore décidée à me laisser aspirer par ce couloir que je sentais très présent. J'avais l'impression d'être assise sur une clôture; d'un côté, je voyais mon corps et de l'autre, je pressentais cette lumière aspirante. Je savais, sans en être totalement consciente, que j'avais le choix de partir ou de revenir. Je suis demeurée un bon moment dans cet état, là où le temps et l'espace n'existaient plus. Je voyais au-delà des limites des murs, j'entendais au-delà de la limite des mots. Puis, il y eut à la salle d'urgence, un changement de personnel. Une jeune infirmière, qui venait tout juste d'arriver, me vit sur la civière. Elle s'approcha, me regarda et dit: «Oh! mon Dieu, la pauvre chatte!»

Dans ces mots, il y avait tant d'amour et tant de compassion que je fus touchée au plus profond de mon être. Mon indifférence fut atteinte. *J'ai alors pensé: «S'il y a sur la Terre encore une personne qui est capable d'aimer de cette façon, ça vaut l'effort de revenir». À cette pensée, j'ai immédiatement réintégré mon corps. Ce fut un peu la panique à la salle d'urgence. On me conduisit vers une autre salle de soins. Cette expérience fut si bouleversante, qu'il me fallut des années avant de pouvoir en parler.*

Je quittai l'hôpital. L'été passa. Je réapprenais à vivre lentement. Le moral n'était pas à la hausse, mais je n'étais plus hantée par ce désir d'en finir. Je vivais une journée à la fois, espérant qu'un miracle se produirait.

À la suite de cette seconde naissance, j'avais l'intuition qu'un changement viendrait, mais j'ignorais d'où il viendrait et comment. Je songeais à m'orienter vers une nouvelle carrière, croyant qu'un nouveau défi me stimulerait. Je rencontrais un orienteur spécialisé dans les changements de carrières. À chaque rencontre, il me répétait que c'était au fond de moi que je trouverais ce que je souhaitais vraiment. Il tentait de percer la carapace protectrice que j'avais érigée, afin de masquer ma souffrance. Mais je n'étais pas encore prête à faire le grand ménage de mes émotions.

Après plusieurs rencontres, je n'avais pas le sentiment d'être plus avancée qu'au départ. Je décidai que, puisque cette nouvelle orientation devait provenir de l'intérieur de moi-même, il valait mieux attendre cette révélation, plutôt que de perdre temps et énergie dans ces rencontres que je croyais stériles, mais qui au fond, me préparaient doucement vers ma prise en charge.

La prise en charge correspond au moment où nous cessons de blâmer Dieu, les circonstances ou les autres à propos de ce que nous vivons et de ce qui nous fait souffrir. C'est le moment de vérité où l'on est prêt à se regarder bien en face, où l'on cesse de se raconter des histoires, ou de se faire croire que tout va bien, alors que plus rien ne va. C'est lorsqu'on est prêt à assumer l'entière responsabilité de sa vie et de son bonheur.

Septembre 1983

Je lus dans le journal une annonce qui retint mon attention. Il s'agissait d'une soirée d'information où il était question de la libération de ses émotions.

Je décidai d'y assister. J'invitai ma soeur, qui déclina l'invitation à la dernière minute. Un peu déçue, j'allais y renoncer lorsque mon conjoint proposa de m'accompagner. Je me revois encore, pénétrant dans cette grande salle, très bien mise, un peu nerveuse, accrochée au bras de mon conjoint.

Lorsque je vis l'animatrice de la soirée s'approcher du micro, je sus à cet instant que ce que je souhaitais faire un jour, c'était être conférencière. À la fin de la conférence, je lui en fis part. Elle m'invita à m'inscrire à son cours de croissance personnelle. Ce moment allait marquer ma seconde carrière et plus précisément, ma nouvelle vie.

QUAND LE DISCIPLE EST PRÊT, LE MAÎTRE APPARAÎT.

Lisa en était à ses débuts. C'était une femme dynamique, stimulante. Elle avait l'étoffe des meilleurs chefs et possédait de grandes connaissances dans le champ des relations humaines. Son cours m'apporta des réponses claires que je pouvais facilement vérifier dans ma vie de tous les jours. À chaque semaine grandissait en moi l'espoir de sortir de ce long tunnel que j'avais cru ne jamais pouvoir quitter.

À la fin de cette première session, je devins son assistante dans presque tous ses cours. Lisa était à la fois mon guide, mon amie, ma mère spirituelle. Elle me montrait la voie qui allait, grâce à mes efforts, me conduire vers le bonheur.

Au printemps 1984, je m'inscrivis à son cours d'animation de groupe. Plus le temps passait, plus se précisait ce désir que j'avais ressenti lors de ma première rencontre avec Lisa. Toutefois, il me semblait difficile de quitter mon emploi. J'occupais, dans un laboratoire de microbiologie médicale, un poste bien rémunéré qui m'offrait une pleine sécurité avec de multiples avantages sociaux. Lisa ne pouvait m'offrir un salaire.

J'avais peur de commettre une erreur et de ne pouvoir revenir en arrière. À cette époque, je fis la rencontre du philosophe Herbert L. Beierle qui offrait un séminaire sur «la maîtrise de sa vie». Il nous invitait à chanter «*Dream the impossible dream*» (Rêve, même les rêves qui te semblent impossibles).

Je lui parlai de mon dilemme. Il me répondit: «Tu sais, dans la vie, on ne fait jamais d'erreur; on ne fait que des expériences. Qu'es-tu venue faire sur la Terre, sinon vivre des expériences pour ton évolution?»

C'était la réponse que j'avais besoin d'entendre. Ma décision était prise. Dès mon retour, j'allais présenter ma démission. J'ai observé dans ma vie, et nombre de personnes peuvent faire la même constatation, qu'un changement est toujours pour un plus et pour un mieux. Mais la peur nous fait souvent nous accrocher et nous empêche d'avancer. Cette peur, c'est la peur de vivre. Car vivre, c'est aussi prendre le risque de souffrir. Lisa avait l'audace de vivre et c'est cette audace qu'elle m'a communiquée au fil des mois. Avant de la rencontrer, j'étais une morte-vivante enfermée dans ses peurs; j'avais peur, entre autres, d'être rejetée ou abandonnée si je ne répondais pas aux attentes que je croyais que les autres avaient envers moi. C'est seulement lorsque je partais en voyage que j'avais la sensation de vivre pleinement; au retour, je rentrais à nouveau dans ma carapace protectrice, qu'on appelle parfois à tort la sécurité.

Au mois d'août 1984, je fis donc le grand saut; je quittai mon emploi et je rejoignis le Centre de Lisa à temps plein. Simultanément, je décidai d'entreprendre une carrière d'animatrice. J'offris un premier cours d'une durée de quatre semaines. Parmi mes quelques participants, se trouvait, ironie du sort, un orienteur qui me fut tout de suite sympathique. Je croyais qu'il pourrait avoir un jugement bien objectif. Je lui demandai de me donner, à la fin des quatre semaines, une évaluation sur ma première expérience en animation.

Cette expérience ne fut pas facile. Animer un groupe de croissance réveillait toutes mes anciennes peurs: peur de ne pas être à la hauteur, peur de déplaire, de ne pas être aimée, peur d'être critiquée, ridiculisée, peur de ce qu'on pouvait penser et dire de moi et encore... Je croyais pourtant m'être libérée de ces vieilles peurs!

Lorsque je commençais le cours, je sentais la chaleur me monter au visage, mes genoux trembler... Je me disais chaque fois: «Pourquoi donc me suis-je engagée dans une telle entreprise? J'étais nettement mieux en microbiologie». Mais je ne pouvais

revenir en arrière. J'avais coupé le pont derrière moi. Je n'avais qu'un choix, c'était d'avancer. À la fin du cours, Paul, mon ami orienteur, me donna, comme promis, son appréciation.
- J'ai trouvé cela tout décousu, dit-il. On ne savait pas où tu t'en allais, rien ne se tenait. Je ne suis pas déçu d'avoir suivi le cours, parce que je te trouve bien sympathique, mais je ne peux te cacher que ça ne m'a pas apporté beaucoup.

Une autre participante m'a dit, et l'a dit à qui voulait l'entendre, qu'elle avait payé bien trop cher pour ce que valait ce cours.

J'aurais pu me décourager et abandonner, mais une force en moi me poussait à ne pas lâcher et à relever le défi. Je savais, sans trop pouvoir me l'expliquer, qu'il était important que je continue.

Avant d'entreprendre un second essai, j'ai tenté de bien comprendre l'objectif du cours et de le présenter d'une façon qui me convenait, afin d'être davantage à l'aise. J'utilisai aussi la méthode de la programmation positive, en me répétant le plus souvent possible:

J'AI TOUT EN MOI POUR RÉUSSIR ET JE RÉUSSIS EN TOUT.

Au second cours, j'eus davantage de participants. Cela m'était un peu plus facile et satisfaisant. Mais j'avais encore beaucoup de travail à faire au sujet de mes peurs.

Puis les groupes grossirent rapidement. Je devais offrir le cours de base que seule Lisa avait offert jusqu'à présent. Cette peur de ne pas être à la hauteur revint avec une telle intensité, que quelques semaines avant de commencer le cours, je tombai du haut de l'escalier menant au sous-sol du Centre, me déchirant des ligaments entre les côtes. La douleur fut si vive que je ne pouvais bouger mon bras droit. Cette douleur persista plusieurs jours, puis disparut lorsque je compris cette peur de ne pas être à la hauteur.

Le premier soir où j'offris ce cours, quarante-cinq personnes étaient présentes. Dès les premières minutes, je sentis à nouveau ces bouffées de chaleur me monter au visage, je bégayais, mes genoux tremblaient... J'ai pensé que je ne tiendrais pas trois heures à ce rythme. *Je fis une pause pour avouer ma peur à mes participants. Je leur demandai de m'envoyer de la lumière, afin que je puisse bien leur transmettre ce cours qui m'avait tant aidée. Puis tout alla très bien. Je réalisai qu'admettre sa peur et accepter l'aide des autres sont d'excellents moyens de s'en libérer.*

LA PEUR, ON LA FUIT OU ON Y FAIT FACE.

Lorsqu'on fuit la peur, elle nous poursuit. Lorsqu'on y fait face, on l'apprivoise graduellement et on la dépasse.

Par ces cours, j'acquérais graduellement de la confiance en moi, et je me lançais au fur et à mesure de nouveaux défis. Aujourd'hui, je sais, même si je trouvais cela si difficile à l'époque, que c'est cela «vivre» et «grandir».

Mais je n'étais pas au bout de mes efforts. Encore bien des difficultés allaient jalonner la longue route de mon évolution, afin de goûter ne serait-ce qu'à un soupçon de ce qu'est la véritable «liberté».

Parfois, je disais à Lisa: «J'ai sûrement décidé à un moment dans ma vie que je ne méritais pas d'être heureuse», car j'observais qu'après chaque succès, suivait un échec. Après chaque grande joie venait une grande peine, dont j'étais convaincue d'être l'auteure. Comment donc pouvais-je me libérer de cette décision, afin de mettre un terme à ce processus destructeur?

Au printemps 1986, je fis une rencontre qui allait changer la tournure des événements. Je fis la connaissance d'Alex Tanous, lors d'un atelier intitulé «Parapsychologie appliquée dans l'amour».

Alex avait de grands pouvoirs médiumniques et pouvait ramener les gens à une période de l'enfance pendant laquelle ils avaient vécu des émotions qui allaient avoir des répercussions dans leur vie.

Vingt-cinq personnes participaient à cet atelier. Alex était installé au centre et le groupe, autour de lui. À tour de rôle, il choisissait un participant et lui disait par exemple: «Tu as deux ans, je te vois à la fenêtre de ta chambre. Ton père et ta mère s'en vont et tu crois être seul à la maison. À quoi penses-tu?»...

Très souvent, les émotions alors ressenties, puis refoulées, refont surface en même temps que remontent à la mémoire ces images bien enfouies. C'est ce que j'expliquerai plus tard par les mémoires émotionnelles.

Puis, vint mon tour. Il me parla de ce père que je n'avais pas connu. Il me dit:
- Ferme les yeux. Entre à l'intérieur de toi-même. Que faisait ton père?
- Il était cultivateur, lui dis-je.
- Va le voir dans son champ, va voir à quoi il pense.

Ce qui monta en moi, c'est qu'il était déçu de sa vie, parce qu'ayant voulu plaire à son père, il n'avait pas fait ce qu'il aurait souhaité faire. Alex Tanous avait vu cette haine que je gardais envers mon père, pour la souffrance qu'il avait fait vivre à ma mère. Pour la première fois, je comprenais sa souffrance et en même temps s'effaçait ma haine.

Toute ma vie, on m'avait présenté ce père inconnu comme un malade mental, ivrogne et méchant, qui battait sa femme et ses enfants. J'en étais venue à le haïr sans jamais l'avoir vu.

J'avais une telle envie de pleurer, mais je ne m'étais jamais permis de pleurer devant d'autres personnes. Mon orgueil était trop tenace. Après l'atelier, j'arrêtai ma voiture dans un stationnement désert et me mis à pleurer. J'ignore pendant combien de temps j'ai pleuré, mais je fus libérée du lien de haine qui m'enchaînait à mon père.

L'une des plus grandes souffrances que nous pouvons vivre est celle reliée à la haine ou à la rancune que nous éprouvons pour l'un de nos parents.

Après cette rencontre avec Alex Tanous, j'ai fait un bilan de ma vie et j'ai regardé toutes les situations de souffrance que je vivais ou que j'avais vécues. J'ai tenté d'en retrouver le lien dans mon enfance ou dans mon adolescence. Je découvris que notre vie est comme le film d'une vidéocassette, sur lequel s'enregistrent tous les événements à coloration émotionnelle que nous vivons. Comme l'enfant vit davantage au plan émotionnel que rationnel, une *grande partie de ce film se réalise pendant l'enfance. À l'âge adulte, ces émotions se répètent dans des circonstances différentes, avec de nouveaux personnages: tout ce que nous n'avons pas accepté durant notre enfance, tout ce que nous n'avons pas pardonné refait surface tout au long de notre vie, avec d'autres personnes, dans d'autres situations.*

J'ai alors songé à utiliser la technique inverse de celle d'Alex Tanous. Au lieu de partir de l'enfance, je partirais plutôt des situations de souffrance présentes pour retrouver les circonstances similaires vécues dans le passé. Une fois l'événement retrouvé, il s'agirait simplement de changer l'interprétation que l'enfant aurait pu en faire.

Cette découverte fut la clé qui me manquait; elle me permettait de quitter la prison de mes peurs, de mes rancunes, de ma culpabilité ou de ma non-acceptation. Il fallait donc changer le film de sa vie, en réécrivant un nouveau scénario.

J'appliquai cette découverte pour moi-même et pour les participants que je recevais, lors de rencontres individuelles. Les résultats étaient rapides et impressionnants. J'en fis part à Lisa. Elle n'était pas des plus enthousiaste, considérant que son approche donnait déjà d'excellents résultats.

Plus j'avançais, plus j'avais besoin de partager mes découvertes. La confusion grandissait en moi. J'aimais Lisa et son équipe. Lisa m'avait beaucoup soutenue depuis le début, elle m'avait encouragée à chacune de mes étapes. Il n'est pas facile de couper le cordon ombilical pour aller vivre sa vie. On a souvent l'impression d'être en dette envers celui ou celle qui nous a tant aimé et tant donné. Lisa m'avait tellement donné!

Devais-je continuer avec Lisa et étouffer cette créativité qui montait en moi, ou devais-je prendre le risque de faire de la peine à celle que j'aimais, en volant de mes propres ailes?

J'avais besoin d'une réponse.

Je participai à un atelier spirituel que donnait Lisa. Au cours d'une détente, nous devions aller au fond d'un lac pour y retrouver un coffre aux trésors. J'avais fait cette détente à plusieurs reprises et à chaque fois, j'y voyais un vieux manuscrit. J'hésitais à refaire cette détente, mais je choisis néanmoins de m'y abandonner. Cette fois, le coffre s'ouvrit, laissant échapper des centaines de feuilles lignées qui volaient au vent (ces mêmes feuilles sur lesquelles j'écrirai tous mes ateliers et tous mes livres).

Sous ces feuilles, se trouvait un cabaret sur lequel étaient déposés des verres transparents. Sur le moment, je n'en compris pas le message. Je demandai à mon Maître intérieur de m'éclairer. Cette phrase monta en moi: «Sois simple et transparente, afin de donner à boire à ceux et à celles qui ont soif de vérité».

Fait curieux, j'avais déjà écrit quelque chose de semblable un an plus tôt, alors que je suivais la formation en animation. Nous devions à chaque semaine remettre un texte en fonction de nos apprentissages. J'avais écrit: «En lisant La vie des Maîtres *et avec ce que j'apprends ici depuis plus d'un an, je réalise que les deux auteurs (Baird T. Spalding et Lisa B.) ont puisé à la même source universelle, soit Dieu, chacun en leur temps et chacun à leur manière. Et c'est à cette source que je veux m'abreuver afin de donner à boire à ceux qui ont soif de vérité, en mon temps et à ma manière».*

Bien qu'à cet instant précis de l'atelier, j'eusse oublié ce que j'avais écrit un an plus tôt, je savais que mon temps était arrivé.

À la fin de l'atelier, je suis allée voir Lisa et je lui ai dit: «Lisa, tu as été un maître pour moi, mais je dois aller vers un autre maître. Je ne sais pas qui il est, ni où il est, mais je sais que je dois partir».

Ce soir-là, je ne fuyais pas, je ne claquais pas la porte. Souvent, lorsque les choses n'allaient pas selon mes désirs, j'avais tendance à prendre la fuite en claquant la porte. Non, ce soir-là, j'étais habitée par une grande paix, un grand amour et une immense reconnaissance envers le merveilleux guide que Lisa avait été pour moi.

Nous étions en juin 1986. Je comptais quitter le Centre au mois d'août, mais les événements précipitèrent mon départ. J'ai alors songé à ouvrir mon propre Centre. Je me mis à la recherche d'un local. Je dénichai un endroit qui correspondait à mes attentes et pris le risque d'enregistrer ma raison sociale à cet endroit, même si je n'avais pas encore rencontré le propriétaire des lieux, et que je n'avais pas d'argent pour aménager les locaux. J'agissais avec foi, en me disant:

Chap. I   L'appel

C'EST EN FAISANT LES CHOSES QUE LES CHOSES SE FONT.

À la suite de cette décision, je rencontrai Robert. Issu d'une famille nombreuse, Robert avait réussi, au prix de nombreux efforts, à se hisser à la présidence d'une importante société immobilière. Dans le passé, j'avais donné un cours à son épouse. La voyant se transformer de semaine en semaine, Robert avait décidé de s'inscrire à son tour. Au fil des semaines, une belle amitié s'était développée entre nous.

Je pensai qu'il pourrait peut-être m'aider. Je lui proposai un rendez-vous afin de lui parler de mon projet.

- Tu n'as pas besoin de me vendre tes idées, me dit-il, dis-moi plutôt de quoi tu as besoin.
- Peut-être 5 000 ou 10 000 $, je ne sais pas encore.

Je n'avais aucune idée de ce que coûterait l'aménagement intérieur de ce local; il fallait ériger des murs intérieurs, refaire les plafonds, aménager des espaces...

Robert accepta de se porter garant pour le montant dont j'aurais besoin. Je lui rappelai qu'il prenait un risque.

- J'ai déjà perdu des sommes bien plus importantes pour des causes bien moins nobles, me dit-il.

Je laisse tous ces souvenirs derrière moi et je reviens à ma triste réalité.

FAIRE FAILLITE???

Si je fais faillite, Robert sera tenu responsable de ma dette de 20 000 $ et Serge, d'une dette de 25 000 $. Je sais que ces sommes ne ruineront ni l'un ni l'autre, mais puis-je me permettre de perdre la confiance qu'ils ont placée en moi?

Je regarde mon administratrice et lui dis:

- Puisque je ne peux plus payer personne, prépare les relevés de salaires pour tout le monde, y compris le tien. Moi, je continue...

Début février 1988

Le Centre est triste, vide. J'ignore comment je m'en sortirai. Tout ce qui m'importe, c'est d'assurer la survie de l'Éveil Radieux en attendant de me sortir de cette impasse. Je travaille de longues heures, je donne le maximum. Femme orchestre, je suis à la fois thérapeute, animatrice, secrétaire, réceptionniste, administratrice, et caetera.

Et puis, Laurent m'apprend qu'il se sent de nouveau appelé vers la vie en communauté. Je n'arrive pas à y croire. M'aurait-on jeté un mauvais sort? Tout semble s'écrouler autour de moi. Notre promesse de mariage s'envole, avec tous mes rêves, tous mes projets, tous mes espoirs. J'ai tant rêvé d'une vie de couple réussie avec Laurent!

Les soucis et l'anxiété que me cause l'Éveil Radieux sont bien peu de choses à côté de la souffrance que j'éprouve à l'idée du départ de Laurent. Intérieurement, je me dis: «Mon Dieu, c'est impossible! Tu ne peux me l'enlever. Je T'ai donné ma vie».

TOUT S'ÉCROULE!

J'avais connu Laurent près d'un an auparavant. C'était en avril 1987. J'écrivais un nouvel atelier ayant pour thème «Couple en évolution», et qui était la projection de mes aspirations pour une vie de couple réussie. En écrivant cet atelier, je réalisais que Charles, mon conjoint de l'époque, voulait avancer dans une rivière qui était totalement différente de celle où je voulais m'engager. Je me disais alors: «Je ne peux écrire ce que j'écris et vivre en même temps ce que je vis!». Ma décision devint ferme: j'allais quitter cette rivière où je ramais à contre-courant.

Quatre jours après avoir pris la décision de quitter Charles, je présentais une conférence dans un restaurant végétarien. On y présentait à chaque semaine un conférencier qui traitait d'un sujet relatif à la santé.

J'étais en retard. L'assistance se demandait si la conférence aurait lieu. J'entrai en coup de vent et m'installai devant le micro.

Chap. I L'appel

À la fin de la conférence, j'invitai les gens à venir me rencontrer pour plus de renseignements au sujet du cours en animation que j'offrais.

Un homme s'avança vers moi. Je n'avais jamais senti une telle énergie. C'était comme si nos corps et nos âmes étaient deux aimants. Il s'assit à la table voisine, écoutant religieusement ce que je disais. Quand les personnes intéressées repartirent, je m'adressai à lui, en lui demandant s'il était Canadien. Avec son teint foncé et ses beaux grands yeux bruns, il ressemblait davantage à un Italien qu'à un Canadien. Il me dit qu'il était Canadien et qu'il s'appelait Laurent.

Sa voix était douce. Je devinais un être doux, d'une infinie tendresse. Il était au départ enseignant spécialisé, puis avait vécu en communauté. En quittant la communauté, il s'était spécialisé en thérapie de groupe.

Je lui demandai si le cours l'intéressait.
- *Oui, dit-il, mais pas pour le moment.*
- *As-tu rempli la feuille de commentaires, afin que je puisse te donner de l'information pour un cours ultérieur?*
- *Oui.*

Dans la voiture, en revenant à la maison, je pensais à quel point je m'étais sentie attirée par cet homme. J'avais senti qu'il était lui aussi attiré par moi. Quelques jours plus tard, je pris le risque de l'inviter à titre d'observateur au cours qui débutait. Il accepta.

En le revoyant, je ressentis cette même attraction. Cette énergie était puissante. Il s'inscrivit au cours. Rapidement, une belle amitié s'installa entre nous. Nous nous retrouvions souvent. Lorsque j'observais son visage, j'avais l'impression qu'il avait toujours été présent en moi. J'éprouvais un étrange sentiment de déjà vu, de déjà connu. Quant à Laurent, il m'avoua que tous les gestes qu'il posait à mon endroit, il lui semblait les avoir déjà posés bien avant.

Dans les mois qui suivirent, nous nous installions ensemble. J'avais laissé à mon ex-conjoint la maison et tout ce qu'elle contenait. Laurent et moi n'avions qu'un petit appartement. Notre mobilier se limitait à une table, à quelques chaises et à un futon qui nous servait de lit. Mais l'amour qui nous unissait valait plus que toutes les richesses, tous les conforts.

Chaque nuit, je le rejoignais dans mes rêves. Quelquefois, nous nous y retrouvions et je répondais à ses questions pendant que nos corps étaient allongés sur le lit. Cette relation nous enrichissait l'un et l'autre. Parfois, nous nous amusions à décrire notre couple comme «le couple en ébullition»; entre nous, il n'y avait pas de longueur ni de monotonie. Tout se vivait dans l'intensité: les rires, les aventures, les partages, les thérapies et même le chagrin que j'éprouvais à l'idée que je puisse me retrouver seule, sans lui, alors qu'il représentait mon univers.

OUI, TOUT S'ÉCROULE!

C'est une véritable déchirure. Je ne peux aborder le sujet sans fondre en larmes. Une si grande souffrance peut-elle résulter de la fin d'une relation amoureuse qui dure depuis seulement dix mois? Non, j'ai la certitude que notre relation a un lien avec une existence passée. Ai-je aimé et perdu Laurent dans une autre vie? Est-ce que je n'ai pas accepté son départ?

À travers mes difficultés et le chagrin que me cause l'éventuel départ de Laurent, je continue à sourire. Je suis à l'écoute des participants qui viennent en thérapie ou qui assistent à mes ateliers. Je les aide à se comprendre et à voir clair dans la cause de leurs malaises, de leurs maladies et de leur souffrance. J'encourage les autres et pourtant j'aurais tant besoin moi-même d'une épaule sur laquelle m'appuyer. Je réalise que moi, la thérapeute qui passe une bonne partie de sa vie à aider les autres, je n'ai personne vers qui me tourner pour trouver de l'aide.

Laurent s'éloigne graduellement, attendant ma permission pour partir. Cela me rappelle un film que j'ai vu à la télévision lorsque j'étais enfant et qui m'avait fait pleurer. C'était l'histoire d'un chien du nom de «Lassie». Vendu et amené loin de son jeune maître qu'il aimait, Lassie avait fui la résidence de ses nouveaux propriétaires. Dans sa fuite, il s'était blessé. Un vieux couple l'avait trouvé, recueilli et soigné. Tous les jours, à 16 h, il demandait la porte de l'enceinte qui clôturait les jardins de la maison. Il faisait quelques pas et revenait. Un jour, la dame dit à son époux: «Tu sais, ce chien venait de quelque part et il allait vers quelque part. Il ne peut se

Chap. I   L'appel

résoudre à partir sans notre permission. Puisque nous l'aimons, nous devons le laisser partir. Demain, quand il demandera la porte à nouveau, nous lui dirons au revoir».

Laurent me fait penser à Lassie. Il attend que je le laisse partir. Et moi, j'espère un miracle qui lui enlèvera l'idée de s'en aller. La situation est pénible à la fois pour lui et pour moi. Mais quand le destin nous appelle... il se fait parfois entendre par une toute petite voix...

Un après-midi de mars, en attendant une participante, je vois dans un magazine, imprimé en très petits caractères sous une photo, le nom de «Findhorn». J'ai déjà entendu parler, il y a longtemps, de cette communauté spirituelle située au nord de l'Écosse. Fait curieux, j'ai l'impression que le mot «Findhorn» est écrit en très grosses lettres. J'en conclus qu'il s'agit d'un message, sans plus.

Ma participante me confie avoir une décision importante à prendre face à sa relation de couple. Son nouvel amoureux lui propose de le suivre sur une ferme qu'il a acquise et sur laquelle il souhaite faire de la culture biologique. Cela implique qu'elle doive quitter son emploi.

Croyant que le message de la revue s'adresse à elle, je lui parle de ce que je sais des jardins de Findhorn. Me rappelant d'un livre de David Spangler où il est question de cette communauté, je lui dis qu'elle trouvera probablement l'adresse de Findhorn dans le volume.

À la mi-avril, elle m'apprend que la communauté de Findhorn lui a fait parvenir de l'information; on y offre des ateliers de croissance et y accueille les étrangers. Je lui demande si elle a l'intention de s'y rendre. Elle n'en sait rien.

Quelques jours plus tard, je donne une conférence à Québec et sans trop savoir pourquoi, j'ai l'intuition que je m'y installerai un jour. J'en fais part au groupe présent. Le lendemain après le déjeuner, en retournant à ma voiture, j'entends très clairement ma voix intérieure dire: TU DOIS ALLER À FINDHORN! Comme c'est étrange! Mais comment puis-je aller à Findhorn? J'ai 50 000 $ de dettes et je suis engagée dans la location de locaux pour une période de plus de seize mois.

Je trouve cette intuition bien étrange, mais tout à coup, je me souviens du message de Hans: «Elle partira trois mois à l'étranger».

Lorsque j'arrive à l'Éveil Radieux, à Montréal, un homme m'attend à la cuisine. Ayant entendu dire que je voulais sous-louer mes locaux, il souhaite louer le Centre pour une période de trois mois. Il désire mettre sur pied une entreprise de conférences, mais avant d'aller plus loin dans son projet, il désire en faire l'expérience pendant trois mois.

Je suis surprise, plus que surprise.

J'appelle aussitôt mon amie pour avoir l'adresse de Findhorn et j'écris à mon tour. Je rédige ma lettre en anglais, disant que sans savoir pourquoi, je dois aller à Findhorn. Je reçois, d'un Français qui s'appelle Thierry, ce message écrit en anglais:

> «Je n'ai pas l'habitude de répondre aux personnes qui veulent venir ici autrement que par les phrases usuelles de bienvenue. Mais écoute, Claude, je sens la même chose que toi. Il est très important que tu viennes ici».

Je lis et relis ces lignes. Mais, enfin, que signifie tout cela? J'appelle une agence de voyages et réserve un billet Montréal-Londres pour la période du 27 juin au 23 août, sans savoir ce que j'irai faire là-bas. Je crois qu'en partant, il me sera plus facile de laisser partir Laurent. Changer de décor m'aidera à supporter le vide que créera son départ. Lorsque mes amis me demandent ce que j'irai faire à Findhorn, je réponds: «Je vais perfectionner mon anglais ou peut-être écrire ce volume que j'ai en tête»... ou je m'y reposerai en essayant d'oublier Laurent.

Au début juin, je reçois la visite d'un ami homéopathe, que je n'ai pas vu depuis trois mois. Il n'est pas du tout étonné lorsque je lui parle de mon projet de voyage à Findhorn.

- Écoute, dit-il, cette fois-ci, je ne viens pas pour une consultation. Il y a trois semaines environ, j'étais couché et je n'arrivais pas à m'endormir. Je me retournais sans cesse dans mon lit. Je me suis levé pour m'asseoir à ma table de travail. J'ai commencé à écrire, sans penser à ce que je faisais. Soudain, j'ai réalisé que ce n'était pas moi qui écrivais. C'était ma main. Une telle chose ne m'était jamais arrivée. Ma main a écrit: Claude Rainville. J'ai senti qu'on

Chap. 1   L'appel

voulait me transmettre un message pour toi. Je me suis alors assis dans mon fauteuil de méditation et j'ai fermé les yeux en disant: «Si vous avez un message à me donner pour cette personne, je suis prêt à le recevoir».

Puis, une voix venant de l'intérieur de moi ou je ne sais d'où, a dit clairement:

Claude Rainville va maintenant partir au-delà des mers. Elle va se rendre dans un premier endroit où lui sera révélé ce qu'elle doit désormais faire de sa vie. Par la suite, elle sera envoyée en Inde où son Maître l'attend pour l'initier... Dis-lui de ne pas s'accrocher, elle doit partir. Dis-lui également de ne pas s'inquiéter pour son livre; elle l'écrira très rapidement: c'est nous qui allons le lui dicter...

Quelle histoire! Cela ajoute du mystère à la raison pour laquelle je dois me rendre à Findhorn. Mon côté rationnel me dit: «Cela n'a aucun sens, je n'ai ni argent, ni visa pour me rendre en Inde. De plus, j'ai un billet d'avion, dont je ne peux changer ni les vols, ni les dates». Et pourtant, mon intuition me dit qu'il a raison. De plus, je sais que cet ami homéopathe, malade depuis plusieurs années, est venu me donner ce message juste avant de mourir. (Il mourra en effet quelque temps après).

Je m'en tiens finalement au message reçu, celui de me rendre à Findhorn. «Après, on verra!» Mais je ne vois aucune possibilité de me rendre en Inde physiquement.

Après cette visite, je me rends au Nouveau-Brunswick avec Laurent. C'est notre dernier voyage avant notre séparation. J'y offre des ateliers qui me rapportent assez d'argent pour couvrir mes frais de résidence à Findhorn.

Lorsque je rentre à Montréal le 23 juin, j'apprends du directeur de la Caisse populaire (située dans le même édifice que le Centre l'Éveil Radieux) avec laquelle je transige, que la personne à qui j'ai accepté de sous-louer les locaux a émis un important chèque sans fonds. Le directeur m'a retiré ma marge de crédit et une vingtaine de chèques sont revenus en raison d'un manque de fonds. La situation est dramatique. Dois-je renoncer à ce voyage? Nous sommes le 23 juin. Demain, c'est la fête nationale. Tous les établissements sont fermés les 24, 25 et 26. Et je dois partir le 27 juin.

Ces paroles me reviennent en mémoire: «Dis-lui de ne pas s'accrocher, dis-lui que c'est important, elle doit partir».

Devant une situation difficile, certaines personnes s'écrasent, ne font rien. Moi, au contraire, je réagis. Je pose des gestes, même si j'ignore quels en seront les résultats.

Je me rappelle que le directeur m'a déjà proposé de reprendre les locaux en échange de quoi il me libèrerait du bail qui nous lie, ainsi que de la marge de crédit de 5 000 $ que je lui dois pour couvrir une partie des aménagements intérieurs que j'ai effectués. Je me rends à son bureau, lui explique la situation et lui demande si son offre tient toujours.

- Je n'ai jamais assisté à vos ateliers, dit-il, mais je sais le bien que vous faites aux gens. Ce n'est pas 5 000 $ que je vous offre, mais 6 000 $. Et je vous libère de votre bail.

Par le passé, j'ai eu à quelques reprises l'occasion de voir, sous les traits parfois autoritaires de ce directeur, un homme de grand coeur.

En route vers l'aéroport, je repasse le voir pour le saluer et lui dire que les 1 000 $ supplémentaires qu'il m'a offerts ont été bien nécessaires.

- Je le savais, dit-il. C'est la raison pour laquelle je vous les ai versés.

En ce début d'été 1988, je tourne une importante page de ma vie. Je quitte tout. Je laisse derrière moi le Centre l'Éveil Radieux dans lequel je me suis investie corps et âme pendant deux ans.

Je laisse la maison que nous avons louée il y a sept mois, Laurent et moi, pour y installer notre bonheur.

Je quitte mes enfants qui iront retrouver leur père.

Je quitte ma famille, mes amis, dont certains que je ne reverrai jamais.

Et je quitte Laurent que j'aime plus que tout au monde. Je dis adieu à nos projets, à tous ces moments de bonheur que nous avons partagés.

De toutes ces séparations, celle-là est sans contredit la plus difficile, la plus déchirante. Cependant, elle va m'apprendre une des grandes lois que tous, nous apprenons à un moment ou à un autre de notre vie: l'attachement est source de grande souffrance. Alors que le non-attachement, c'est la voie qui conduit à la libération.

Aussi, lorsque les portes de l'aéroport se ferment derrière moi, je sais que celle qui part ne sera plus la même au retour.

Claude est morte à cet instant et Claudia allait naître.

L'aventure

Et si les hommes se taisaient
et laissaient parler leur coeur
et si les hommes cessaient
d'écouter la peur de n'être le meilleur
et si les hommes se pardonnaient
et oubliaient leur rancoeur
et si chacun s'y mettait
bientôt on y serait.
Mais combien regardent vers ce port?
Combien sont déjà morts?
Serait-ce une raison de s'arrêter
toi mon frère qui t'es déjà tant donné?
Non, car loin là-bas
où te mènent tes pas
sache que tu es attendu
là, tu seras reçu.

Claudia

L'AVENTURE

Je regarde avec un peu de nostalgie les cartes de souhaits qu'on m'a offertes. Celle de Laurent est touchante. Elle représente une cascade d'eau, au-dessus de laquelle un petit canard en regarde un autre emporté par le courant; ce dernier tente désespérément de remonter la cascade. Cette image vaut mille mots: la vie ne va pas en arrière.

Laurent m'écrit:

> *« Durant ces quelques minutes, j'aimerais te transmettre tout mon amour et toute ma joie de te voir partir pour un monde nouveau. Tous les grands pas que tu as faits dans ton évolution me remplissent de joie. J'admire ton courage. Laisse-toi vivre et suis la rivière de ta vie. Nous ne serons pas ensemble pendant deux mois, mais je sais que Dieu nous y a préparés et qu'il continue de nous guider*

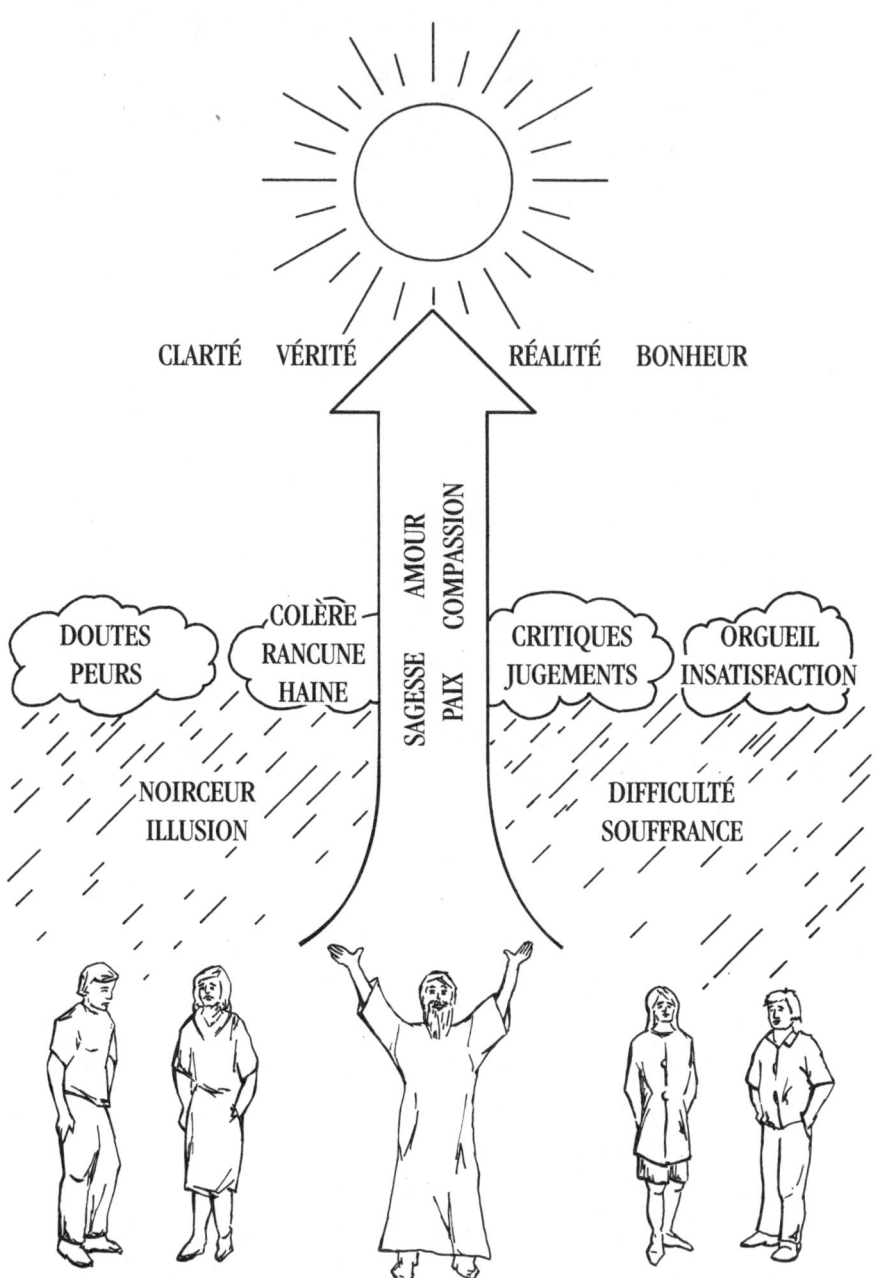

vers notre mission. Ce voyage clôture une année passée ensemble. Et quelle année!!! Claude, je t'aime et je t'admire. Je souhaite que notre futur à chacun soit aussi beau et aussi merveilleux! Je te souhaite Lumière, Paix et disponibilité dans l'amour et la joie. Au revoir».

Le voyage se déroule bien. La nuit est plutôt courte et j'assiste à un merveilleux lever de soleil. À cette altitude, il n'y a aucun nuage. Nous approchons de Londres. L'appareil perd de l'altitude, traverse un épais rideau de nuages et atterrit sous la pluie.

Cela m'aide à comprendre quelque chose de très important. À l'époque où je travaillais aux côtés de Lisa, j'étais souvent étonnée des résultats obtenus en relation d'aide, alors que je n'avais pas fait d'études approfondies en psychologie. Ces nuages, qui masquent le soleil, m'aident à comprendre la différence entre utiliser son intellect ou son intuition en psychothérapie.

Lorsque nous recourons à l'intellect, en nous référant à des connaissances apprises et mémorisées, nous atteignons une longueur d'ondes limitée. Mais, lorsque nous utilisons notre intuition, nous pouvons atteindre une longueur d'ondes illimitée. Très souvent, la véritable clarté se situe au-delà des apparences et du savoir.

Le Christ a dit: «La vérité vous affranchira». Cette vérité réside en chacun de nous. Mais elle ne peut se révéler que lorsque nous nous libérons de l'emprise du mental ou de notre EGO qui, lui, juge, critique, analyse, se méfie, doute, a peur...

Supposons que je dise: «Il fait beau aujourd'hui» à un habitant de Londres qui n'a jamais pris l'avion et qui n'a jamais entendu parler de cette réalité. Il y a de fortes chances qu'en voyant le ciel gris et la pluie, cet individu m'envoie promener. Et si je lui dis que cette pluie n'est que l'effet des nuages, et qu'au-dessus, le soleil brille à pleins feux, me croira-t-il?

Toutes nos difficultés proviennent du fait que nous ne voyons pas au-delà de ce que nous percevons. Très souvent, nous ignorons que ce qui voile notre ciel, ce sont ces nuages que nous avons nous-mêmes créés avec nos pensées de doute, de peur, de colère, de rancune, avec nos critiques, nos jugements, avec la haine, l'orgueil, l'attachement... Ces nuages, engendrés par notre ignorance, pleuvent sur notre vie et nous ne savons comment les dissiper.

La différence entre l'homme ordinaire et le Maître spirituel, c'est que le Maître a transcendé l'illusion. Par l'amour, la sagesse et la paix qui l'habitent, il se projette à une altitude où aucun nuage ne peut exister. Il irradie donc la JOIE car dans sa vie, il n'y a que du soleil.

Me voici à Londres.

Je loue une chambre dans un petit hôtel. Elle est si minuscule que je dois enjamber le lit pour atteindre le lavabo. Je suis triste dans cette petite chambre sans beauté, qui me coûte le prix d'un hôtel de luxe au Québec.

Aussitôt levée, je prends le train en direction de Forres, une ville au nord de l'Écosse. Pendant le trajet, je vois défiler de magnifiques paysages avec des châteaux qu'on croirait sortis tout droit des contes de fées. Le brouillard, presqu'omniprésent en Écosse, fait de ce pays un lieu mystérieux, où les histoires de fantômes et de *Loch Ness* ont bien leur place.

À ma descente du train, je croise une jeune Autrichienne qui se rend elle aussi à Findhorn. Nous partageons le même taxi. À notre arrivée, on nous apprend que l'inscription ne débute qu'à 9 h demain. La conductrice du taxi nous aide à trouver une chambre dans un *bed and breakfast*. Notre chambre est agréable, grande, propre, bien éclairée, et coûte nettement moins cher que celle de Londres. Je pense: «Si Findhorn ne me plaît pas, je reviendrai ici. J'y rédigerai le livre que je souhaite écrire».

Quoi qu'il en soit, je m'abandonne. Dieu sait où je dois aller. Qu'il en soit fait selon Sa volonté. Je m'ouvre aux découvertes. Je suis le disciple qui attend son Maître.

J'ignore tout de la communauté de Findhorn, sauf qu'il y pousse des légumes géants. Je ne sais ce que je vais y faire, ni même ce que j'y trouverai. Je m'attends seulement à découvrir un immense jardin botanique. Mais ce n'est pas tout à fait le cas.

J'apprends que Findhorn est une communauté spirituelle qui réunit plus de deux cents personnes. À l'origine, ce n'était qu'un parc de caravanes, installé dans la baie de Findhorn. Peter Caddy, son fondateur, se vit contraint de s'y établir, en novembre 1962, avec son épouse Eileen, leurs trois fils et une collaboratrice, Dorothy MacLean. Directeur d'un grand hôtel, Peter Caddy se retrouva au chômage. En dépit de ses nombreuses tentatives pour trouver de l'emploi, il vit ces mois de chômage s'allonger. C'est alors que lui vint l'idée de cultiver un petit jardin pour nourrir sa famille. L'apprenti jardinier lut tout ce qu'il put trouver sur les techniques de jardinage. Mais tous les livres qu'il trouvait avaient été rédigés pour des jardins du sud de l'Angleterre, où le climat et le sol sont bien différents de ceux de l'Écosse, exposée au vent froid de la mer du Nord. Là, le sol n'est constitué que de sable et de gravier, maintenus ensemble par une légère couche d'herbe.

Créer un jardin à cet endroit semblait aussi irréalisable que faire pousser des roses dans le désert. Pourtant allait naître sur cette terre stérile, une communauté qui donnerait au monde entier une leçon sur l'importance du respect des lois qui régissent les mondes matériel et spirituel.

C'est dans l'abandon total aux directives de leur divinité intérieure que Peter, Eileen et Dorothy se mirent à jardiner tout en traversant bien des épreuves; quelque chose leur disait que ce qu'ils faisaient était d'une importance capitale, même si, à ce moment-là, ils n'en comprenaient pas toute la portée. L'une des leçons clés que Peter comprit, après être passé d'un hôtel luxueux à une petite caravane de neuf mètres où logeaient six personnes, se résume à ceci:

«*AIME LE LIEU OÙ TU TE TROUVES, QUEL QU'IL SOIT; AIME TOUS CEUX QUI S'Y TROUVENT, QUELS QU'ILS SOIENT; ET AIME TOUT CE QUE TU FAIS, QUEL QUE SOIT CE TRAVAIL.*»

Dorothy était celle des trois qui entretenait le lien le plus étroit avec la nature. Un matin de mai, après avoir travaillé fort pour constituer un compost des plus biologique, elle reçut un message qui allait avoir une répercussion sur leur vie et sur l'avenir même des jardins de Findhorn. Elle entra directement en contact avec un esprit du royaume des plantes, le *déva* ou *ange* des pois. Les *dévas* font partie de la hiérarchie angélique qui maintient le modèle archétypique de chaque espèce de plantes et qui canalise l'énergie pour aider une plante à prendre forme sur le plan physique.

Cette coopération consciente entre les forces de la nature et l'être humain constituait une expérience tout à fait nouvelle, tant pour les *dévas* que pour les pionniers de Findhorn.

Les résultats furent impressionnants. Peter, Eileen et Dorothy apprenaient à travailler avec respect, amour et en coopération avec le monde végétal. Ils découvraient l'équilibre des forces de la nature et, plus important encore, le secret même de la création. Ce qu'ils pensaient, ils pouvaient le créer. En comprenant l'unité des mondes matériel et spirituel, ils découvrirent, en l'expérimentant dans leur quotidien, que si les humains travaillaient en coopération étroite avec les mondes spirituels, en harmonie avec l'Harmonie, ils pourraient tous vivre dans un paradis où même le désert pourrait voir fleurir la rose. C'est le message que Findhorn livre au monde entier[1].

Je loge au Cluny Hill College, qui est la propriété de la communauté de Findhorn. Cet ancien collège écossais a été aménagé pour accueillir des gens du monde entier qui veulent vivre des expériences de coopération. Ici, à Findhorn, tout repose sur la coopération. Dès notre arrivée, nous sommes invités à prendre la responsabilité de tâches à accomplir pour la communauté. Nous nous partageons le travail à la cuisine et à la salle à manger, l'entretien des toilettes, l'organisation des conférences et des séances de méditation, les tâches du jardin... La plupart des participants veulent travailler dans les jardins. Fille de la ville, n'ayant qu'une brève expérience de la campagne, je ne veux pour rien au monde manquer cette occasion de vivre au grand air dans ces jardins. Mon travail commencera demain.

Ce soir, on nous offre un concert dans une des somptueuses maisons de la baie de Findhorn. J'y assiste avec Dorothy, ma compagne de chambre, et Helen, une Américaine. L'orchestre est installé dans le grand salon où d'immenses fenêtres laissent voir le ciel, la mer et les montagnes. Le soleil disparaît tout doucement.

---

1. Pour en savoir davantage, lire l'excellent volume «Les Jardins de Findhorn», éditions Nature et progrès.

Quelle splendeur! Quelle beauté pour mon âme! Dès les premières notes du concert, je ressens l'harmonie. Les musiciens jouent d'instruments différents et pourtant, tout n'est qu'harmonie.

Montent alors en moi ces mots:

Et si les hommes se taisaient
et laissaient parler leur coeur
et si les hommes cessaient
d'écouter la peur de n'être le meilleur
et si les hommes se pardonnaient
et oubliaient leur rancoeur
et si chacun s'y mettait
bientôt on y serait.
Mais combien regardent vers ce port?
Combien sont déjà morts?
Serait-ce une raison de s'arrêter
toi mon frère qui t'es déjà tant donné?
Non, car loin là-bas
où te mènent tes pas
sache que tu es attendu
là, tu seras reçu.

Les musiciens expriment leurs sentiments à travers leurs instruments, sans compétition, dans la plus parfaite coopération. Le résultat est grandiose.

Et je pense à la nature; aux oiseaux du ciel, à la faune, la flore sous-marine, aux merveilleux tableaux que la nature peint chaque jour... Je me rends compte que tout est harmonie. Plus l'être humain est conscient, plus il recherche cette harmonie dans son milieu de vie et de travail, dans ce qu'il mange, dans ce qu'il fait et dans ce qu'il pense... La dysharmonie est le résultat que l'être humain crée, dans son ignorance, par ses pensées, ses paroles et ses actions...

Ce matin, je prends l'autocar pour me rendre au parc des caravanes. La communauté de Findhorn est répartie sur trois sites principaux: le parc des caravanes, qui est le site d'origine, Cluny Hill College et New Bold House, une majestueuse résidence.

La plupart des gens de la communauté vivent dans de petites maisons mobiles qui font plutôt penser à des caravanes de camping. Cela m'étonne, car la communauté dispose de très beaux édifices bien aménagés. Pour l'individualiste que je suis, il m'est difficile de le comprendre. Je n'aimerais pas vivre dans de telles conditions, surtout avec ce climat. Nous sommes en juillet et la pluie glaciale m'oblige à porter des vêtements que je porterais en hiver au Canada.

Nous commençons la journée avec une méditation. Puis, je rejoins mon groupe aux jardins. Nous faisons une chaîne d'énergie afin de nous brancher sur ce monde des esprits de la nature et pour bénir le travail que nous allons accomplir. Ma tâche consistera aujourd'hui à cueillir des fleurs de courgettes, ainsi que des haricots verts pour le prochain repas. Comme nous sommes plus de deux cents résidents, cela représente une quantité impressionnante de légumes. Après quelques heures, je ressens la fatigue et une douleur dans le dos. Je pense alors à toutes ces personnes qui travaillent chaque jour dans les champs et dans les plantations, sous un soleil ardent, au grand vent et sous la pluie... À ces personnes qui transportent sur leur dos des caisses et de lourds sacs chargés de fruits de la terre... À ces personnes qui sillonnent les routes jour et nuit, dormant souvent dans leur camion, risquant parfois leur vie dans les intempéries pour que la marchandise soit livrée à temps... À ces personnes qui travaillent dans les marchés d'alimentation et qui essaient de nous offrir les produits les plus frais... Enfin, à ces personnes qui, pendant que je suis plongée ici dans ma méditation, supportent la chaleur des cuisines pour préparer le repas que nous allons consommer dans quelques heures... Pour toutes ces personnes grâce auxquelles nous avons de la nourriture en abondance, je sens monter en moi un grand flot d'amour et de gratitude.

Manger en silence n'est plus une contrainte, mais une véritable communion. N'est-ce pas là le sens même de la communion: être en union avec la vie, dans tous ses aspects, avec tout ce qu'elle nous donne. Réaliser l'union avec sa divinité intérieure, qui est l'amour de Dieu à travers chaque manifestation. Prendre quelques instants de silence pour exprimer ma gratitude est l'une des plus belles méditations que je puisse faire pendant un repas.

En soirée, nous nous rencontrons pour partager nos expériences. On nous a demandé de rapporter un objet trouvé dans la nature. J'y rapporte une rose que j'ai cueillie ce midi, sur un rosier sauvage. Elle est d'un magnifique rose tendre, ma couleur préférée. Il faut dire en quoi nous ressemble cet élément de la nature.

Ces mots me viennent spontanément à l'esprit:

Comme cette rose sauvage
je ne suis que de passage
pour apporter un message.

Chaque jour, j'intègre davantage ce qu'est la spiritualité. J'ai choisi la voie de l'évolution et chaque découverte, qui me fait avancer, m'amène toujours plus loin sur cette voie. La solitude que je vis au coeur de cette expérience de groupe m'aide à entrer davantage en moi-même et à prendre du recul face aux épreuves que je viens de traverser. Je repense à Laurent. Parfois, des moments de tristesse refont surface, mais j'essaie, autant que possible, de vivre le moment présent en regardant droit devant moi.

C'est ma quatrième journée dans cette communauté. En prenant l'autocar pour me rendre aux jardins, je rencontre Thierry. Comme j'ai l'intention de passer sept semaines à Findhorn et que seules, mes deux premières semaines sont organisées, je conviens de partager le repas de ce soir avec lui afin de discuter de la planification de mon temps.

Cet après-midi, nous visitons la forêt sous la pluie. Avant d'y pénétrer, la responsable du groupe nous recommande le silence, afin d'entrer en contact avec les *dévas* des arbres. Puis, elle nous invite à poser une question à la forêt. Cela me fait sourire. Au fond, qu'ai-je à perdre? Je suis seule, loin du groupe, marchant sur un tapis de verdure parmi des arbres majestueux. Cette forêt semble mystérieuse. J'essaie de ressentir la présence des *dévas*, puis je pose ma question:

- Forêt, est-ce vrai que j'irai en Inde rencontrer un maître incarné dans un corps physique et qui va m'initier?

Trempée par toute cette pluie, je retourne à l'autocar vide. Je me repose et ferme les yeux. Puis, arrive un membre du groupe que j'ai seulement croisé au cours des rencontres. Nous bavardons et parlons des motifs qui nous ont amenés à Findhorn. Il s'appelle Gary. Il est natif de Niagara Falls aux États-Unis et habite la banlieue de Londres. L'entreprise pour laquelle il travaillait depuis quelques années a été vendue en plusieurs petites entreprises et il a été congédié. Gary se questionne au sujet de son avenir. J'évite de lui raconter mon histoire. Je lui dis simplement que j'ai reçu un message me disant de me rendre à Findhorn, sans que je sache encore pourquoi. J'apprends que Gary est allé en Inde et y a rencontré un Maître du nom de Saï Baba; ce Maître peut tout matérialiser et «dématérialiser». Gary doit y retourner le 22 août prochain. Comme nous sommes le 5 juillet, je lui demande, en blaguant, s'il n'aurait pas une petite place pour moi dans ses bagages.
  - Je souhaiterais bien rencontrer un tel Maître, lui dis-je.
  - Tu sais, me dit Gary, ce n'est que le billet d'avion qui est onéreux. Sur place, tu peux vivre avec moins de 5 $ par jour, nourri, logé.

Je fais des calculs rapides dans ma tête. Même à si bon compte, je ne peux m'offrir le billet d'avion.

Comme convenu, je partage le repas du soir avec Thierry, afin de planifier le reste de mon séjour à Findhorn. Sans le penser vraiment, je lui dis:
  - On ne sait jamais, je vais peut-être partir pour l'Inde!

Je lui parle de ce projet qui me tient à coeur: ÉVEILLER LA CONSCIENCE DES JEUNES DANS UN ÉCHANGE ENTRE DIVERSES NATIONALITÉS. Avant de nous quitter, il me remet un document intitulé *«International Peace Project»* et me demande d'en prendre connaissance. Il s'agit d'un projet parrainé par un Allemand et un groupe de personnes qui souhaitent créer au Québec un centre international d'échanges pour des jeunes et des thérapeutes.

Puis, je me rends à l'atelier de groupe. Après quelques témoignages des participants, on nous propose d'inviter un ange en choisissant une des petites cartes placées en cercle sur un plateau. Cet ange doit nous révéler quelque chose de très important pour nous et doit être également l'ange d'une qualité que nous aurons à développer. Après une courte méditation, je choisis l'ange *«Willingness»* (l'ange de la bonne volonté). L'atelier se déroule en anglais et je dois souvent faire des efforts pour comprendre. Je n'ai aucune idée de ce que veut dire *«Willingness»*. J'en demande la signification à Rachel, notre responsable. *«To say yes»*, me dit-elle. «Dire oui». Mais oui à quoi?

Arrive Michael Dowson, un conférencier. Il a un tel accent anglais que je ne comprends pratiquement rien de ce qu'il raconte. Ennuyée, j'ouvre au hasard le document que m'a remis Thierry. Les premiers mots que je lis sont: *«Are you willing?»* («Veux-tu?»). Soudain, je comprends la profondeur du message. Je sais maintenant pourquoi je suis venue à Findhorn. En quelques secondes, mon passé, mon présent et mon avenir se déroulent comme un film dans ma tête. C'est d'une telle intensité que j'ai de la difficulté à reprendre mon souffle. Je quitte la salle et vais à ma chambre pour décompresser. Je sais, à présent, que j'irai en Inde. J'ignore cependant comment, mais la certitude est là.

Après l'atelier, je vais voir Gary pour lui en parler. Je lui raconte ce que m'avait dit mon ami homéopathe. Croyant que c'est le Maître Saï Baba qui m'appelle, Gary accepte de m'aider en couvrant la différence qui me manque pour les frais de mon billet d'avion. Il me prête cet argent sans même exiger une garantie de remboursement. Nous convenons que je partirai à la fin de ma deuxième semaine d'atelier. Gary partira à la fin de la première semaine.

Aujourd'hui, mon travail consiste à empiler des boîtes de carton pour les envoyer à l'usine de recyclage. Mon dos me fait mal. Autant de travail physique, sur une si courte période de temps, n'est pas dans mes habitudes. Mais je ressens beaucoup de joie à accomplir un travail aussi humble; je sais que cette énergie servira à la préservation de la nature. J'apprends à trouver de la joie dans chaque petite tâche, que ce soit à laver la vaisselle ou à passer l'aspirateur après le repas. Même si ces tâches ne sont pas ma responsabilité, elles contribuent à me rendre heureuse.

Og Mandino, un auteur américain, disait au sujet du bonheur et de la réussite: «Fais un pas de plus». Je crois en effet qu'il nous sera toujours rendu ce que nous donnons, soit à la Terre ou à l'Univers.

Penser qu'en faire davantage, c'est être exploité, est la meilleure façon de vivre à la limite du nécessaire. En faire plus que ce qu'on nous demande, c'est s'amasser un capital que nous pourrons utiliser un jour. Il faut toutefois savoir que ce que nous donnons ne revient pas nécessairement de l'endroit où nous avons donné ou de la personne à qui nous avons donné. Ce que nous donnons nous revient toujours par la grande loi de cause à effet.

Cet après-midi, nous nous rendons à New Bold House. Ancienne résidence très luxueuse, elle fut construite en 1893. C'est la première fois que j'ai la chance de visiter l'un de ces châteaux écossais. Je suis fascinée par l'immensité et la beauté de cette résidence et de ses jardins.

L'atelier se déroule au salon. Aujourd'hui, le soleil est au rendez-vous; il pénètre dans la pièce, embellissant chaque objet, chaque boiserie.

Nous nous assoyons sur des coussins, pour une méditation. Ensuite, la responsable nous lit «*Les dernières conversations de John*», de David Spangler.

Ce texte de John, une entité spirituelle, constitue un message essentiel pour l'avenir de la Terre et de l'humanité.

John souligne notre responsabilité face à la pollution, aux conflits entre les cultures et les sociétés, à la menace d'une guerre nucléaire, etc. Il explique que tous ces problèmes sont dus à notre mentalité de compétition qui, elle, découle de notre sentiment de séparation les uns des autres et du grand TOUT ou SOI que nous formons.

Nous sommes maintenant à une époque où les choses doivent changer, annonce-t-il. Pour ce faire, il est essentiel de développer une conscience globale et des stratégies de coopération, car les problèmes sont trop vastes pour être résolus par un individu ou même un pays.

Pour mieux comprendre, imaginons un grand casse-tête[1] représentant l'Univers. Toute l'image est le SOI ou DIEU. Ce SOI est constitué d'une multitude de petites pièces ou «MOI». Plusieurs pièces se ressemblent par leur forme mais aucune n'est pareille à une autre, comme chaque être humain est unique. Pour que l'harmo-

---

1. Voir page 55

Chap. II   L'aventure

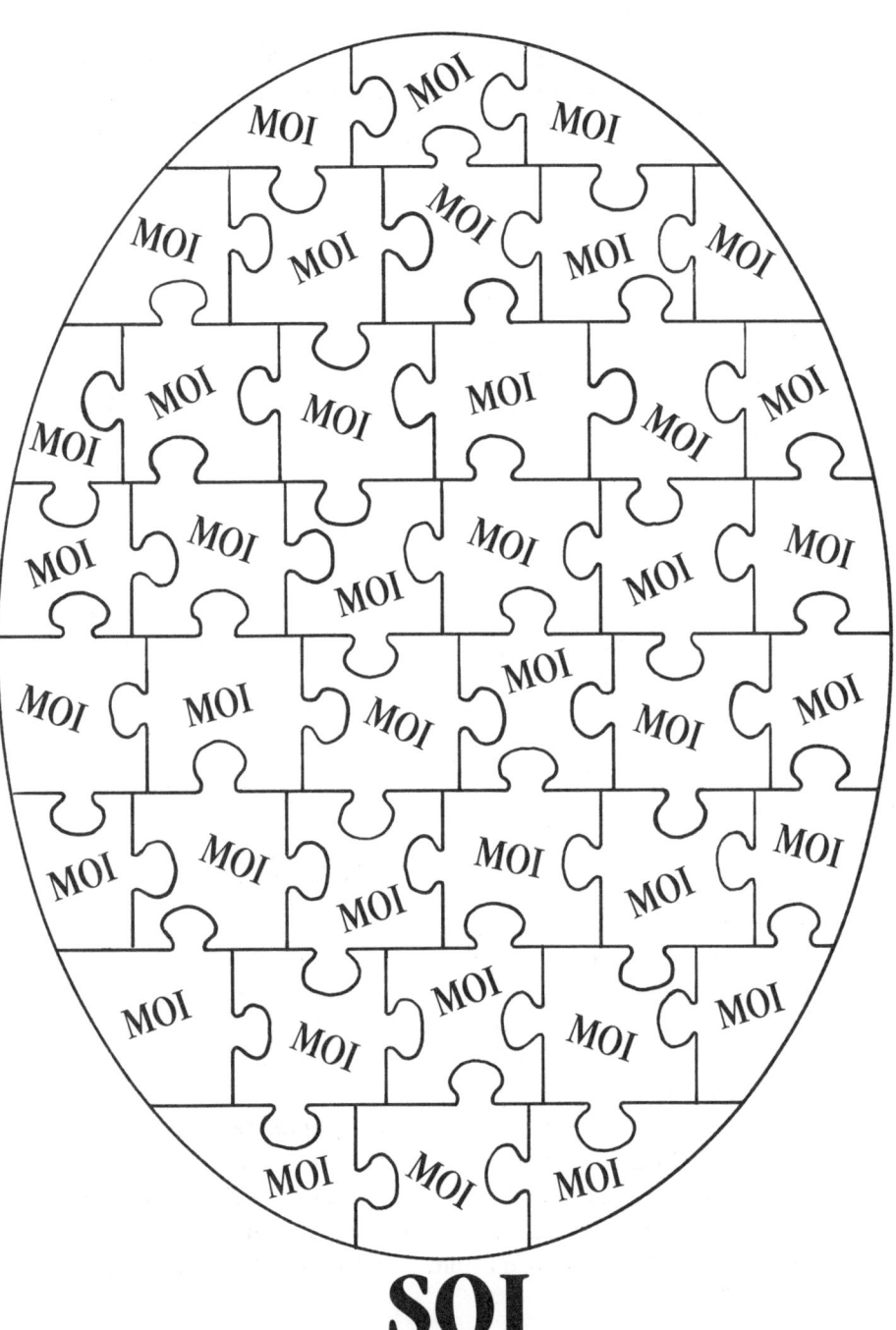

SOI

nie règne, chacune des pièces du casse-tête ou «MOI» doit être à sa place, en interdépendance avec les autres pièces. Ajoutons maintenant le mouvement. Si ces pièces ne sont pas là où elles doivent être, aucune coopération avec les autres n'est possible. Et sans cette coopération, aucune harmonie n'est possible.

Tant que l'être humain s'identifiera à son MOI, ignorant le SOI, aucune harmonie sur Terre ne sera possible. Car, si l'on croit, à tort, que le MOI est le casse-tête, il entre en compétition avec les autres pièces. Cependant, lorsque l'être humain aura réalisé qu'il est le SOI et que sa survie dépend de son interdépendance avec les autres pièces, il comprendra alors l'importance de coopérer avec les autres «MOI». (Je suis loin de soupçonner l'importance qu'auront dans ma vie ces *«dernières conversations de John»*).

Une autre journée aux jardins. Cette fois, ma tâche consiste à nourrir la terre avec du compost. Je suis jumelée à un résident de la communauté.

Nous remplissons une petite brouette avec du compost, puis la déversons sur la partie de terre à nourrir. À l'aide d'une fourche, nous remplissons une tranchée qui a été préalablement creusée. Je propose à mon compagnon que l'un de nous remplisse la brouette pendant que l'autre déverse le compost dans les tranchées. De cette façon, nous pourrions exécuter ce travail beaucoup plus rapidement.

Mon compagnon s'arrête et me dit bien sagement: «Ici, à Findhorn, nous croyons que le travail est pour l'être humain un moyen d'apprendre. Ce qui importe, ce n'est pas la vitesse avec laquelle il accomplit son travail, mais plutôt ce qu'il en retire... Si nous exécutons cette tâche dans la joie et le plaisir de partager, cela peut prendre un peu plus de temps, mais au bout du compte, les résultats sont supérieurs».

Cela prend un tout autre sens si, au lieu de lancer des petites graines dans la terre, en risquant d'en détruire la moitié, nous prenions quelques instants de plus pour déposer cette semence sur la terre, avec amour. Voilà qui explique les résultats obtenus à Findhorn et que les spécialistes du monde entier n'arrivent pas à comprendre. Dans des conditions impropres à la culture, on y récolte en abondance plusieurs variétés de légumes, dont la grosseur excède la normale.

Au loin, j'entends monter les chants de mes compagnes qui, elles aussi, découvrent le bonheur dans les petits gestes du quotidien.

Nous sommes le 8 juillet. Presqu'une semaine s'est écoulée depuis mon arrivée à Findhorn. Aujourd'hui, je dois déraciner des herbes indésirables. J'observe Gary: il enlève ces racines avec un tel sérieux et une telle application! Je sens en lui une profonde tristesse. En passant à côté de lui, je lui donne une poussée. Déjà en déséquilibre, il s'étend de tout son long dans l'herbe trempée par la dernière pluie. Il ne sait s'il doit se fâcher, mais, me voyant rire aux éclats, il choisit d'en rire également. Puis, nous nous amusons comme des enfants. Il y a longtemps que ça ne m'est pas arrivé! Cela nous permet à tous les deux de comprendre l'importance de la joie dans la vie. La joie a un effet plus que favorable sur tout l'organisme; la preuve en est que le manque de joie entraîne bien des maladies, telles l'anémie, l'hypoglycémie, l'hypotension ou basse pression, et caetera. L'absence prolongée de joie peut même engendrer le diabète et le cancer.

Ce qui manque le plus aux êtres humains sur cette Terre, c'est la joie. Croyant que le bonheur réside seulement dans la richesse, ils n'ont plus le temps de s'amuser ni de s'émerveiller.

J'ai moi-même couru après le succès; j'avais canalisé toutes mes énergies dans mon travail à l'Éveil Radieux, négligeant mes enfants, mon mari, mes amis. Je n'avais plus le temps de m'arrêter pour faire du ski ou même pour contempler une fleur. Il m'a fallu être au bord de la faillite pour m'arrêter: j'allais être complètement anéantie par ma quête de réussite. Et pour quoi? Et pour qui? Pour que ma mère soit fière de moi et pour prouver à mon deuxième père qu'il avait tort de me considérer comme une ratée. Le prix à payer était bien élevé! J'étais en train d'y laisser ma peau et d'y perdre ma vie. Lorsque j'ai compris tout cela, j'ai décidé que désormais, tout ce que je voulais être, c'était une petite lumière dans l'ombre, plutôt qu'une grande ombre dans la lumière. À l'avenir, je ne ferais que ce que j'aurais du plaisir à accomplir. Cette première semaine à

Findhorn est certainement l'une des plus belles semaines de croissance que j'aie pu vivre. J'ai maintenant une meilleure idée de ce que peut être la spiritualité vécue au jour le jour.

Demain, Gary retourne à Londres. Il va me réserver une place sur un vol d'Air India.

La deuxième semaine à Findhorn est très différente de la première. Je me souviens de ce que Laurent m'avait dit au sujet de la vie en communauté. Au début, c'est l'enchantement. Puis, arrive le désenchantement. Avec le temps, viennent l'acceptation et même la joie d'y vivre.

J'en suis à la phase du désenchantement. Partie depuis seulement deux semaines, j'ai l'impression que cela fait beaucoup plus longtemps!

Lorsque nous arrivons à Findhorn, nous sommes tous plus ou moins individualistes et l'enfant qui vit en nous désire que les choses se passent selon sa volonté.

Ici, on apprend à partager sa chambre, les toilettes qui sont parfois occupées, alors qu'une envie nous tenaille... On partage le travail, les repas, les moyens de transport... On doit prendre son espace en respectant l'espace des autres. Parfois, on est tenté de dire aux autres quoi faire. À d'autres moments, on aurait envie de quitter le groupe...

La communauté de Findhorn est sans doute la meilleure école pour apprendre à vivre avec les autres en surmontant les barrières de langues, de cultures et d'éducation. À Findhorn, on apprend à vivre en communauté, dans la paix et l'amour; on développe le respect, la tolérance, l'entraide et le pardon. On y vit en harmonie avec la nature et les êtres humains.

Je crois que Findhorn a la recette qui pourrait amener la paix sur Terre. Ce n'est pas dans les livres que l'être humain apprend, mais dans chaque action qu'il pose en interaction avec les autres. S'il y a tant de dysharmonie sur cette Terre, c'est parce qu'on ne nous apprend pas à développer une conscience collective. Nous sommes profondément individualistes; mais notre conscience doit à tout prix devenir planétaire.

Chap. II L'aventure

Je souhaite, pour ma part, enseigner cette nouvelle conscience universelle, l'apprendre aux jeunes dans les écoles et former des enseignants qui sauront la transmettre.

Voici le moment des au revoir. Le temps a passé bien vite. Je reprends le train en direction de Londres. Gary m'attend à la gare. Il m'accueille chez lui, dans sa luxueuse résidence de Saint-Georges Hill, en banlieue de Londres. Il m'a réservé le dernier siège à bord d'un avion d'Air India. Il m'aide à obtenir mon visa. Il conduit même dans Londres (ce qui n'est pas dans ses habitudes) pour récupérer mon visa le plus rapidement possible. Le voyant agir ainsi, sa femme n'y comprend rien. Elle se demande bien pourquoi il en fait autant pour moi. Sans être jalouse, cela l'intrigue.

La réponse est simple: Saï Baba est le Maître qu'il admire le plus au monde. Au cours de ses précédents voyages à l'*ashram* de Prassanthi Nilayam, Gary n'a jamais pu obtenir une rencontre personnelle avec le Maître. Croyant que c'est ce Maître qui m'appelle, il souhaite secrètement qu'en m'aidant, il gagnera la grâce d'une rencontre avec Saï Baba.

Gary n'obtiendra pas la rencontre souhaitée, mais il recevra davantage.

Tant de splendeur
émeut mon coeur.
Tant de beauté
que je voudrais m'envoler
mais je me sens clouée.
J'aspire à la liberté.
Pourtant, chacun de mes pas
me rapproche de Toi.
Droit devant, me disait
la source qui chantait.
Droit devant
me répétait le vent.
À l'aube d'un nouveau jour
te conduira l'Amour.

Claudia

LA RECHERCHE DU MAÎTRE

En ce 20 juillet 1988, 17 h 30, je monte dans l'avion d'Air India qui m'amène vers une nouvelle aventure. Qui est ce Maître? Comment se passera cette rencontre? Qu'est-ce qui m'attend là-bas? Je n'ai même pas une carte de l'Inde. Tout ce que je sais, c'est que je dois retrouver, à Bangalore, un chauffeur de taxi du nom de Monsieur Babu qui pourra me conduire à l'*ashram* de Prassanthi Nilayam à Puttaparthi, dans le sud de l'Inde.

L'avion fait une première escale à Genève, une deuxième à Rome, une troisième à Delhi et se pose à Bombay vers 14 h, le jour suivant.

À Bombay, je quitte l'aéroport international pour me rendre à l'aéroport des vols locaux. Pendant le trajet, je fais connaissance avec l'extrême pauvreté de l'Inde. Je traverse des bidonvilles, où vit une grande partie de la population. Des gens se lavent dans la rue, avec une eau brunâtre. C'est, pour moi, un véritable choc culturel. Ne m'étant jamais intéressée à l'Inde avant ce voyage, je n'en avais qu'une vague idée.

À l'aéroport, des bandes d'enfants s'accrochent à moi pour obtenir de l'argent, mais je n'ai pas encore changé mes livres sterling en roupies.

Au comptoir d'Air India, j'apprends que mon vol pour Bangalore n'est pas confirmé. «Non, ce n'est pas vrai!!! Je ne vais tout de même pas rester ici! Je ne connais aucun hôtel et cette ville me fait affreusement peur.»

Le commis me dit de m'inscrire sur la liste d'attente et de prendre place dans la file. Plusieurs personnes me précèdent. Un homme, venant de je ne sais où, me demande ce que j'attends. Je lui explique ma situation. Il me conseille de me présenter à un autre comptoir. À nouveau, j'explique que je dois me rendre à Bangalore, que je ne connais aucun hôtel à Bombay, et caetera.

- Quand veux-tu partir? me demande l'employé.
- Aujourd'hui, lui dis-je.

Il inscrit OK sur mon billet et me dit d'aller chercher ma carte d'embarquement. Je suis euphorique. Je remercie Dieu et mes guides de lumière de m'avoir épargné une nuit et peut-être davantage dans cet endroit. Bombay est une ville qui m'effraie. J'espère que Bangalore sera plus accueillante.

J'arrive enfin à Bangalore, vingt-trois heures après avoir quitté Londres. Épuisée, apeurée et convaincue qu'il faut être complètement dingue ou avoir une foi à toute épreuve pour venir dans ce pays. J'en suis presque à espérer que ce Maître m'attendra à l'aéroport (si toutefois ce qu'on m'a dit est vrai). Je vais récupérer la seule petite valise que j'ai apportée et me fraie un chemin vers la sortie.

Près de la porte, je vois un homme qui tient un carton sur lequel est écrit: MR. BABU TAXI DRIVER. Je n'en crois pas mes yeux. Je lui demande s'il est Monsieur Babu.

- Non, dit-il, mais je peux te conduire à Monsieur Babu.

Il m'emmène vers son taxi, un vieil Ambassador d'une trentaine d'années, me laisse seule au milieu d'un stationnement non éclairé, et me demande de l'attendre. Assise sur la banquette arrière, je suis terrifiée. Mon imagination s'affole: serait-il allé chercher des gros bras pour me voler et me sauter dessus? Je reconnais que devant la peur, je ressemble à ma mère, qui a toujours tendance à imaginer le pire.

Le chauffeur revient et démarre. À Findhorn, on m'a dit que je pourrais trouver Monsieur Babu à l'Hôtel Continental, situé tout près de l'aéroport. Comme nous roulons depuis déjà un bon moment, je demande au chauffeur, pour me rassurer, si cet hôtel est proche. *«Yes, yes»*, me répond-il à maintes reprises. Je n'en suis pas rassurée pour autant. Il me demande si Monsieur Babu m'attend. Si je me fie à tout ce qui m'est arrivé jusqu'à maintenant, j'ai la conviction que je dois être attendue quelque part.

Nous arrivons enfin à l'Hôtel Continental, où je rencontre cet énigmatique Monsieur Babu[1]. Il est d'un genre plutôt rassurant.

Il est près de minuit et je n'ai pas dormi depuis trente-quatre heures. À la boutique de l'hôtel, je me procure les vêtements que je devrai porter à l'*ashram* et nous partons vers 3 h, afin d'arriver pour le *darshan*[2] de 7 h.

Je m'installe sur la banquette avant de la voiture entre Monsieur Babu et son frère. À l'arrière, prennent place deux Italiennes et un Italien.

Puttaparthi est un petit village situé à cent soixante kilomètres de Bangalore dans l'État d'Andra Pradesh, au sud de l'Inde. La langue parlée est le Télugu. C'est dans ce village que naquit, le 23 novembre 1926, Sathya Narayana Raju, celui que l'on appelle maintenant Shri Sathya Saï Baba qui signifie:

Shri = Maître
Sathya = La vérité
Sa = Divin
Aï = Mère
Baba = Père

C'est-à-dire: Maître de la vérité, de la Mère Divine et du Père Divin.

Sathya Narayana Saï Baba se reconnaît lui-même comme un *Avatar*, c'est-à-dire investi de la grâce divine, ayant une mission cosmique de même que plusieurs pouvoirs inhérents à cette mission.

---

1. Babu (prononcer Babou) est davantage un surnom qu'un nom.
2. Darshan signifie vision, voir. Ce qui implique que les fidèles viennent à la rencontre de leur Maître avec un profond sentiment de respect et de dévotion, afin de recevoir ses bénédictions.

Nous roulons à travers la campagne. Sur la route, nous croisons des vaches, des poules, des chiens et des Indiens qui se rendent aux champs avec leur charrette... Le klaxon est de rigueur en Inde. La campagne est pauvre, aride. Dans les villages, je vois des hordes d'enfants nus, sans chaussures. Les maisons, construites directement sur le sol, n'ont souvent qu'une seule pièce, sans eau ni électricité. L'alimentation en eau, pour tout le village, se limite souvent à un seul petit puits. Les paysans font leur lessive dans de petits cours d'eau qu'alimentent les pluies. Quel contraste avec l'Amérique!

Quel contraste aussi avec le village de Saï Baba! Nous avons roulé pendant plus de trois heures à travers un paysage désertique et nous pénétrons maintenant dans un lieu de végétation luxuriante. Les palmiers et les fleurs y poussent à profusion. Les édifices sont modernes et peints de couleurs pastel: bleu, rose, pêche, turquoise. Ici, les enfants ont le visage souriant, portent des costumes d'écoliers et des chaussures. Rien à voir avec les enfants de Bombay, de Bangalore ou avec ceux de la campagne! Sans être riches, les habitants sont vêtus, ne manquent pas de nourriture et les enfants ont droit à l'instruction. On voit très peu de mendiants.

Je me présente à l'accueil de l'*ashram* avec Raphaëlla et Marinella, les deux Italiennes qui ont fait le trajet avec moi. On nous accorde une chambre pour les trois. Ici, les hommes et les femmes logent séparément. J'ai beaucoup de chance, paraît-il. Comme l'*ashram* accueille en moyenne de dix mille à vingt mille personnes, les chambres sont habituellement réservées aux gens qui séjournent pendant une longue période, du moins à ce moment-ci de l'année.

Notre chambre se résume à quatre murs, un plancher de béton et un ventilateur au plafond. Pas un seul meuble. Ici, les gens dorment par terre, sur des petits matelas fabriqués avec du tissu (qui sont bien loin de nos confortables matelas de mousse!). Par des chaleurs de 30 °C, qui atteignent parfois 40 ° et 45 °C, le ventilateur est très apprécié, même s'il est bruyant! À ma grande surprise, il y a des toilettes occidentales dans une pièce attenante.

Je dépose mes bagages dans un coin de la chambre et j'enfile mon *punjabi*, appelé également *shuridad*. Il s'agit d'une tunique aux manches longues et d'un pantalon très large qui s'accompagnent parfois d'un châle. En Inde, la femme ne doit jamais exposer ses jambes ni ses bras. Elle doit, de plus, cacher la forme de ses seins. C'est la raison pour laquelle la femme indienne s'enveloppe d'un châle ou d'un *sari*. Dans certaines sectes, des Musulmanes, vêtues de noir, vont même jusqu'à se couvrir entièrement la tête. Elles voient le monde extérieur à travers les fibres du tissu.

MA PREMIÈRE JOURNÉE À L'ASHRAM

Raphaëlla et Marinella m'initient à la vie et aux règles de l'*ashram*. Comme elles y sont venues à quelques reprises, elles savent ce qu'il faut faire et éviter. Elles ne parlent ni le français ni l'anglais et je ne parle pas l'italien. Mais je réussis, grâce à quelques mots d'espagnol (qui ressemble beaucoup à l'italien) à deviner ce qu'elles veulent dire.

Nous nous rendons toutes les trois au *darshan*. À l'entrée de la cour extérieure du *mandir*[1], nous retirons nos chaussures et prenons place dans la file qu'on nous indique. Assises par terre, sur le petit coussin que nous traînons avec nous, les jambes croisées en lotus, nous attendons en silence le moment où nous serons appelées à pénétrer dans la cour intérieure. Les files s'allongent. Nous sommes sûrement près de quatre mille personnes. La majorité des femmes sont indiennes et viennent de toutes les parties de l'Inde. Plusieurs sont accompagnées de leurs enfants. Il s'y trouve aussi des groupes d'étrangères qui se distinguent par un foulard dont la couleur identifie le pays d'origine. Ces groupes viennent du Japon, de l'Australie, des Philippines, de l'Allemagne, de l'Espagne, des États-Unis et d'autres pays. Je vois même un groupe de Montréal.

Puis, la tension monte. Une *séva* (responsable de l'ordre et du service) présente un sac contenant des numéros à la première personne de chaque file. Celle qui est à la tête de la nôtre tire le numéro 8. Les files pénètrent à tour de rôle dans la cour intérieure, selon leur numéro. Nous nous assoyons à nouveau, les jambes croisées. Il y a beaucoup de monde et peu d'espace. Cette position m'est très inconfortable, mais je garde le silence. J'attends, impatiente, qu'apparaisse la silhouette du grand Maître.

---

1. *Mandir*: À la fois le Temple et la résidence de Saï Baba.

Soudain, la foule semble électrisée; les femmes retiennent leur souffle. Même les bébés cessent de babiller. Les cous se tendent, les mains se joignent. La dévotion et même l'adoration se lisent sur les visages. On entend les Indiennes murmurer faiblement: «BABA».

Le Maître est là, vêtu d'une tunique orangée, sa tête garnie d'une chevelure plus qu'abondante. Il ne fait pas son âge et semble être un mélange de toutes les races. Il avance lentement, doucement, pieds nus, sa tunique touchant le sol. Les gestes de sa main droite invitent au contrôle et à la maîtrise des émotions, car cette dévotion extrême donne parfois lieu au fanatisme, et ce n'est pas ce que souhaite le Maître. Il veut le respect, l'amour, la paix et non l'adoration, mais plusieurs dévots sont encore au stade de l'enfant fasciné par les prodiges de leur père «divin».

De temps à autre, il s'arrête devant un groupe, accepte quelques lettres qui seront, semble-t-il, «dématérialisées». À d'autres moments, il refuse des lettres, malgré l'insistance de la personne. Il bénit des objets, touche la tête d'un enfant ou d'une femme... Il lui arrive souvent de matérialiser de la *vibhouti* (cendre sacrée); mais aujourd'hui, il ne le fait pas. Puis graduellement, il se dirige du côté des hommes, et refait les mêmes gestes.

Marchant toujours très lentement, il revient vers l'entrée du temple où sont assis les étudiants de l'Université de Prassanthi Nilayam. Saï Baba entre maintenant dans la partie du *mandir* où il recevra en entrevue une vingtaine de personnes à qui il a fait signe lors de son passage. Pendant l'entrevue, il matérialise de la cendre sacrée. Cette habitude lui vient de sa précédente incarnation. Symbole de prospérité et de splendeur spirituelle, la cendre sacrée élimine tout danger et protège celui qui s'en pare. Contrairement à la fleur la plus belle, la cendre, elle, ne meurt pas. Elle représente le dernier stade des cinq éléments de la création. Selon Saï Baba, nos désirs doivent être réduits comme cette cendre, symbole de la victoire. Recevoir de la cendre sacrée de l'*Avatar*, c'est concrétiser le lien qui nous unit à sa Divinité.

Quelquefois, le Maître matérialise, pour une ou plusieurs de ces personnes, des bagues, des croix, et caetera. C'est une des raisons pour lesquelles tout dévot souhaite ardemment rencontrer le Maître.

Le *darshan* est maintenant terminé. Des femmes touchent le sol foulé par les pieds du Maître et se touchent la tête. D'autres baisent le sol.

C'est l'heure du déjeuner. Il faut à nouveau prendre son rang dans la longue file pour recevoir à boire et à manger. La nourriture est bonne, mais simple. Le repas se compose surtout de riz, de légumes et de «chapatis» (pain sans levain ressemblant à des galettes). Le régime est exclusivement végétarien. On a le choix entre la nourriture épicée et non épicée. En général, la nourriture indienne est extrêmement épicée, aussi est-il toujours préférable de la goûter du bout de la langue à moins d'avoir un verre d'eau sous la main. Et l'eau dans les restaurants est rarement potable. Par contre, ici à l'*ashram*, elle est purifiée.

9 h:

C'est l'heure des *bhajans* (chants sacrés). Le Maître n'est pas présent, alors nous n'avons pas besoin de faire la file. Avec un peu de chance, on arrive parfois à trouver une chaise, habituellement réservée aux dames âgées.

Après les *bhajans*, nous sommes libres jusqu'à 15 h. Ce temps peut être consacré aux études, à la méditation ou aux travaux divers. À l'*ashram*, nous ne sommes pas obligés de partager les travaux communautaires. Ce sont des équipes de bénévoles indiennes qui s'en chargent.

Je profite de ces quelques heures pour aller m'acheter un matelas, un drap et un oreiller que je m'empresse d'étrenner. Je suis si fatiguée que, malgré cette chaleur difficile à supporter, je sombre dans un profond sommeil. Je fais un rêve:

J'étais dans cet ashram. *Il s'y trouvait plusieurs personnes que je connaissais, bien que je ne les aie jamais vues auparavant. Une femme, toute vêtue de blanc, m'a regardée. Elle était clairvoyante. «De grandes choses te seront révélées» m'a-t-elle dit. (Je me suis souvenue que la première leçon d'un adepte ou d'un initié, c'est l'humilité.) Le Maître, qui était présent, me regardait en souriant. Je devais monter un escalier en céramique, mais je ne comprenais pas bien les instructions. Sous mes pas, la céramique s'enfonçait dans le ciment frais, mais on me pardonnait.*

Par ce rêve, je comprends que je devrai faire preuve d'humilité et d'attention devant les instructions qui me seront données.

15 h:

Nous faisons à nouveau la file pour le *darshan* de 16h. Cette fois, je suis aux premières rangées. Lorsque le Maître s'approche, je lui tends une lettre dans laquelle je lui dis avoir reçu le message de venir ici.

Il passe tout droit et ne me regarde pas. Je suis déçue, mais je me convaincs que son énergie est si puissante qu'elle pourra transformer la sceptique que je suis. Je sens une résistance en moi. J'aimerais ressentir l'état sublime que semblent éprouver les autres femmes, mais ce n'est pas le cas. Le «Saint Thomas», bien présent en moi, a besoin de preuves. Et j'espère les obtenir dans une entrevue personnelle avec le Maître.

17 h:

Nous reprenons nos rangs (toujours jambes croisées sans appui-dos) pour la méditation de 18 h. Il y a tellement d'énergie à l'intérieur de ce temple que les oiseaux en sont fort excités.

19 h:

C'est le repas du soir. À une petite boulangerie, nous pouvons acheter du pain, des gâteaux et des biscuits.

21 h:

Les lumières se ferment. À cause du décalage horaire, je n'arrive pas à fermer l'oeil.

3 h 20:

Raphaëlla se lève. Où va-t-elle si tôt? Elle nous fait signe, Marinella et moi, de la suivre. Je me retrouve dans la nuit tiède, sous un ciel étoilé, à suivre mes compagnes sans comprendre. Des groupes de femmes se rendent au *mendir*. À nouveau, nous faisons la file, assises sur le sol, jambes croisées.

On nous demande de nous lever et nous tournons maintenant autour du *mendir* dans le sens des aiguilles d'une montre; les hommes, eux, tournent à l'extérieur de l'enceinte. Saï Baba est au premier étage du temple. Tout en circulant, nous récitons le mantra *OM SAI RAM* jusqu'à 4 h 50.

Puis, la cloche sonne un coup. Nous entonnons vingt et une fois le son *OM*. Après ce rituel, nous sommes libres. Mais il faudra bientôt nous préparer pour le *darshan* de 7 h.

Le rythme de ces derniers jours m'a épuisée. Les muscles du dos me font mal. J'ai les jambes endolories, des hanches jusqu'aux chevilles. Ici, je vois beaucoup de rigidité sur les visages et peu de sourires. Les enfants ne doivent ni parler, ni pleurer. Il me semble entendre plusieurs fois par jour des: «Ne fais pas ceci», «Ne fais pas cela», «Va là», «Ne va pas là», et caetera.

Si Findhorn est une excellente école pour briser notre individualité et nous apprendre à fonctionner en groupe grâce à la coopération, la tolérance et le respect, cet *ashram* est l'école de la patience, de l'acceptation et du lâcher-prise.

Je réalise que je suis à l'école de l'humilité et de l'obéissance. Ici, on oublie sa petite personne. Ces *sévas* ressemblent à des marâtres qui veillent à la discipline et je crois qu'entre une prison de femmes et ce que je vis ici, il n'y a pas beaucoup de différence, sauf que je peux quitter cet endroit en n'importe quel temps.

Et c'est bien ce que j'ai envie de faire. Mais partir pour aller où? Est-ce mon EGO qui lutte de toutes ses forces pour survivre? Sans doute. Par le passé, mon EGO s'est toujours rebellé contre toute forme d'autorité. Je n'ai jamais su, ni voulu obéir. Lorsque les choses n'allaient pas à mon goût, je claquais les portes ou menaçais de le faire. Je me souviens avoir un jour supplié Lisa de ne jamais me laisser partir, car je savais qu'à un moment ou à un autre, je serais tentée de le faire. Mais je savais aussi que j'aurais été perdante d'agir de la sorte. Lisa me disait: «Pour être un bon patron, il faut avoir été un bon employé».

J'ai le mal du pays. L'ennui, la nostalgie, la colère et le découragement m'habitent. J'ai le sentiment que tout ce qu'on m'a dit est faux. Je nage dans l'incertitude et je doute même de mes propres intuitions. Je suis triste, désespérée, mais je sais que ce serait une erreur de partir. Marinella et Raphaëlla ne sont plus là. Je me sens bien seule encore une fois, sans personne pour me consoler. Et je m'endors dans les larmes.

Ce matin, je me sens un peu mieux. Je dois maintenant laisser la chambre à d'autres et m'installer dans l'un de ces immenses hangars qu'on appelle les «sheds» et que j'ai baptisé mon «parking». Comme dans les stationnements, des lignes sont dessinées sur le plancher de béton et, au lieu d'y ranger notre voiture, c'est notre corps que nous stationnons pour la nuit. J'installe mon petit matelas sur l'un des deux cents espaces de stationnement et m'offre le luxe d'un filet pour me protéger des moustiques.

Cette nuit, j'ai droit à tout un concert: il y en a qui ronflent, d'autres qui ont des flatulences, d'autres qui vomissent car les maladies tropicales sont bien présentes. J'entends des enfants pleurer. Je n'arriverai jamais à dormir dans un endroit pareil!!! En plus, il y fait une chaleur suffocante. Si je retire mon filet, j'aurai certainement plus d'air, mais je me ferai manger toute crue par les moustiques. Je décide d'aller prendre un peu d'air, mais le gardien me recommande de ne pas sortir, car la nuit, les pelouses sont infestées de serpents venimeux. Cela me convainc de rentrer.

Dans mon «parking», je fais la connaissance d'Hélène, une Allemande qui est comédienne. Elle n'en est pas à son premier séjour à l'*ashram*. J'échange avec elle, lui dis à quel point je me sens seule et comment la vie m'est difficile ici. Et dire que je croyais avoir atteint une certaine sagesse! J'ai lu quelque part que le niveau de sagesse d'une personne est proportionnel à son taux de patience et d'acceptation. En ce moment, le mien est bien bas, je dois dire. Et celui d'Hélène est supérieur au mien. Échanger avec elle m'aide à me remettre en contact avec l'Énergie.

Cet après-midi, je me rends à la bibliothèque pour lire la vie de Saï Baba. (Je mettrai plus d'un an à dissiper les doutes que j'avais sur lui et à le reconnaître comme un véritable Maître. Je découvrirai son histoire, bien après mon départ.)

Comme pour Krishna, Bouddha ou Jésus-Christ, les mois qui précédèrent la naissance de Saï Baba furent accompagnés d'étranges phénomènes. Plusieurs signes annoncèrent à ses proches qu'il serait un être exceptionnel. Ainsi, quelques heures après sa naissance, on découvrit un cobra sous son petit lit. En Inde, le cobra est perçu comme un attribut du dieu *Shiva* et symbolise l'impuissance du mal en présence de la divinité. Le cobra est également le symbole de l'initié parfait.

Le 8 mars 1940, alors qu'il n'a que treize ans, le jeune Sathya s'écroule sur le sol en criant et perd connaissance. On croit qu'il a été mordu par un scorpion. Lorsqu'il revient à lui, il n'est plus le même. Il connaît plusieurs choses qu'il n'a jamais apprises, chante des chants sanscrits, alors qu'il n'a jamais étudié cette langue. Il raconte en détail des événements qui se déroulent dans des pays lointains...

Inquiets, ses parents croient qu'il est habité par quelque mauvais esprit. On lui fait subir des exorcismes, des traitements, mais rien n'y fait. On ne comprend toujours pas et ses pouvoirs surnaturels augmentent de jour en jour. Il matérialise des fleurs, des bonbons, des fruits qui semblent provenir d'un monde invisible. Apprenant la rumeur, les gens de son village accourent pour voir ce prodige.

Son père, en colère, lui crie:
- Qui es-tu donc? Pourquoi fais-tu tout cela?
- Je suis Saï Baba, réincarnation du grand et célèbre Musulman «Shirdi Saï Baba» (ce grand saint Saï Baba de Shirdi, mort en 1918, avait annoncé qu'il reviendrait huit ans plus tard, soit en 1926).

Impressionné, son père lui demande ce qu'il doit faire. Il lui répond:
- Rendez-moi hommage tous les jeudis, purifiez votre esprit et gardez vos maisons propres.

Le 28 octobre de la même année, il met de côté ses livres scolaires et, s'adressant à sa famille, il déclare:
- Je ne suis plus votre Sathya. Il n'existe aucun lien de parenté entre vous et moi. *Maya* (illusion) a disparu. Je ne veux plus rester ici. Ma mission m'attend.

Puis, il va s'asseoir au milieu des fidèles et se met à chanter un *bhajam* de sa composition: «Méditez aux pieds du gourou. Il vous aidera à traverser l'océan des vies et des morts, il vous libérera du cycle interminable des renaissances».

La mission de Saï Baba était commencée. Il annonça que cette mission serait divisée en quatre phases:

1. jusqu'à 16 ans: *leelas* ou jeux divins
2. de 16 à 35 ans: miracles
3. de 35 à 60 ans: enseignement et miracles
4. de 60 à 90 ans: son action s'étend au monde entier.

À quatre-vingt-seize ans, Saï Baba quittera volontairement son corps, pour revenir huit ans après, s'incarner dans le corps de *Prema* (l'amour).

En fait, Saï Baba reconnaît que les miracles n'existent pas. Les manifestations auxquelles l'ignorance humaine donne le nom de miracles ne sont rien d'autre que l'application des lois universelles, auxquelles tout être humain, conscient ou non, pourrait avoir recours en développant sa nature divine. Le Christ a dit: «Vous ferez des choses aussi grandes que moi et même de plus grandes».

Pourquoi Saï Baba fait-il ces matérialisations publiques? Pourquoi Jésus a-t-il changé l'eau en vin? Pourquoi a-t-il fait la multiplication des pains?

La réponse est simple: Pour qu'on l'écoute!

À l'époque du Christ, les humains vivaient dans un monde matérialiste où les valeurs spirituelles étaient bafouées. La majorité des gens étaient davantage intéressés par le pouvoir, nourriture préférée de l'EGO.

Alors, comment le Christ pouvait-il mieux rejoindre ces gens qu'en leur démontrant qu'ils pourraient développer leurs pouvoirs en respectant les lois universelles, en vivant une vie d'amour, de paix et de pardon? Et une fois sur la voie, ils comprendraient que les pouvoirs ne doivent jamais servir l'EGO, mais servir une grande cause: la libération des êtres humains de la roue des *karmas*.

Si seulement j'avais compris tout cela plus tôt! Le Christ a dit: «Ne jugez point». Pourtant, je jugeais, parce que les événements ne se passaient pas à ma convenance. Si Saï Baba m'avait reçue en privé, mon EGO en aurait été flatté et je l'aurais proclamé comme un très grand Maître. Mais mon EGO frustré disait: «Non, ce n'est pas ton Maître».

Hier, j'ai moi-même vécu une expérience de «dématérialisation» et de matérialisation. J'étais dans le grand hall des lavabos et des douches. Je me suis regardée dans le miroir en me disant: «Je renonce à ma beauté». Je voulais me détacher de tout, y compris de mon apparence physique. Au même moment, une de mes boucles d'oreilles est tombée par terre. Pour moi, les boucles d'oreilles ont toujours été un symbole de beauté chez la femme. Je l'ai cherchée sur le plancher de ciment, mais ne l'ai vue nulle part. Des Indiennes ont cherché avec moi, mais sans succès.

Puis, j'ai accepté de ne porter qu'une seule boucle d'oreille pour tout le reste du voyage. Je me suis regardée à nouveau dans le miroir et, comme si je parlais à quelqu'un, j'ai dit: «D'accord, j'ai compris, j'accepte ma beauté». À cet instant précis, j'ai senti quelque chose sous mon gros orteil. C'était ma boucle d'oreille. Il est indéniable que nous l'aurions vue si elle avait été là auparavant.

Et pourtant, mes doutes persistent. Ma frustration grandit. À chaque *darshan*, j'espère obtenir cette rencontre qui dissipera à jamais cette incertitude.

Il semble que ce Maître possède l'omniscience, l'omniprésence et l'omnipotence. Il doit sûrement savoir quel genre d'expérience a besoin de vivre chacune des personnes qu'il rencontre! C'est l'endroit idéal pour se faire casser l'EGO, pour apprendre l'obéissance et se libérer de ses attentes. Ici, frustrations et déceptions sont monnaie courante.

Mon EGO en a assez! Il rejette tout. Je crois qu'une deuxième semaine ici sera suffisante. Mais où aller? Je suis venue en Inde pour un mois. Mes amies italiennes m'ont parlé des Iles Maldives, qu'elles ont beaucoup aimées...

Ce soir, au restaurant situé à l'extérieur de l'*ashram*, je fais la connaissance d'un Indien qui a été pendant quelque temps bénévole ici. Je lui parle de mon intention d'aller aux Iles Maldives. Il me suggère plutôt de me rendre dans des endroits spirituels comme on en trouve dans les montagnes de l'Himalaya. J'ai toujours rêvé de me rendre dans l'Himalaya, qui évoque davantage le Tibet et le Népal que l'Inde.

Pour m'y rendre, me dit cet Indien, je devrai d'abord aller à Delhi et de là, prendre un train qui m'amènera jusqu'à Hardwar. Là-bas, je devrai, semble-t-il, être très prudente, car il arrive que des groupes d'Indiens s'attaquent aux rares touristes pour les voler. De Hardwar, je prendrai des autobus menant à Richikesh, Badrinath et Kedarnath.

Ma décision est prise: j'irai dans l'Himalaya. Et je partirai vers le 4 août. Entretemps, je veux étudier les enseignements du Maître et l'hindouisme.

J'arrive maintenant à dormir dans mon «parking», mais le plus souvent, c'est d'épuisement. J'ai l'impression que «le ciment du plancher me rentre dans le corps»: j'ai mal aux hanches, aux jambes et au dos.

Aujourd'hui, au *darshan*, je suis assise dans la position du lotus, avec une affreuse douleur au dos et aux jambes. Et je pense: «Toute ma vie, j'apprécierai une chaise». Chez moi, il y avait des chaises partout, mais je n'ai jamais pensé à dire merci à une chaise. Je pense aussi à un lit, en me disant: «Je donnerais tout pour avoir un bon lit avec un matelas épais, des draps et un oreiller moelleux!» Je réalise encore une fois que depuis mon enfance, j'ai dormi dans des lits confortables, sans jamais les apprécier.

Toute ma vie, je me suis plainte de ce que je n'avais pas et de ce que je n'avais pas eu. Je n'ai jamais apprécié ce que j'avais ou remercié pour ce que je recevais.

Il m'arrivait souvent de dire: «Moi, je n'ai pas eu de père. Je n'ai pas eu une enfance heureuse... Je n'ai pas de santé et chaque événement heureux que je vis est suivi d'une situation malheureuse».

Il ne me serait jamais venu à l'idée de dire que j'avais eu des yeux pour voir, des oreilles pour entendre, des jambes pour marcher, un toit pour m'abriter, de la nourriture à tous les repas, une très bonne mère, des frères et des soeurs. Non, je ne regardais que les aspects négatifs qui rendaient mon existence bien triste.

J'avais la même attitude avec mes conjoints. J'ai eu de très bons conjoints, mais au lieu d'apprécier ce qu'ils faisaient pour moi, je ne voyais que ce qu'ils auraient dû faire pour me plaire. Par exemple, si mon conjoint replaçait les draps du lit pour m'aider, je critiquais, trouvant le lit mal fait. Alors, il ne recommençait plus et je me lamentais parce que je devais tout faire dans la maison.

J'agissais de la même façon avec mes employés. Je les critiquais constamment en pensée. Je me suis finalement retrouvée toute seule. Critiquer les autres, critiquer ce qu'ils font ou ne font pas est sûrement la meilleure façon de se retrouver seul un jour ou l'autre.

Lorsque j'étais adolescente, j'allais faire le ménage chez la voisine plutôt que chez moi, parce que je me sentais davantage appréciée chez la voisine. Par ces expériences que je vis à l'ashram, je découvre, sans le savoir, que l'appréciation est l'une des grandes lois du bonheur et de l'abondance. (Plus tard, j'ai pu en vérifier les merveilleux effets, lorsque j'ai commencé à l'appliquer dans ma vie.)

Graduellement, je commence à voir l'amour à l'*ashram*, là où je ne l'ai pas vu. Je voulais y voir seulement ce que j'aurais souhaité et je critiquais tout le reste.

On nous loge gratuitement; ce n'est pas un hôtel de luxe, mais il a bien fallu des sous pour construire ces bâtiments, ces chambres, et y installer des sanitaires. Il en coûte moins de 1 $ par jour pour la nourriture que ces femmes préparent pour six mille à dix mille personnes, alors qu'à l'extérieur, le thermomètre grimpe à 35 °C ou 40 °C. Je ne tiendrais pas une heure dans leurs cuisines. Pourtant, ces femmes chantent: leur nourriture est bonne et remplie d'amour.

Je commence à apprécier toutes les expériences qu'il m'est permis de vivre à l'*ashram*. J'espère toujours une rencontre avec le Maître, mais j'accepte mon sort. Il y a déjà un mois que j'ai quitté Montréal, mais il me semble que cela fait des mois tant il s'est passé de choses.

Ici, j'apprends à développer certaines vertus, comme:

l'humilité:	Je dors par terre. Ici, personne ne me déroule le tapis rouge, je suis une illustre inconnue parmi la foule. Le Maître ne m'accorde aucune attention.

la patience:	Très souvent, je dois attendre pendant des heures, assise les jambes croisées sur le ciment brûlant ou assise dans le sable et le gravier sous un soleil ardent.
la tolérance:	Je dois tolérer les enfants qui pleurent la nuit, les femmes qui ronflent, celles qui me bousculent dans la foule et celles qui me rentrent leurs genoux dans le dos lorsque nous sommes assises par terre... Je dois aussi endurer les moustiques, etc.
la discipline:	Il faut garder le silence, suivre les consignes... se couvrir même lorsqu'il fait très chaud, prendre la place qui nous est assignée, ne pas bouger...
la compassion:	À l'extérieur de l'*ashram*, je vois non seulement des mendiants, mais aussi des lépreux, des personnes atteintes de graves déformations. J'en vois qui rampent sur le sol. J'en vois une dont le corps est couvert de petites pustules qui suintent et que les mouches pourchassent...

Je suis à bonne école, mais ce n'est sûrement pas celle que j'aurais choisie. J'ai trouvé un Maître, mais ce n'est pas le Maître que je cherchais. Celui que je souhaitais rencontrer m'aurait enseigné des choses fantastiques, m'aurait initiée aux grandes connaissances. Cependant, celui-là me fait travailler sur mon EGO, sur ma patience, ma tolérance et ma persévérance (à certains moments, j'ai envie de tout lâcher). Et lorsque je m'attends à un simple sourire de sa part, il ne me regarde même pas.

J'ai vu à l'*ashram*, une personne qui avait un rhume. Je me suis alors demandé comment on pouvait contracter un rhume par une chaleur pareille. Les courants d'air sont plutôt rares ici. J'ai compris, car je suis moi-même enrhumée. Mes doutes persistants face au Maître créent beaucoup de confusion dans ma pensée. Voilà l'origine du rhume.

Je doute que Saï Baba soit le Maître que je cherche, mais je sais que je dois d'abord passer par lui. Qui donc est ce Maître? Où est-il? Le rencontrerai-je avant mon retour au Canada? Et si rien de tout cela n'était vrai? Et si ce n'était qu'un tour de mon EGO? J'ai hâte de partir. Peut-être quelque chose d'extraordinaire m'attend-il dans l'Himalaya?

J'ai encore bien des petits tests à passer. Ce soir, au temple, alors que je donnais un peu de répit à mes jambes endolories, une *séva* m'a touché le dos pour que je cesse de bouger, et une autre fois, pour que je replace mon châle et que je me pousse un peu. La quatrième fois, j'ai éclaté en silence, mais la colère était bien présente. Cette fois-ci, c'est la goutte qui fait déborder le vase. Je ne peux plus supporter ces marâtres! Je suis consciente que c'est un test que je me suis attiré et que j'ai raté. Je décide d'oublier les *darshans* et les *bhajans* pour un moment et de consacrer davantage de temps à mes études à la bibliothèque.

En sortant du temple, je fais la connaissance de Dharmini, une Indienne qui habite les États-Unis. Elle vient ici depuis son enfance et elle aussi ne trouve pas cela facile. «Voilà près de quatre ans que je n'étais pas venue, me dit Dharmini. J'ai fait beaucoup de travail sur moi-même et je croyais qu'en revoyant le Maître, il me sourirait. Mais il ne m'a pas regardée depuis mon arrivée.» Celui qui ne sait pas appellerait cela du masochisme, mais en fait, c'est plutôt une initiation.

Ma colère a eu raison de moi: je suis malade. J'ai une fièvre accompagnée d'une forte diarrhée. Je ne peux plus rien avaler. Je dois me rendre à l'hôpital, car une déshydratation peut arriver bien vite.

Je suis si affaiblie qu'on doit m'aider à monter dans un taxi. Mes jugements, ma colère, mes rejets de l'*ashram* n'ont rien pour m'aider. Je rentre au «parking» et je reste couchée en attendant de retourner à Bangalore.

Le taxi de Monsieur Babu doit quitter l'*ashram* à 11 h. J'utilise tout ce qui me reste d'énergie pour boucler ma valise. Je laisse sur place mon installation de fortune: matelas, filet, serviette, oreillers... Je prends un *rickshaw*[1].

Le taxi ne partira pas avant 12 h 30. Il fait une chaleur torride et je suis déshydratée. Comme je n'ai pas la force de retourner à mon «parking», je m'allonge sur la banquette arrière du taxi. En me voyant, une Argentinienne me dit:
- Ne reste pas comme ça en plein soleil, avec cette chaleur; tu vas être malade!
- Je le suis déjà et je n'ai plus la force de retourner au hangar.

Elle m'emmène dans sa chambre, me prête son lit, me prépare du thé et me donne des médicaments. Puis, elle m'aide à rejoindre le taxi, en transportant ma valise.

Je quitte Prassanthi Nilayam. Je quitte Saï Baba. Je suis loin de me douter qu'il me faudra des années pour intégrer tout ce que j'ai reçu dans cet *ashram*. Je ne me doute pas non plus que j'y reviendrai un jour. Et surtout, je suis loin de me douter des autres épreuves que me réserve la recherche de mon Maître.

---

1. *Rickshaw*: Sorte de taxi constitué d'une petite charrette tirée par une bicyclette à pédales.

Au grand soleil
au grand vent
nous cherchons
de nouveaux horizons
Il a suffi d'un instant
pour que s'arrête le temps
Au son de ta voix
tout a chaviré
Tu es devenu moi
ma réalité
Forte est l'illusion
Menaçante est la vision
Nos routes en parallèle
se croiseront-elles?
Mais à quel prix?
Peut-être une autre vie!

Claudia

DESTINATION LES HIMALAYAS

5 août 1988

Je prends l'avion pour Delhi avec l'intention de me rendre dans l'Himalaya. Je vais un peu mieux, mais la diarrhée persiste. Dans la salle d'attente de l'aéroport, je fais la connaissance de Mola, un Indien fort sympathique qui habite Delhi. Nous poursuivons notre conversation dans l'avion. Mola travaille pour la Fondation Joff qui s'occupe de projets humanitaires. Je lui parle du travail que je fais sans toutefois lui raconter ce qui m'a amenée en Inde. Je lui demande s'il peut me recommander un hôtel.

- À la Fondation, nous avons des prix spéciaux dans certains bons hôtels de la ville. Si tu le désires, à notre arrivée, je te réserverai une chambre dans l'un de ces hôtels.
- Merci. Cela me convient très bien.

Pour le moment, je ne me préoccupe pas des questions d'argent. Je souhaite simplement me donner la chance de guérir de cette infection intestinale.

À l'aéroport de Delhi, un chauffeur de la Fondation attend Mola. Il me dépose à l'hôtel. Je quitte Mola en lui promettant d'aller dîner un soir chez lui.
- Je te téléphonerai, lui dis-je.

L'hôtel Claridges est luxueux. Avec l'escompte accordé, je devrais m'en tirer pour 60 $ par jour. J'ai en poche moins de 400 $. Qu'importe! Je rêve d'un bain chaud et d'un lit moelleux. La chambre est confortable. On m'apporte même des fleurs. Décidément, le camping et moi ne faisons pas bon ménage. Bien que je puisse m'accommoder de toutes sortes de situations, je préfère de loin le confort. Je me prélasse dans un bon bain mousseux et m'endors dans un lit douillet. Je me sens bien.

Je me réveille avec des crampes intestinales. La diarrhée persiste toujours. Je demande à voir le médecin attaché à l'hôtel. Une heure plus tard, le docteur Jolly frappe à ma porte. D'origine indienne, parlant un excellent anglais, il est fort compétent en ce qui concerne les maladies de touristes. Après toutes les questions d'usage, il m'examine pour conclure qu'il s'agit fort probablement d'une infection causée par une amibe. Je suis rassurée, ce n'est pas le choléra. En Inde, le choléra existe sur une grande échelle. Actuellement, on dénombre à Delhi environ huit mille cas de choléra. J'ai de quoi être inquiète, car je n'ai reçu aucun vaccin avant de venir en Inde. Le choléra, m'apprend le docteur Jolly, se propage par l'eau contaminée. Il faut donc s'en tenir à de l'eau embouteillée afin d'éviter tout risque de contagion. L'amibiase, au contraire, peut se développer au contact de la nourriture ou de la vaisselle mal nettoyée.

Il me quitte et revient trente minutes plus tard avec une série de médicaments.
- Les douleurs devraient disparaître dans la soirée, me rassure-t-il, et je devrais être bien portante d'ici quelques jours.

7 août 1988

Je me porte un peu mieux. Les crampes ont cessé. J'en profite pour aller réserver un billet de train pour Hardwar. Les touristes ne peuvent acheter leurs billets au même endroit que les Indiens et doivent payer avec des devises étrangères (dollars américains, livres ou marks). Il faut en plus posséder la somme exacte car on ne remet pas la monnaie. La bureaucratie indienne a de quoi faire perdre patience à un sage. C'est peu dire! Toutefois, en Inde, tout finit par s'arranger. Mis à part les fonctionnaires, les Indiens sont bien coopératifs. S'il leur manque les quelques roupies qu'ils nous doivent, ils nous donnent des timbres ou des bonbons.

En faisant mes comptes, je réalise que lorsque j'aurai payé une autre nuit d'hôtel, il me restera moins de 100 $ et je dois demeurer encore douze jours en Inde. De l'hôtel, j'envoie un télégramme à Montréal à l'intention de Michel, l'ami à qui j'ai confié ma voiture et qui doit se charger de vendre l'ameublement du Centre l'Éveil Radieux. Je lui demande de m'envoyer de l'argent le plus rapidement possible. Je lui laisse les coordonnées de mon hôtel ainsi que celles de Mola.

Je me rends à la compagnie Air India pour confirmer mon vol vers Londres, le 20 août prochain. À Londres, on m'avait dit que mon retour n'était pas assuré mais qu'il serait facile de le faire confirmer sur place, ce qui n'est pas le cas. De plus, je suis à Delhi et je devais repartir de Bombay. De façon générale, les avions à destination de Paris ou de Londres partent de Bombay et font escale à Delhi. L'employé semble dépassé. Je garde mon calme et demande à voir le responsable en lui expliquant qu'en achetant mon nouveau billet Bangalore-Delhi, on m'avait dit qu'il n'y avait aucun problème à ce que je prenne mon avion de Bombay ou de Delhi. Va pour cette explication! Il me reste maintenant à obtenir une place sur le vol du 20 août. J'explique au responsable, qui se montre très compréhensif, que j'ai déjà un billet Londres-Montréal pour le 23 août à 11 h, et que je ne peux en changer la date. Je perdrai ce billet si je ne l'utilise pas. Il m'inscrit donc sur une liste d'attente, confiant de m'obtenir un siège.

Ce soir, je me rends chez Mola. Je fais la connaissance de son épouse Sarita et de son fils surnommé Toto. Après un délicieux repas, les voisines d'en bas viennent me saluer. Ayant vécu cinq années à Paris, elles s'expriment correctement en français. Il y a un bon moment que je n'ai pas parlé ma langue! Je discute avec Mola et son épouse des difficultés d'argent que j'appréhende. J'étais venue en Inde avec l'intention de passer un mois à l'*ashram* de Saï Baba et, en cours de route, j'ai décidé de me rendre dans l'Himalaya, croyant que j'aurais suffisamment d'argent. Sarita m'offre d'habiter chez elle en attendant l'argent que Michel doit m'envoyer du Canada. J'accepte leur hospitalité pour quelques jours.

Les jours passent. J'attends mon télégramme avec impatience. Rien n'arrive. Croyant Michel en vacances, je demande à Mola s'il peut me prêter un peu d'argent. Comme il ne me reste qu'une dizaine de jours à passer en Inde, je lui dis que le pire qui pourrait arriver si je ne reçois pas cet argent du Canada, c'est que je le rembourse au plus tard en rentrant chez moi. Mola accepte de me prêter l'équivalent de 150 $ canadiens. Je peux donc partir dans l'Himalaya.

10 août 1988

Dans le train se dirigeant vers Hardwar, je partage une cabine à quatre couchettes avec trois Indiennes. Nous arrivons à 8 h du matin. Comme les guichets pour la vente des billets d'autobus n'ouvrent qu'à 9 h, je vais au Gange en attendant. Peut-être y trouverai-je un petit café...

Hardwar est une ville de pèlerinage. Bon nombre d'Indiens s'y rendent, car le Gange ou «La Ganga», le fleuve sacré de l'Inde, y est plus près de sa source. C'est dans ses eaux qu'on se purifie de toute souillure, qu'on dépose les cendres provenant de la crémation de ses proches et qu'on jette les éléments ayant servi aux offices religieux (fleurs, feuilles, cendres, etc.). On y fait même sa toilette et son lavage.

Je suis la seule étrangère parmi ces milliers d'Indiens. Je me rappelle qu'un homme, rencontré à l'*ashram* de Saï Baba, m'avait dit qu'ici, le risque d'être volé est très grand. Il arrive parfois qu'un groupe encercle un étranger pour le dépouiller. Je commence à avoir peur. Mon conducteur de *rickshaw* me suggère de me mêler à la foule du fleuve sacré. Je préfère demeurer près de ma petite valise. Ce n'est pas qu'elle contienne des choses précieuses mais pour le moment, j'en ai besoin.

Je me fais reconduire au terminus d'autobus et je monte dans celui qui va à Richikesh. Il pleut à verse. C'est la saison des pluies en ce moment dans le nord de l'Inde. Richikesh est une belle petite ville située le long du Gange, au pied de l'Himalaya. Ses rives sont bordées des deux côtés par des *ashrams*, dont certains peuvent être visités.

Je trouve un petit hôtel confortable, à un prix raisonnable. Dans l'après-midi, je visite les lieux environnants; j'évite de sortir le soir car l'éclairage des rues est plutôt rudimentaire. Le plus souvent, il provient des restaurants ou des petites échoppes de la rue.

J'ai l'intention de me rendre dans ces hauts lieux spirituels que sont Bradrinath et Kedarnath, lorsque j'apprends qu'une portion de la route s'y rendant s'est effondrée. Comme ces affaissements sont fréquents en période de mousson, les Indiens utilisent alors le moyen de transport qui les amène le plus près possible de la portion effondrée et traversent cette partie à pied pour reprendre de l'autre côté un nouveau transport jusqu'à destination. À l'agence de voyages de Richikesh, on me suggère de visiter Mussorie, une ville située en altitude. J'achète un billet d'autobus pour le 13 août.

Entretemps, je décide de visiter quelques *ashrams* le long du Gange de même qu'un temple situé dans la montagne. Le chemin pour s'y rendre est abrupt et glissant à cause de la boue formée par les pluies diluviennes. Je n'ai pas de chaussures de montagne, mais de simples espadrilles dont la semelle est conçue pour les gymnases. Sur le chemin du retour, je perds pied et j'atterris en plein sur le coccyx. (Le coccyx est associé aux besoins de base et à la survie. Je me préoccupe beaucoup de cet argent qui n'arrive pas.) Par orgueil, je réprime mes larmes et je reviens à l'hôtel avec difficulté.

13 août 1988

Tôt dans la matinée, je prends place à bord de l'autobus pour Mussorie. Le coccyx endolori, j'essaie de trouver une position confortable. Alors que je contemple des paysages d'une grande beauté, j'entends ma voix intérieure me dire: *«Tu ne retourneras pas à Londres la semaine prochaine. Ce que tu es venue faire en Inde ne fait que commencer»*. Cela me rend perplexe. Cependant, je me dis: «On verra bien! Si j'obtiens une place dans l'avion le 20 août, c'est que je dois repartir. Si je ne l'ai pas, cela voudra dire que je dois poursuivre ce voyage. De toute façon, l'argent de Michel sera arrivé d'ici là!»

À Mussorie, on me recommande de loger au Y.W.C.A. J'y fais la connaissance d'un médecin, le docteur Talwar, qui s'informe de ce que je fais et de ce qui m'a amenée en Inde. Je préfère m'en tenir à la première question car je ne sais pas encore ce que je suis venue faire ici. Je lui explique du mieux que je le peux ce qu'est la «métamédecine» (mon anglais n'est pas encore parfait mais il s'améliore). Il me parle de Dharamsala, un endroit magnifique où on enseigne la médecine tibétaine. Si je dois rester en Inde, j'aimerais bien m'y rendre.

Je passe cinq jours au Y.W.C.A., un endroit modeste, mais fort sympathique dirigé par Madame Singh, une vieille Indienne. J'ai beaucoup de plaisir à bavarder avec elle. C'est une véritable mère qui nous traite comme ses enfants et qui nous mijote de bons petits plats. C'est la meilleure nourriture que j'aie mangée jusqu'à maintenant en Inde.

Mes vertèbres coccygiennes me font encore mal et j'ai parfois de la difficulté à dormir. Monter l'escalier est un exercice douloureux. Madame Singh m'amène voir un médecin qui me passe une radiographie. Il ne peut malheureusement rien voir car mes intestins n'ont pas été vidés au préalable. Il me prescrit des médicaments antidouleur.

Ma chambre est très simple: un lit, un fauteuil et une petite table. Cependant, ses fenêtres s'ouvrent sur un magnifique panorama. Une petite chatte noire et blanche me rend souvent visite. Parfois, elle dort sur moi pendant que je lis. Mes journées s'écoulent dans le silence et la lecture.

La pluie tombe jour et nuit. Je profite de ce repos et j'intègre graduellement le sujet du livre que je lis: *«La voie du non-attachement»*. Ainsi, j'accepte de plus en plus les événements comme ils se présentent.

L'heure du départ arrive très rapidement. Je dis adieu au chat, à Madame Singh et je retourne à Hardwar.

Chap. IV   Destination les Himalayas

Je me demande si je quitterai l'Inde demain soir mais intuitivement, quelque chose me dit que je ne repartirai pas. J'ai confié mes billets d'avion à Mola et j'ai donné ses coordonnées à la compagnie aérienne pour qu'on lui confirme mon retour. Je prends le train de nuit à Hardwar et j'arrive à la gare de Delhi le 20 août à 7 h. De la gare, un taxi m'emmène chez Mola. J'ai hâte de savoir si je repars ou non comme prévu, et si j'ai reçu l'argent de Michel. En arrivant chez Mola, j'apprends que j'aurais eu une place sur le vol de la nuit dernière, mais pas sur celui de cette nuit. Je n'ai reçu ni télégramme de Michel, ni lettre, ni chèque. Je me retrouve ainsi sans argent et devant la preuve que je dois poursuivre ce voyage. Mais comment?

Sarita est inquiète à cause de l'argent que Mola m'a prêté. C'est une somme importante pour eux. Je ne la sens pas du tout accueillante à mon endroit. Bien que je sois dans une situation précaire, je ne veux pas leur imposer ma présence. Je demande à Mola de m'aider à joindre par téléphone, à Londres, un ami qui doit venir en Inde. Gary est ma dernière ressource. Je le rejoins chez lui. Il est très surpris d'apprendre que je ne suis plus à Puttaparthi. Je lui explique ma situation et lui demande s'il peut m'aider.

- Quoi que tu fasses, informe-moi par télex aujourd'hui même.

Je lui donne le numéro de télex de la Fondation Joff à Delhi, où travaille Mola. Par Madame Singh, j'avais eu l'adresse du Y.W.C.A. à Delhi. Je m'y inscris, même si je n'ai pas d'argent. Je pense aux paroles rassurantes de Gary qui m'a dit qu'il ferait tout en son pouvoir pour m'envoyer de l'argent le plus rapidement possible.

J'ai faim car je n'ai pas mangé depuis hier. Je demande à un conducteur de *rickshaw* de me conduire à un restaurant. En m'apercevant, le propriétaire m'informe que le restaurant n'ouvre qu'à 19 h. Me voyant un peu déçue, il s'enquiert de ce que je souhaiterais manger. Du riz et des légumes, lui dis-je.

- Ah! si ce n'est que cela, entre. Ça ne prendra que quelques minutes à te le préparer.

Il me rejoint et me pose des questions sur le Canada. Lorsque vient le temps de payer l'addition, il refuse en disant: «De toute façon, le restaurant était fermé!»

Encore une fois, je remercie mes guides de lumière de me conduire auprès d'aussi bonnes personnes. Puis, je retourne au bureau de Mola pour attendre le télex de Gary. Il est 17 h. Le télex arrive vers 19 h. Gary me confirme qu'il me postera un chèque de 250 livres sterling (l'équivalent de 500 $ US) à l'intention de N. Taklar à Delhi. Je jubile.

Je savais que Gary était un homme de parole. Je n'ai plus qu'à patienter quatre ou cinq jours et je serai libre de poursuivre ce voyage.

À l'hôtel, on me prévient que je dois quitter ma chambre aujourd'hui car toutes les chambres sont réservées pour les prochains jours. Je n'ai pas d'argent pour payer et j'explique à l'employé de l'hôtel que j'en attends d'un jour à l'autre. On me confisque ma petite valise en garantie de paiement. Me voilà donc maintenant à la rue, sans le sou et sans vêtement. J'ai gardé l'essentiel dans un petit sac de plage.

Comptant sur le chèque de Gary, j'essaie de m'inscrire à un autre hôtel mais on me demande de payer deux jours à l'avance. Je retourne voir Mola qui accepte de me prêter 250 roupies et je reviens à l'hôtel. Cette fois, on exige de l'argent étranger ou des bons d'échange (je les ai jetés, croyant ne plus en avoir besoin). On refuse mon argent. C'en est trop pour une journée! Je fonds en larmes... On me dit d'aller voir le patron. Je lui explique la situation et il accepte finalement de prendre mon argent. Avec les quelques roupies qui restent, je me paie un repas.

C'est sûrement la pire journée que j'ai vécue depuis le début de cette aventure. Je me sens bien loin de chez moi dans cette petite chambre sans beauté. Je préférerais être à Londres plutôt qu'ici. J'en ai assez de l'Inde, de Delhi. Je commence presque à détester ce pays car jusqu'à maintenant, j'y ai vécu davantage de souffrance et de difficultés que de bons moments. Je sais que ces épreuves sont une forme d'initiation, mais je les trouve de plus en plus pénibles. Je m'ennuie de Laurent, de mes enfants, de ma famille et de mes amis. J'espère de toutes mes forces que la lettre de Gary arrivera demain.

J'ai de la difficulté à dormir: l'hôtel est bruyant. Durant la matinée, je me rends à l'adresse indiquée sur le télex. J'y fais la connaissance d'un Indien d'un certain âge, dont le fils vit à Londres.

Ce dernier est un ami de Gary. Il a informé son père que Gary lui posterait, lors de son passage à Bombay, une missive contenant un chèque à me remettre. J'attends l'arrivée du facteur mais il n'a rien pour moi. Je rentre à l'hôtel et je demande un remboursement pour la nuit que j'ai déjà payée car je n'ai nulle envie d'y rester plus longtemps.

Je retourne au Y.W.C.A., espérant qu'une organisation chrétienne pourrait m'aider. J'explique ma situation au gérant et lui montre le télex de Gary, en lui promettant de le payer dès que je recevrai l'argent. Les chambres sont la plupart du temps réservées à l'avance mais il s'organise pour m'en trouver une. Il me demande si je serais prête à la partager avec une autre femme. Je n'y vois pas d'inconvénient. Il me permet d'aller manger au restaurant de l'hôtel et de porter l'addition à mon compte. Je le remercie du fond du coeur. J'ai maintenant la certitude que je suis protégée.

Je décide de m'abandonner, comme je l'ai fait dans le passé. À la grâce de Dieu! J'irai là où Il me conduira.

Je retourne chez Monsieur Taklar pour m'informer si la lettre de Gary est arrivée. J'attends le facteur en compagnie de sa fille et de sa bru qui me montrent leur album de mariage. Elles m'expliquent que leurs époux ont été choisis par leur famille et qu'elles ne les ont vus qu'une ou deux fois avant le mariage. Je suis étonnée car je croyais que ces pratiques appartenaient à un passé lointain. Elles semblent toutes les deux très heureuses.

En Inde, l'homme et la femme sont préparés très jeunes à l'idée que leur conjoint sera choisi par la famille. Ils peuvent cependant accepter ou refuser ce choix qui tient compte, habituellement, du rang social et de la religion des familles ainsi que de l'âge, du niveau d'éducation et des affinités des futurs époux. Il arrive cependant que certaines personnes rencontrent un compagnon ou une compagne qu'elles aiment, avant que la famille n'ait arrêté son choix. Si les amoureux correspondent aux normes des deux familles, le mariage peut alors être célébré. Sinon, la seule façon de vivre ensemble est de partir à l'étranger. S'ils se mariaient dans leur milieu, ils se mettraient leur famille et leur entourage à dos. De même, il est presqu'impossible à la majorité des gens d'envisager le divorce en cas de mésentente. Un Indien m'a dit: «Si je voulais me séparer, ma famille me jetterait en prison, mes amis ne me parleraient plus et ce serait la guerre avec la famille de ma femme».

Pendant que nous discutons mariage, le téléphone sonne. Le père décroche l'appareil, parle en hindi, et la mère fond soudain en larmes. C'est la panique dans la maison; on vient de leur annoncer que leur gendre de quarante-deux ans est décédé d'une crise cardiaque. En Inde, c'est l'homme qui pourvoit aux besoins de sa famille. Lorsqu'il meurt, l'épouse se retrouve sans revenu et c'est sa famille ou sa belle-famille qui la prend en charge avec ses enfants. Je tente de consoler un peu cette vieille dame. Sa bru veut l'obliger à avaler un médicament, mais j'interviens pour lui faire comprendre que la forcer ne l'aidera pas. Je parviens à la calmer et à lui faire prendre son médicament. Le postier arrive, mais sans ma lettre. La famille prépare les bagages car elle doit partir pour le sud de l'Inde. Je n'ai plus qu'à attendre son retour bien sagement à mon hôtel.

Les jours passent et j'attends toujours. La famille Taklar n'est pas encore rentrée. Je passe à la poste pour voir si on a reçu une lettre recommandée pour moi au nom de Monsieur Taklar. Toujours rien. Je suis perplexe. Que se passe-t-il? Je me rends à l'ambassade du Canada. Comme cela fait plus de deux semaines que j'ai envoyé mon télégramme ainsi qu'une lettre à Michel, j'aurais normalement dû recevoir au moins une réponse!

J'explique de nouveau ma situation. On me dit qu'on enverra un télex à Ottawa et de là, on essaiera de rejoindre Michel à Montréal. J'aurai des nouvelles dans deux jours tout au plus, m'assure-t-on. On me prête 200 roupies (20 $ canadiens) et on confisque mon passeport jusqu'à ce que je puisse les rembourser. Cela me fait un peu d'argent pour payer mes déplacements. Heureusement, je suis logée et nourrie.

Aujourd'hui, je partage ma chambre avec une gentille Taïwannaise qui ne reste qu'une soirée. J'occupe mon temps à lire et à étudier. On me téléphone de l'ambassade canadienne pour m'informer que Michel m'a posté, le 19 août, un chèque de 600 $ canadiens à la Fondation Joff à Delhi. Je n'ai encore rien reçu. Craignant que ce chèque ne me parvienne jamais, je demande au secrétaire de dire à Michel d'effectuer pour moi un transfert direct à une banque.

24 août 1988

Cette fois, j'ai une Japonaise comme compagne de chambre. Depuis son arrivée, elle ne m'a pratiquement pas parlé. Je respecte son silence et retourne à ma lecture. Dès que je recevrai l'argent de Michel ou de Gary, je partirai à Dharamsala, dans l'Himalaya. Je sens que je dois aller à cet endroit avant mon retour, mais je ne sais encore pourquoi. Je passe une bonne partie de la journée à lire et je vais dîner vers 20 h. Comme d'habitude, je m'installe seule à une petite table. À la fin du repas, j'échange quelques mots avec Greg, un Américain qui est arrivé ce matin à Delhi. Greg a trente-trois ans, il vient de passer trois ans en Tunisie, où il a travaillé pour un programme pacifique appelé Peace Corps. Nous bavardons jusqu'à 23 h de sujets qui nous tiennent à coeur tous les deux.

Greg me parle d'une communauté très spéciale dont il a entendu parler et qui vit à Leh dans le Ladak au Cachemire. Ce qu'il m'en dit m'intéresse. Il doit s'y rendre au début de la semaine prochaine. Convaincue que la famille Taklar sera de retour lundi et que j'aurai mon chèque, j'accepte l'idée d'accompagner Greg au Cachemire et j'oublie Dharamsala.

Déjà couchée, ma compagne de chambre semble dormir. Je n'ouvre que la lumière des toilettes, évitant autant que possible de faire du bruit. Dans la nuit, je suis réveillée par ses pleurs. Elle s'est blessée à un genou et elle a très mal. Je lui offre un antidouleur.
  - Ma plus grande douleur n'est pas au genou, dit-elle.

Elle me raconte qu'il y a quelques jours, elle s'est fait voler son petit sac à dos dans le train; il contenait sa caméra ainsi que les souvenirs qu'elle avait rapportés. Elle semble si désespérée! Moi qui vis le détachement total, j'ai presqu'envie de lui parler de l'importance du détachement, mais je l'écoute sans rien dire. Elle me confie qu'elle se trouve stupide, absolument inutile et qu'elle ne mérite même pas de vivre. Je me souviens alors de ce que j'ai appris sur la mentalité japonaise lors d'un voyage au Japon: les Japonais n'acceptent pas l'échec ni l'erreur, sous quelque forme que ce soit. S'ils ont le sentiment d'avoir commis une faute grave, ils peuvent aller jusqu'au suicide. C'est ce qui explique que le plus haut taux de suicides chez les jeunes se trouve au Japon.

Je lui demande ce qu'elle fait dans la vie.
- Je suis professeur dans une école élémentaire.
- Imagine qu'une de tes élèves vienne te voir en pleurant parce qu'elle a perdu la belle caméra que ses parents lui ont offerte, en économisant sou par sou, et qu'elle te dise qu'elle est stupide, inutile et qu'elle ne mérite pas de vivre. Que lui dirais-tu?
- Je lui dirais que ce n'est pas vrai, que ça peut arriver à tout le monde de perdre quelque chose.
- Alors, pourquoi ne te le dis-tu pas à toi-même?

Elle est surprise, mais mes paroles la font réfléchir. Le vol de son sac à dos n'est que la goutte qui a fait déborder le vase. J'apprends qu'elle aime un Canadien depuis quelques années. Elle devait le rejoindre à Vancouver au mois de février pour vivre avec lui. À la fin de décembre, il lui a écrit pour lui dire d'oublier cette idée. Il croyait qu'elle ne pourrait s'habituer à vivre à Vancouver et que leur union serait une source de problèmes, leur famille respective n'étant pas en accord. Elle a vécu cette situation comme un échec, et parce qu'elle se sent inutile et sans valeur, elle s'imagine que c'est pour cette raison qu'il ne veut plus d'elle.

Je lui fais comprendre qu'il n'y a pas de hasard. (Je suis bien placée pour en parler!) Nous attirons les circonstances qui correspondent à notre évolution.
- Tu te sens inutile, mais si tu étais partie pour Vancouver, crois-tu que tu aurais été plus utile qu'au Japon? Tu connais le taux élevé de suicides chez les jeunes Japonais? Peut-être avais-tu à vivre ces épreuves pour leur apprendre que l'erreur et l'échec ne signifient pas qu'on est bon à rien, mais qu'il s'agit d'expériences qui permettent à l'être humain d'apprendre et de grandir sur la voie de son évolution. Peut-être auras-tu un jour une petite fille qui, comme toi, n'aura plus envie de vivre à la suite d'une expérience qu'elle considère comme un échec; alors, tu pourras lui raconter ce que tu as toi-même vécu lors d'un voyage en Inde.

Elle m'embrasse et nous nous recouchons.

Ma compagne de chambre est partie ce matin. En rentrant de la gare où je suis allée avec Gary, je trouve un petit billet rose sur lequel est écrit:

«Chère Claudia,
J'ai apprécié partager ta chambre. Parler avec toi du vol de mon sac à dos m'a donné le goût de vivre à nouveau. Merci d'avoir été si gentille avec moi.
Au revoir.
Mitsuko, ta camarade de chambre.
26 août 1988».

Aujourd'hui, je suis moins en forme et j'ai de nouveau la diarrhée. Je reconnais les mêmes symptômes que ceux de l'amibiase. Je vais à la pharmacie pour renouveler la prescription du docteur Jolly. Cette diarrhée débute dans les mêmes conditions que la première fois. J'ai donc quelque chose d'important à comprendre. À Puttaparthi, j'en avais assez d'être là, j'avais hâte de partir et j'attendais avec une certaine anxiété les billets d'avion que j'avais confiés à Monsieur Babu. Et j'en ai assez d'être à Delhi. J'ai hâte de me rendre dans l'Himalaya et j'attends avec anxiété l'argent qui me permettra de partir.

Même scénario, même réaction: la diarrhée. Je rejette donc cette situation dans laquelle je me sens prise. Je pousse plus loin ma réflexion pour voir si, dans mon passé, je me suis déjà sentie prisonnière dans un endroit que je ne pouvais quitter. Je me souviens, qu'enfant, j'étais allée dans un camp de vacances où je m'étais en effet sentie prise; j'avais fait une forte diarrhée causée, selon ma croyance de l'époque, par la nourriture. Voilà sans doute de vieilles émotions oubliées qui refont surface. Je décide de libérer ces vieilles émotions en résonance avec les nouvelles. La diarrhée cesse.

Lundi arrive enfin. Je téléphone chez les Taklar. Pas de réponse. J'appelle à l'ambassade du Canada et on m'apprend que Michel doit effectuer le transfert de l'argent à la banque Thomas Cook aujourd'hui. À cause du décalage horaire de dix heures entre l'Inde et le Québec, je le recevrai mardi.

Voilà maintenant onze jours que je me promène d'une chambre à l'autre en attendant de partir. À l'heure du déjeuner, j'accompagne Greg et deux Françaises qu'il a rencontrées hier. Je n'ai pas d'appétit et ne mange pratiquement rien. J'ai perdu cinq kilos depuis mon arrivée en Inde.

En entrant à l'hôtel, j'apprends que je dois rappeler Monsieur Taklar. Il m'informe que la lettre et le chèque sont arrivés. Il m'est cependant impossible de changer le chèque aujourd'hui car les banques sont fermées à cette heure. Peut-être est-ce le signe que je ne dois pas aller au Cachemire, mais plutôt à Dharamsala. Greg et moi décidons de nous dire au revoir et nous allons dîner ensemble avant son départ.

Mardi, 30 août 1988

Je vais à la banque Thomas Cook pour retirer l'argent de Michel. Le transfert n'a pas été complété. Je demande à encaisser le chèque de Gary; on m'envoie à une autre banque. En passant la porte, mon attention est attirée par un moine qui porte la robe bouddhiste. Pourtant, il n'est pas le premier que je rencontre! Je réussis enfin à encaisser mon chèque et je me rends ensuite à l'ambassade pour récupérer mon passeport et rembourser les 200 roupies que je leur dois. Puis, je vais à la gare acheter un billet pour Pathankot. De là, je me rendrai à Dharamsala en autobus.

Dans la salle d'attente, est assis ce moine que j'ai croisé à l'entrée de la banque. Comme c'est étrange! Nous échangeons quelques paroles en attendant d'être servis. Natif d'Australie, il s'appelle David Mark; il est moine bouddhiste et réside en Inde depuis quelques années. Je lui dis que j'ai l'intention de me rendre à Dharamsala, sans trop savoir pourquoi. Il me recommande de monter jusqu'au Centre de retraite spirituelle à Tushita; il s'y rendra aussi vers la fin de la semaine.

J'achète donc mon billet pour Pathankot. Il me manque 2 $ US et on ne peut me donner la monnaie pour 10 $. David me prête les 2 $. Je le quitte en espérant le revoir à Tushita. En arrivant à mon hôtel, j'ai un message de Greg. Il s'est trompé de gare et a raté son train pour Jammu. Delhi comprend deux sections (le Vieux Delhi et le Nouveau Delhi) ainsi que deux gares. Les visiteurs non avertis peuvent facilement se tromper. Greg m'apprend qu'il repartira ce soir.

Je règle les frais de mon hôtel et passe voir Mola. Je lui rembourse les 200 roupies qu'il m'a prêtées et lui promets de lui remettre le reste à mon retour. Je lui confie ma petite valise, n'emportant que le strict nécessaire. Dans l'Himalaya, j'aurai besoin de vêtements plus chauds que je me procurerai sur place.

Enfin! je quitte Delhi. Je prends un taxi jusqu'à la gare du Vieux Delhi, puis j'interpelle un coolie[1] qui me conduit à ma cabine. Quelle surprise lorsque je réalise que Greg est installé sous ma couchette. Il est aussi étonné que moi. «Qui es-tu donc?» me demande-t-il, croyant que j'ai arrangé ce «hasard». J'ai demandé un siège en première classe, et lui, en deuxième. Nous avons seulement pu obtenir des couchettes en deuxième classe avec air climatisé. Compte tenu de la longueur des trains, c'est presqu'inimaginable que nous nous soyons retrouvés dans le même compartiment. J'ignorais que le train allant à Jammu passait par Pathankot.

- Tu sais, Greg, ce n'est pas moi qui devais aller à Jammu. C'est toi qui devais venir à Dharamsala.

Il accepte de me suivre. À la gare de Pathankot, je suis harcelée par un groupe d'enfants mendiants. J'apprécie la présence de Greg.

Dans l'autobus qui nous amène à Dharamsala, on nous projette sur vidéoscope des films en hindi. Le son nous agresse. Je me bouche les oreilles avec du coton et j'entre en moi-même pour visualiser mon propre film.

C'était à la fin de novembre 1985. J'étais aux côtés de Lisa depuis plus d'un an et je l'avais remplacée pour une conférence dans un restaurant végétarien de Montréal. Après la conférence, un homme de petite taille avec un accent s'avança vers moi en me disant qu'il lisait dans les lignes de la main. Je lui demandai alors ce qu'il voyait dans la mienne. Il approcha ma main de la lumière, et me dit que vers l'âge de trente-cinq ans, j'aurais investi beaucoup dans une entreprise et que je vivrais une situation difficile dans laquelle j'aurais l'impression qu'on m'enlève ce à quoi je m'étais vouée. Six mois plus tard, je recommencerais et je bâtirais une entreprise qui prendrait de l'ampleur et atteindrait un grand succès. Auparavant, j'aurais par contre à traverser deux épreuves de taille. Il ajouta également que je connaîtrais aussi un très grand amour.

---

1. Serviteur que l'on reconnaît à sa chemise rouge dans les gares. Il nous aide à trouver notre cabine et il transporte nos bagages.

Sur le moment, nous ne pouvons voir ou comprendre la portée de ces prédictions. Parfois, elles sont vraies, d'autres fois, complètement fausses. Comme nous ne les comprenons pas, nous risquons aussi de mal les interpréter. Il vaut mieux avoir un certain détachement face à ces prédictions. Toutefois, avec du recul, nous repensons à ce qu'on nous a dit. Je reconnais que dans l'ensemble, il avait eu raison.

Quelques mois après cette rencontre, une de ces prédictions se réalisa. J'avais en effet investi beaucoup dans l'ouverture de la première succursale du Centre de Lisa. Anne, mon associée, et moi travaillions beaucoup à faire connaître le Centre et à en dispenser les services. Les responsabilités étaient lourdes à porter. Plus les mois passaient, plus Anne montrait des signes d'essoufflement. Pour nous aider, Lisa nous proposa de racheter cette succursale. J'étais très attachée à ce Centre pour lequel je m'étais dévouée corps et âme. Je reçus la proposition de Lisa comme un coup au coeur. C'était comme si on m'enlevait mon enfant!

J'apprenais à cette époque le détachement matériel. J'acceptai l'offre et Lisa me proposa un nouveau défi, celui de la seconder dans son cours de formation en animation de groupe et de prendre la responsabilité de l'expansion de l'entreprise à l'extérieur de Montréal.

Six mois plus tard, les événements tels que prédits m'amenèrent à ouvrir mon propre Centre. J'avais l'enthousiasme du débutant. Enfin, je pourrais laisser libre cours à ma créativité. Il y avait tant de choses que je souhaitais partager. Les débuts ne furent pas ceux que j'avais escomptés; ils furent difficiles, très difficiles. Je me revois, offrant des soirées d'information: il y avait très peu de participants. À certains moments, j'avais des étourdissements causés par de l'hypoglycémie. Je ne sais par quelle force je tenais, mais je continuais. Après des mois à ce régime, je rencontrai Robert qui m'avait prêté l'argent pour l'ouverture du Centre. Il était à la recherche d'un conférencier pour des soirées d'information concernant l'investissement immobilier.

- *Regarde-toi, me dit-il, tu es blanche comme un drap, tu n'arrêtes pas avec ton Centre. Ce que je t'offre est largement plus intéressant.*

Il me demandait de travailler environ vingt heures par semaine et me garantissait un salaire hebdomadaire variant entre 1 000 $ et 2 000 $. Je travaillais près de cent heures par semaine et ne touchais aucun salaire. Je lui répondis:
- *Voyons, Robert, je ne peux fermer le Centre, tu y as déjà investi beaucoup toi-même.*
- *Quelle importance! Tu me rapporteras davantage que cette somme. Ce que tu fais est bien plus difficile à vendre que ce que je te propose et tu y arrives. Dans mon offre, ce n'est pas toi qui trouves la clientèle, c'est nous qui te l'amenons; tout ce que tu as à faire, c'est de la motiver à investir.*

L'offre était plus qu'alléchante. Je rencontrais des difficultés financières et j'étais épuisée. Pourtant, j'étais incapable de quitter le Centre et je choisis de continuer.

Arriva alors ma première épreuve.

J'avais décidé d'offrir un cours de formation en animation et thérapie de groupe. Mon intention était de faire un seul groupe de quinze personnes au maximum. Toutefois, si j'avais davantage de participants, j'envisageais la possibilité de faire deux groupes. Certaines personnes préféraient que le cours soit donné l'après-midi plutôt qu'en soirée. Ne sachant pas dire non et ne voulant pas déplaire, je décidai, même si j'avais seulement quatorze inscriptions, de les répartir en deux groupes: un, le mercredi après-midi et l'autre, le jeudi soir.

Au cinquième cours, survint un événement banal en rapport avec un défilé de mode dans lequel, encore une fois, je m'étais laissée entraîner. Une participante s'était sentie lésée et, sans le vouloir, avait propagé sa frustration à l'ensemble du groupe, qui l'aimait bien. Je sentis le malaise. Voulant percer l'abcès, j'en fus fortement éclaboussée. La majorité des participants s'étaient retournés contre moi, disant que l'Éveil Radieux n'était qu'une «business» et que, s'il n'y avait pas plusieurs inscriptions, c'était parce qu'il n'y avait pas d'amour. Lorsque je m'aperçus que celle qui était la plus près de moi (et de qui j'aurais espéré un peu de soutien) pensait comme eux, je réalisai que je n'étais pas complètement libérée de mon sentiment de rejet. J'avais vécu une situation similaire à l'âge de treize ans; après m'avoir faussement accusée de vol, le professeur avait demandé à toute la classe de me mettre en quarantaine. Même Josianne, ma meilleure amie, ne me parla plus.

J'étais ébranlée dans mes fondements. Je me retirai dans ma salle de méditation À travers mes larmes, je demandais: «Pourquoi, mon Dieu? Pourquoi?» Ma voix intérieure répondait: «Tu le sais, tu le sais». Mais je ne le savais pas. À ce moment-là, j'ai sérieusement remis en question la vie du Centre et mon travail de missionnaire, car c'est bien ce que j'étais. Je voulais sauver le monde, mais j'étais en train d'y laisser ma peau.

Ce mercredi-là, je donnais le cours «Harmonie avec soi». J'étais triste, ébranlée, mais je le cachais derrière un courage exemplaire. Une participante vint me voir après le cours et me dit: «Ce soir, Claude, je ne veux pas te demander de l'aide, mais plutôt te dire merci. Je vivais dans un taudis parmi les rats, car je croyais que je ne valais pas mieux que cela. Ma vie s'est transformée. J'ai déménagé dans un bel appartement et je m'y sens bien. C'est en grande partie grâce à ton aide».

Dieu venait de me parler par la voix de Josée. Si toutes les énergies investies dans ce Centre depuis son ouverture n'avaient servi à aider ne serait-ce que Josée, cela valait l'effort de continuer.

Le lendemain soir, je rencontrais mon deuxième groupe. Je voulus vérifier s'il pensait la même chose que le premier. À ma grande surprise, ce fut le contraire.

Je tirai de cette expérience une leçon qui me serait utile pour le reste de ma vie. Quoi que disent ou pensent les autres, l'important est de savoir qui je suis et pour quel motif j'agis, même si je suis la seule à le savoir.

Ma voix intérieure disait: «Sache qui tu es et ne l'oublie jamais».

J'ai aussi compris que lorsqu'on veut plaire aux autres sans se plaire à soi-même, on finit par déplaire à tout le monde. À partir de ce moment, j'appris à me demander ce que je voulais et à me le donner, plutôt que de l'attendre des autres.

Un soir, alors que j'étais seule à mon bureau, je méditais et je me demandais pourquoi j'avais connu tant de succès au Centre précédent et tant de difficultés dans celui-ci. Je voulais comprendre et je décidai de ne pas quitter le bureau avant d'avoir une réponse.

Je crus en découvrir la raison. Je rentrai tard à la maison et en parlai à Charles, mon conjoint, qui me dit: «Oh! toi, tu joues toujours à Aurore l'enfant martyre». *Aussitôt, me revint en mémoire un événement vécu lorsque j'avais cinq ans.*

Depuis ma naissance, j'habitais avec ma mère chez mes grands-parents. Ma mère décida un jour de m'amener voir ma soeur dans un couvent à Marieville. J'ignorais que j'avais des frères et soeurs. Je me suis revue, montant ces longs escaliers peints en gris. Le décor m'impressionnait. Une religieuse nous fit asseoir au parloir. On y amena une petite fille timide, de six ans. Ses cheveux étaient droits, coupés au carré, sa robe de couventine était trop grande pour elle, ses bas étaient reprisés... Elle avait l'air misérable. Moi, je portais un joli manteau de velours rose et des souliers de cuir verni, j'avais les cheveux longs et bouclés. Je me sentais comme une princesse devant elle... J'ai alors pensé qu'il n'était pas juste que j'aie une maman, des jouets, des beaux vêtements et qu'elle n'ait rien. Je me sentais coupable et ce sentiment fit naître en moi la peur d'avoir plus que les autres. Ainsi, chaque fois que je croyais avoir davantage, j'attirais inconsciemment des événements pour détruire ce que je croyais avoir de plus, c'est-à-dire le bonheur, le succès, l'abondance...

Le soir de l'ouverture du Centre l'Éveil Radieux, je me suis exclamée: «Oh! mon Dieu, j'ai le plus beau Centre à Montréal». Lorsque Lisa avait ouvert son premier Centre, c'était bien peu comparé à celui que j'avais en débutant. Cette ancienne culpabilité refit surface: «Ce n'est pas juste que moi, j'aie tout cela».

L'ayant compris, j'ai changé cette partie du film de ma vie. Après cet événement, les affaires reprirent.

Puis, je décidai d'ajouter un nouveau cours à la programmation du Centre. Depuis plus d'un an, je souhaitais écrire un cours qui aiderait les couples à mieux se comprendre et à grandir ensemble.

«ON ENSEIGNE LE MIEUX CE QU'ON A LE PLUS BESOIN D'APPRENDRE».

Richard Bach

C'était la fête de Pâques. J'étais au Centre comme d'habitude et j'écrivais le cours «Couple en évolution». Je ne pouvais enseigner ces choses que je savais vraies et vivre à l'intérieur d'un couple qui était à l'opposé de ce que je croyais. Les longues heures sans nous parler, les nuits et les fins de semaine que je passais au Centre avaient graduellement détruit le lien qui m'unissait à mon conjoint. Avec le temps, nous étions devenus deux étrangers vivant sous le même toit.

Nous nous occupions chacun de notre côté, développant chacun un projet dont l'autre ne faisait pas partie. En d'autres mots, nous visions des sommets différents. La vie de couple que j'envisageais était celle où les deux partenaires, tels des alpinistes, avancent main dans la main, dans un cheminement évolutif, s'entraidant, afin d'atteindre ensemble le même sommet. Je pris donc la décision de rompre cette relation, car elle était contraire à ce à quoi j'aspirais. Je fis savoir à Charles que ma décision était irrévocable. Il ne restait plus qu'à nous organiser dans les meilleurs termes.

Quatre jours après avoir pris ma décision, je donnais une conférence dans le même restaurant où cet homme m'avait fait des prédictions dix-huit mois plus tôt. C'est là que je rencontrai Laurent. Sa présence me fit un effet que je n'avais jamais ressenti dans le passé. Ce n'était pas ce qu'on peut appeler un coup de foudre, c'était plus que cela. J'avais le sentiment de l'avoir toujours connu. Il y avait si longtemps que je n'avais tant ri. C'était bon de rire de nouveau, de renouer avec cette insouciance oubliée sous le poids des responsabilités. Jamais je n'avais tant aimé un homme. Il était une véritable source d'inspiration. Je revoyais cette journée où nous avions peint les murs de la maison en y inscrivant des mots d'amour avec nos rouleaux de peinture...

Greg me sort de ma rêverie. J'arrête le film qui se déroule dans ma tête. Je suis en Inde, je vais d'aventure en aventure sans trop savoir où cela me conduira. Je suis loin de Laurent et de nos moments heureux. Je porte le chagrin de notre séparation comme une cicatrice au coeur, que seuls le temps et le détachement devraient arriver à guérir. Mon coeur blessé s'est refermé et j'ignore s'il pourra de nouveau aimer un jour.

Nous arrivons à Dharamsala. Petite ville au pied de l'Himalaya, Dharamsala est devenue en 1963 le siège du gouvernement tibétain en exil. Plus haut, après douze kilomètres d'une route en lacets, se trouve Upper Dharamsala, appelée aussi MacLeod Ganj. La population est presqu'exclusivement tibétaine, de sorte qu'on se croirait davantage au Tibet qu'en Inde. Les habitants s'habillent encore avec le costume traditionnel. Les hommes portent des bottes et un manteau, dont ils n'enfilent parfois qu'une seule manche. Les femmes portent une robe longue d'un seul modèle, dont seules les couleurs varient. Celles qui ont un tablier sont celles qui ont pris époux. On y trouve plusieurs temples et monastères bouddhistes, ainsi que des boutiques et des restaurants presqu'exclusivement tibétains. Dharamsala regroupe aussi des institutions culturelles. Surnommée à juste titre «La petite Lhassa», elle est la capitale des 130 000 Tibétains en exil vivant en Inde. C'est là que Sa Sainteté Le Dalaï Lama a élu résidence depuis son exil.

Notre destination finale est à quelques kilomètres plus haut dans cette chaîne himalayenne. Seuls les piétons et les jeeps peuvent s'y rendre. Le voyage ayant été épuisant, nous nous arrêtons pour la journée à MacLeod Ganj, le temps d'explorer les lieux et de décider où nous installer.

On nous propose l'hôtel Tibet. Avec un tel nom, je m'attends à retrouver un monastère, ce qui n'est pas le cas. À mon grand étonnement, il s'y trouve un bar. Greg se repose pendant que je mange une bouchée au restaurant de l'hôtel. Trois Tibétains, originaires de Darjeeling, m'invitent à leur table. J'apprends que le couple est en voyage de noces et a profité de l'occasion pour inscrire le frère du mari au monastère de Dharamsala. Ils ont l'intention de rendre visite à un enfant reconnu *toulkou*[1] et me proposent d'y aller avec eux. Greg nous rejoint. Je les informe que j'ai une requête provenant de la Fondation Joff pour rencontrer Sa Sainteté Le Dalaï Lama. Nous nous arrêtons à l'Institut des arts tibétains où quelqu'un s'occupera de ma requête et me fera savoir si une entrevue est possible. Puis, nous prenons la route vers Tushita. La montée est

---

1. Le terme Toulkou désigne les Lamas dont l'évolution spirituelle est suffisante pour qu'ils ne soient plus tributaires d'une renaissance déterminée par un karma, mais qui reprennent un corps de leur choix, dans le but d'aider les êtres vivants.

essoufflante. Tout en haut, nous longeons un petit sentier menant à une grande maison blanche et verte. À l'arrière, se dresse l'un de ces somptueux sommets enneigés. Mes compagnons demandent aux moines responsables l'autorisation de rencontrer le jeune *toulkou*, reconnu comme étant la réincarnation du tuteur aîné du Dalaï Lama Lingtsang Rimpoché.

On nous demande d'attendre. Puis, s'installe sur un petit trône conçu pour lui, un enfant de trois ans d'une grande beauté. Il émane de lui quelque chose d'indéfinissable. Nous lui présentons la *catha*[1] qu'il place autour de notre cou, puis il pose ensuite sa petite main sur notre tête. Nous visitons la pièce où il joue et où on lui enseigne; elle contient les objets de sa précédente incarnation, de même que la photo du lama qu'il était. Avant sa mort, il avait laissé des indices assez précis sur sa future incarnation. Il avait précisé que sa mère mourrait à sa naissance et il avait exprimé le désir d'être élevé par des lamas. La coutume veut qu'on recherche ces *rimpochés*[2] après leur transition (leur décès). Lorsqu'on croit être en présence d'un *toulkou*, on lui fait passer des tests pour savoir s'il s'agit bien de la réincarnation de l'être recherché. Entre autres, on présente à l'enfant des objets, ayant appartenu au prédécesseur, que l'on mêle avec d'autres absolument identiques. L'intérêt que manifestera l'enfant pour ceux qui sont authentiques sera un premier indice.

Après cette visite, nous nous rendons au Centre de retraite spirituelle, à Tushita. Lieu de silence et de paix, c'est un véritable contraste avec le bruit qui est omniprésent dans le reste de l'Inde. Greg et moi y réservons des chambres pour demain et nous redescendons vers MacLeod Ganj.

Nous sommes invités à nous joindre à d'autres Tibétains pour le dîner. Je suis étonnée de les voir consumer de la viande et de l'alcool.

- Ce n'est pas parce que nous sommes Tibétains que nous suivons les règles du bouddhisme, disent-ils. Culture et religion sont deux choses distinctes. Les moines suivent les règles mais nous, nous ne sommes pas aussi religieux qu'eux: nous mangeons

---

1. La Catha est une longue écharpe symbolisant l'accueil et le respect.
2. Rimpoché signifie «précieux». C'est le nom donné aux grands Maîtres spirituels.

de la viande, nous fumons, nous buvons de l'alcool et nous faisons des affaires. D'ailleurs, notre Maître, Sa Sainteté, nous fait la leçon à chaque cours qu'il nous offre.

La soirée est agréable mais avec tout l'alcool qu'ils boivent, les sujets de conversation ne sont pas très spirituels.

1er septembre 1988

Nous quittons l'hôtel Tibet et remontons à Tushita. Il fait un temps magnifique. La saison des pluies tire à sa fin et le soleil est au rendez-vous. Avant notre départ, le secrétaire de l'Institut des arts vient me chercher pour me conduire à la résidence de Sa Sainteté. Malheureusement, j'y apprends qu'il est trop occupé pour recevoir qui que ce soit. On m'informe cependant qu'il donnera un cours à Manali, du 10 au 20 septembre. Comme je devrai quitter l'Himalaya au plus tard le 12 septembre pour être à Delhi le 14, je ne crois pas pouvoir m'y rendre.

Ici, à Tushita, ma petite chambre de retraite est des plus simple: un lit, une étagère sur le mur, une petite table et une salle d'eau qui se limite à un lavabo et à une toilette à l'orientale. La douche est à l'extérieur. Nous avons de l'eau à certaines heures, parfois nous n'en avons pas. Greg a sa chambre à côté de la mienne. Nous convenons de consacrer nos journées au silence et à l'étude. J'achève la lecture de «*To know yourself*», un excellent livre du très grand Maître Swami Satchidananda, qui résume ses principaux enseignements. Greg termine un volume sur le bouddhisme. Nous échangeons nos livres. Je n'ai aucune idée de ce qu'est le bouddhisme, mais puisque je suis dans un Centre de retraite bouddhique, pourquoi ne pas employer mon temps à l'étudier?

Le bouddhisme fait référence à son initiateur, le *Bouddha* Shakyamouni, qui vécut au sixième siècle avant Jésus-Christ. Il était le fils du roi Suddhodhana et de la reine Maya, souverains du clan des Shakya qui régnaient alors dans la ville de Kapilavastsou, en Inde, près de la frontière du Népal. Son père lui donna le nom de «Siddharta», c'est-à-dire celui qui accomplit tout. À l'époque, il était coutume qu'un astrologue du royaume dresse le thème astrologique du nouveau-né. Lorsqu'il découvrit l'être exceptionnel que serait cet enfant, l'astrologue se mit à pleurer parce qu'il se savait trop vieux pour assister aux prodiges qu'il accomplirait. Sa mère mourut peu de temps après sa naissance et son père se remaria avec la soeur de cette dernière qui en prit soin.

On avait annoncé que cet enfant serait l'un des plus grands sages de ce monde. Son père ne voulait pas qu'il devienne un sage; il rêvait d'en faire un empereur. Aussi l'éduqua-t-il dans une vie de luxure, entouré de charmes et de plaisirs, dans un palais qui le protégeait du monde. Cependant, lorsque Siddharta prit contact avec le monde, au-delà des enceintes royales, il découvrit la nature éphémère de l'existence avec ses souffrances que sont la maladie, la pauvreté, la vieillesse et la mort. Ces découvertes le plongèrent dans un état de tristesse et de morosité car il savait qu'il n'était pas exempt de ces souffrances, même à l'intérieur de son palais. Son père mit tout en oeuvre pour le sortir de cet état.

Un peu plus tard, il rencontra un moine dont le visage irradiait la plénitude et le bonheur. À son contact, il sentit qu'il avait reçu la mission de découvrir la voie de la libération pour lui-même et ses semblables. Siddharta avait alors vingt-neuf ans. Il était marié à Yasodara et avait un fils nouveau-né, du nom de Rahula. Il quitta son palais en pleine nuit, abandonnant son père, sa femme et son fils qu'il aimait. Il changea sa condition de prince en celle de mendiant et partit en quête de vérité.

Il suivit les enseignements des grands Maîtres de son époque, puis s'engagea durant six ans dans l'ascèse la plus sévère. Pendant des heures, il restait debout ou à genoux. Il ne mangeait qu'un grain de riz par jour. Il devint si maigre qu'on pouvait sentir les os de sa colonne vertébrale à travers son estomac. Siddharta pensait que plus il disciplinerait son corps, plus son esprit deviendrait clair. Un jour, il perdit conscience et on le crut mort. On l'aspergea d'un peu d'eau et il revint à lui. Il déclara que la voie de la mortification avait complètement échoué.

À l'époque, une coutume voulait que pour recevoir une grâce, on prépare un mélange de lait, de miel et de riz et qu'on l'offre à un moine mendiant. Siddharta reçut cette offrande qui le nourrit. Il s'assit alors au pied d'un arbre, qu'on appellera plus tard l'arbre *boddhi* (l'arbre de la connaissance), en se jurant de rester là tant qu'il n'obtiendrait pas la parfaite compréhension. En méditant sur toutes ses expériences passées, il réalisa qu'il avait connu les deux extrêmes et que ni l'un ni l'autre ne lui avait apporté un bonheur durable. Soudain, il constata qu'il n'éprouvait plus aucun désir. Il avait subjugué *maya*, l'illusion, et atteint l'Illumination ou la *bouddhéité*, le coeur même de la réalité. C'était à Bodh-Gaya en Inde. Il avait alors trente-cinq ans.

Il devint celui qu'on appelle encore de nos jours le Bouddha Shakyamouni. Le terme *Bouddha* désigne l'être illuminé ou celui qui a atteint l'illumination, la libération; *Shakyamouni* signifie: moine du clan des Shakya.

Une fois éveillé, il prôna une voie qui évite les vues éternaliste[1] et nihiliste[2], en prêchant celle du juste milieu. Il se rendit d'abord à Sarnath près de Bénares où il exposa les quatre nobles vérités qu'il avait découvertes sous l'arbre *boddhi*:

La première, c'est que tant que nous serons prisonniers du cycle des naissances et renaissances ou *samsara*, nous connaîtrons la souffrance de l'incertitude, de la frustration, de la solitude, de la séparation, du vieillissement et de la mort.

La deuxième vérité explique qu'il y a des causes à la souffrance. Parmi ces causes, nous retrouvons l'ignorance, l'attachement et les passions.

La troisième affirme qu'en comprenant les causes de la souffrance, nous pouvons la faire cesser.

Et la quatrième montre la voie qui conduit à la libération du cycle des renaissances et qui, par conséquent, libère de la souffrance: ce que le Christ appelait la vie éternelle.

Pendant quarante-cinq ans, il enseigna ces quatre nobles vérités selon les dispositions intérieures de chaque personne, sachant exactement ce qui lui convenait pour atteindre la Sagesse. Siddharta transmit ses connaissances à trois endroits: à Sannath, il montra à ses disciples comment accorder leur vie à la voie qui mène à la libération; cet enseignement devint la voie *Hinayaniste*, appelée aussi «le petit véhicule». À Rajghiri, sur le Mont des Vautours, il

---

1. Croire qu'après notre mort, nous séjournerons dans un endroit pour l'éternité.
2. Croire qu'il n'y a rien au-delà de cette vie.

exposa la Sagesse transcendante qui dévoile la réalité et recommande la compassion pour tous les êtres; c'est la voie *Mahayaniste*, appelée aussi «le grand véhicule». À Vaisali, il révéla les *Tantras*, la vision des *Bouddhas* et le coeur de la réalisation, ce qui correspond au *Tantrisme* ou *Vajrayana*.

On pourrait comparer la voie *Hinayaniste* aux fondations d'une maison, la voie *Mahayaniste* à la charpente et aux murs, et enfin, la voie *Vajrayaniste* au toit. La maison n'est complète que lorsque ces trois parties sont terminées; ainsi en est-il pour devenir un *Bouddha*.

Juste avant de quitter notre monde, 544 ans avant la venue du Christ, le Bouddha Shakyamouni confia sa doctrine aux soins de Kashyapa qui fut le premier patriarche. Les proches disciples de Bouddha continuèrent à propager ses enseignements en Inde et plus loin. Ils préservèrent son message en se réunissant en conciles et veillèrent à protéger la véracité des vues et pratiques des différentes communautés et écoles qui se créaient partout alors.

Le bouddhisme prit de l'essor et connut plusieurs siècles de prospérité. Peu à peu, en plus de la voie *Théravadin*, dite des anciens, on put voir l'émergence du *Mahayana*, la voie des *bodhisattvas*, ainsi que celle des enseignements des *Tantras*. Ces différentes voies ont toutes été préservées et mises en pratique depuis le moment où Shakyamouni les enseigna. De nombreux Maîtres en obtinrent le fruit, c'est-à-dire la *bouddhéité*, et la transmission put ainsi passer de leur réalisation à celle de leurs disciples.

Les onzième et douzième siècles virent le déclin du bouddhisme en tant que tradition dans une grande partie de l'Inde. Les Musulmans envahirent la contrée et détruisirent une multitude de temples et d'universités bouddhiques. Heureusement, la continuité était assurée dans les autres pays asiatiques où le bouddhisme s'était auparavant développé. Les derniers Maîtres indiens partirent vers le Tibet, la Chine, la Birmanie, le sud de l'Inde, le Cambodge, le Vietnam, la Corée, la Mongolie, le Japon, le Laos, la Thaïlande et le Ceylan.

Un nouveau mouvement de traduction et de transmission des enseignements fut lancé. Outre l'école issue de la première diffusion, plusieurs traditions prirent naissance. Il existe aujourd'hui quatre écoles principales: *Nyingmapa, Sakyapa, Kagyupa* et

Guéloukpa, à laquelle Sa Sainteté Le Dalaï Lama appartient. Les Maîtres tibétains, ainsi que d'autres grands Maîtres, nous ont transmis, à travers les enseignements de ces écoles, la riche connaissance de cette sagesse. Depuis le Bouddha Shakyamouni, plusieurs êtres ont atteint l'état de Bouddha. Dans le flot de leur bonté, ils se réincarnent sans cesse, afin d'aider les êtres à atteindre la libération.

La lecture de ce livre sur le bouddhisme est d'autant plus fastidieuse qu'il est écrit en anglais. De plus, certaines des théories prônées vont à l'encontre de celles qui sont bien enracinées en moi. Cela fait naître une multitude de questions qui, pour le moment, demeurent sans réponse.

Ici, à Tushita, le personnel se compose de deux Indiens responsables de la cuisine et qui ne parlent que l'hindi, de quelques moines tibétains qui parlent très peu l'anglais et d'un vieux lama, Géshé Tséring, avec qui je communique non verbalement car lui non plus ne parle pas l'anglais. À cette période-ci de l'année, le Centre de retraite est davantage utilisé pour la solitude, le silence et la méditation. On y trouve aussi une quinzaine d'étrangers. Il y a un moine Ramakrisna qui porte le vêtement orangé des *Siddhis*[1]. Son langage est sensé, mais sa façon de transmettre ses croyances relève davantage de son EGO que de sa partie divine (le SOI). Je ne cherche pas à le convaincre de quoi que ce soit, étant moi-même en recherche, mais je n'entre pas dans son jeu. Il finit par démissionner. Cela me fait comprendre deux choses importantes: d'une part, que l'habit ne fait pas le moine, et d'autre part, que le langage intellectuel, ou le savoir qui vient de connaissances apprises, n'atteint personne, alors que le langage du coeur, qui vient du vécu d'une personne, touche et pénètre. Chaque fois qu'il m'a été permis d'aider une personne au cours de ce voyage, j'ai essayé de le faire par le langage du coeur, c'est-à-dire à travers mes propres expériences intégrées.

---

1. Siddhis ou accomplissements. Ils sont de deux sortes: ordinaires, ils se rapportent à certaines facultés supranormales (clairvoyance) mais ne sont pas forcément l'indice de réalisation spirituelle; suprêmes, ils se réfèrent au suprême accomplissement, à la Réalisation parfaite.

Greg m'apprend que son père est mort d'une grave maladie de reins dont il est lui-même atteint. Il a l'intention de profiter des dernières années qui lui restent pour voyager et aider les plus démunis ou pour participer à des projets humanitaires. Je l'aide à voir ce que son père et lui ont en commun pour avoir développé cette maladie. Je lui fais comprendre que toute maladie, quelle qu'elle soit, a toujours une cause et que c'est en découvrant la cause que nous pouvons nous en libérer.

Greg me déclare que depuis notre rencontre, j'ai été son gourou. «C'est étrange, lui dis-je, car je suis venue en Inde pour y trouver un instructeur.» Je l'ai cherché à Puttaparthi, puis à Richikesh, à Mussorie, à Dharamsala et maintenant à Tushita. Je me rends compte que c'est moi qui ai été l'instructeur de plusieurs personnes. Peut-être avais-je seulement à trouver mon Maître intérieur? Peut-être ai-je à comprendre que je ne dois pas chercher à l'extérieur ce qui est à l'intérieur et que toutes ces épreuves traversées ne sont que des initiations? Depuis le début de cette aventure, je me suis abandonnée et me suis laissée guider. J'ai déjà intégré ce qu'est l'abandon, le lâcher-prise. Je renonce à trouver un Maître dans un corps humain et je m'en remets totalement à mon Maître intérieur. Je me laisse donc guider par Lui, sachant que si j'ai besoin d'un instructeur, Il le placera sur ma route; ce pourra être un livre, une personne ou simplement des pensées qui me viendront.

Aujourd'hui, Greg retourne à Pathankot où il prendra le train pour se rendre au Laddak. Je lui donne ma caméra pour remplacer celle qu'il s'est fait voler. Comme il poursuit son voyage pendant encore plusieurs mois et que je rentre bientôt, elle lui sera plus utile qu'à moi.

Après son départ, je vais marcher dans la forêt. Je m'assois sur une grosse roche et observe les montagnes, les arbres, le ciel, les nuages et les singes avec leurs petits qui sautent avec agilité d'une branche à l'autre. Une montagnarde passe sur la route avec une vache et quelques chèvres. Je suis bien, je savoure l'instant présent. Le passé est loin et j'ignore ce que demain me réserve, mais cela n'a pas d'importance. Je comprends ce qu'est «vivre le moment présent». Puis, je rentre pour poursuivre mon étude sur le bouddhisme.

L'automne se fait sentir, les nuits sont plus froides. Je grelotte, emmitouflée dans la petite couverture qu'on m'a prêtée. Le matin, lorsque le soleil chauffe le toit de métal, il se crée une condensation qui fait suinter le plafond. Il tombe des gouttelettes sur mon lit, sur mes livres et sur le plancher. La toilette, qui n'est pas reliée à un réseau d'aqueduc, laisse échapper des odeurs désagréables. Il y a beaucoup de moustiques. Je crois même que mon matelas est infesté de punaises car je suis piquée sur tout le corps. On doit également fermer les fenêtres pendant notre absence car les singes pénètrent à l'intérieur et s'emparent de nos objets ou de nos vêtements. Parfois, on les entend courir sur les toits. Nous recevons aussi la visite des souris.

Pour nous laver, nous devons aller à l'extérieur. Il n'y a pas de confort ici, alors on apprend à s'en passer. Graduellement, on se détache des plaisirs et de la satisfaction que réclame le petit MOI et on se connecte au grand SOI. Pourrais-je vivre ainsi jusqu'à ma mort? Il faudrait que je me fasse à cette idée, mais je n'en suis pas encore là. J'accepte cette situation dans laquelle j'expérimente le détachement. Je crois que je pourrais vivre une vie simple et détachée, sans pour autant aller dans les extrêmes.

Je me procure un petit manteau de laine tibétain aux couleurs grenat et ocre (couleurs du bouddhisme) ainsi qu'un pantalon grenat. J'ai très peu de vêtements. Tout ce que j'ai entre dans un petit sac de plage. Je dors avec ce manteau qui me réchauffe un peu.

Je prends mes repas dans la petite salle à manger aménagée pour les visiteurs. La nourriture est bonne, mais simple. Elle se compose surtout de riz, de légumes et de pain sans levain.

6 septembre 1988

Aujourd'hui, c'est jour de jeûne, tant en nourriture qu'en parole pour moi. Je ne sors pas de ma chambre et me consacre à l'étude du bouddhisme. À la bibliothèque, j'ai découvert un livre français sur le sujet; il s'agit de l'ouvrage de John Blofeld, *«Le bouddhisme tantrique du Tibet»*. Il m'est plus facile de comprendre le sujet en français. En cette journée de jeûne, je pense à ce que nous mangeons chez nous. Je suis partie depuis moins de trois mois et j'ai l'impression que ça fait plus d'un an. Il me revient en mémoire une tarte aux pommes chaude avec de la crème glacée. J'ai entendu dire qu'il y a, à MacLeod Ganj, un petit restaurant où on sert de la tarte aux pommes. Demain, j'essaierai de le trouver. Heureusement que ma pension à Tushita est peu élevée (moins de 10 $ par jour) car il me reste peu d'argent.

J'ai de la difficulté à dormir. J'ai faim et j'ai froid.

Ce matin, je vais à l'agence de voyages à MacLeod Ganj, afin de m'informer de mon retour vers Delhi. Je passe à la banque et m'offre un bon dîner avec un morceau de tarte aux pommes. Un délice! Je rentre à pied à Tushita. C'est tout un exercice que de monter à plus de trois cent cinquante mètres. En arrivant, je rencontre David, le moine que j'avais croisé à la banque. Je suis heureuse de le revoir, bien que je ne lui aie adressé la parole qu'une seule fois, à la gare.

En soirée, nous nous retrouvons dans sa chambre. David parle très bien l'anglais. C'est un bel homme blond qui dégage une grande pureté. Je me sens en présence d'un ami à qui je peux tout dire, car je le sais sans jugement et d'une profonde sagesse. Il est le premier à qui je me confie à coeur ouvert. Je lui raconte ce qui m'a amenée en Inde. Il me dit: «Tu as trouvé difficile de renoncer à cet homme que tu aimais le plus au monde? La prochaine étape est bien plus difficile: elle consiste à renoncer à soi-même».

Il sait de quoi il parle, puisqu'il a renoncé à son pays, à sa famille, à une vie de couple et à tout confort pour s'en remettre à son gourou Lama Zopa en qui il a une confiance absolue.

Chaque fois que c'est possible, nous nous retrouvons soit dans sa chambre, soit dans la mienne. En sa présence, je n'ai pas conscience du temps. Il répond à mes questions sur le bouddhisme. Je comprends maintenant pourquoi je n'ai pu rencontrer Sa Sainteté! Je n'étais pas prête. David m'y prépare.

J'aimerais bien pouvoir me rendre à Manali afin d'assister à l'enseignement du Maître Sa Sainteté Le Dalaï Lama, mais comme il me reste peu de temps avant mon départ, j'y renonce, préférant passer ces quelques jours ici en compagnie de David.

Nous sommes le 7 septembre et l'enseignement commencera le 10 septembre. David me dit:

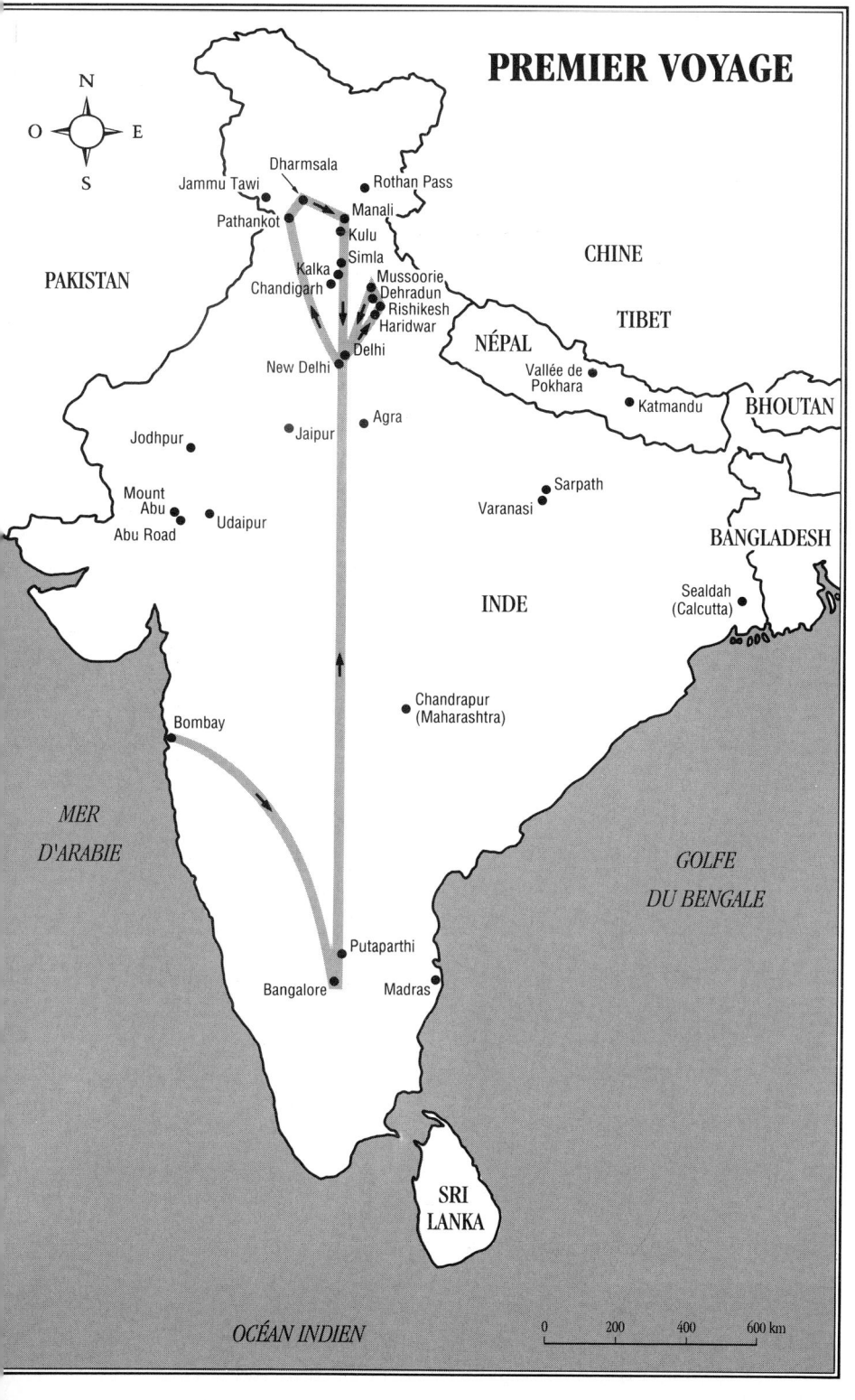

Sa Sainteté Le Dalaï Lama

Le Maître Sathya Saï Baba

Le moine David Mark

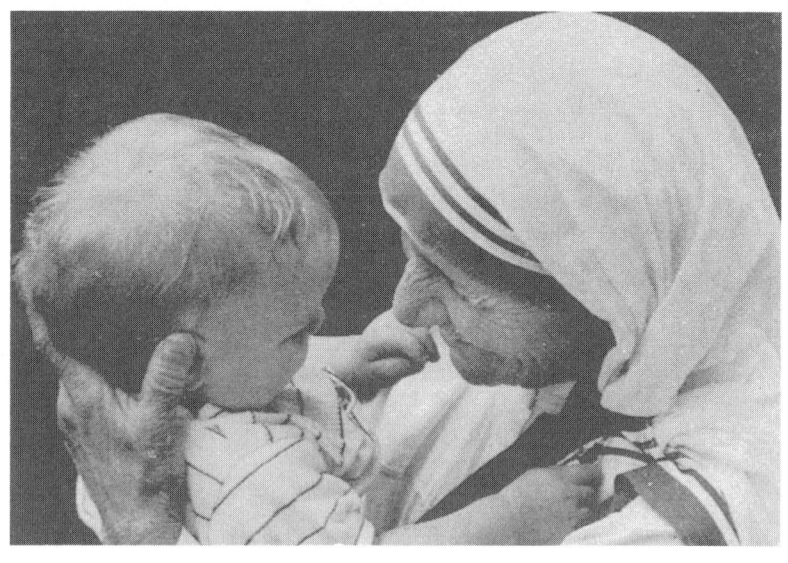

La photo que m'a remise Mère Teresa

Nila Baba à Varanasi

Le vieux sannyasi à Udaipur

L'actuel Grand Maître de Béas:
Shri Hazur Maharaj ji

Le Grand Maître
Maharaj ji Charan Singh

Le lama Tenzin Choedrak
(notre érudit professeur à Tushita)

Dadeeji, la doyenne de
l'Université Brahma Kumaris

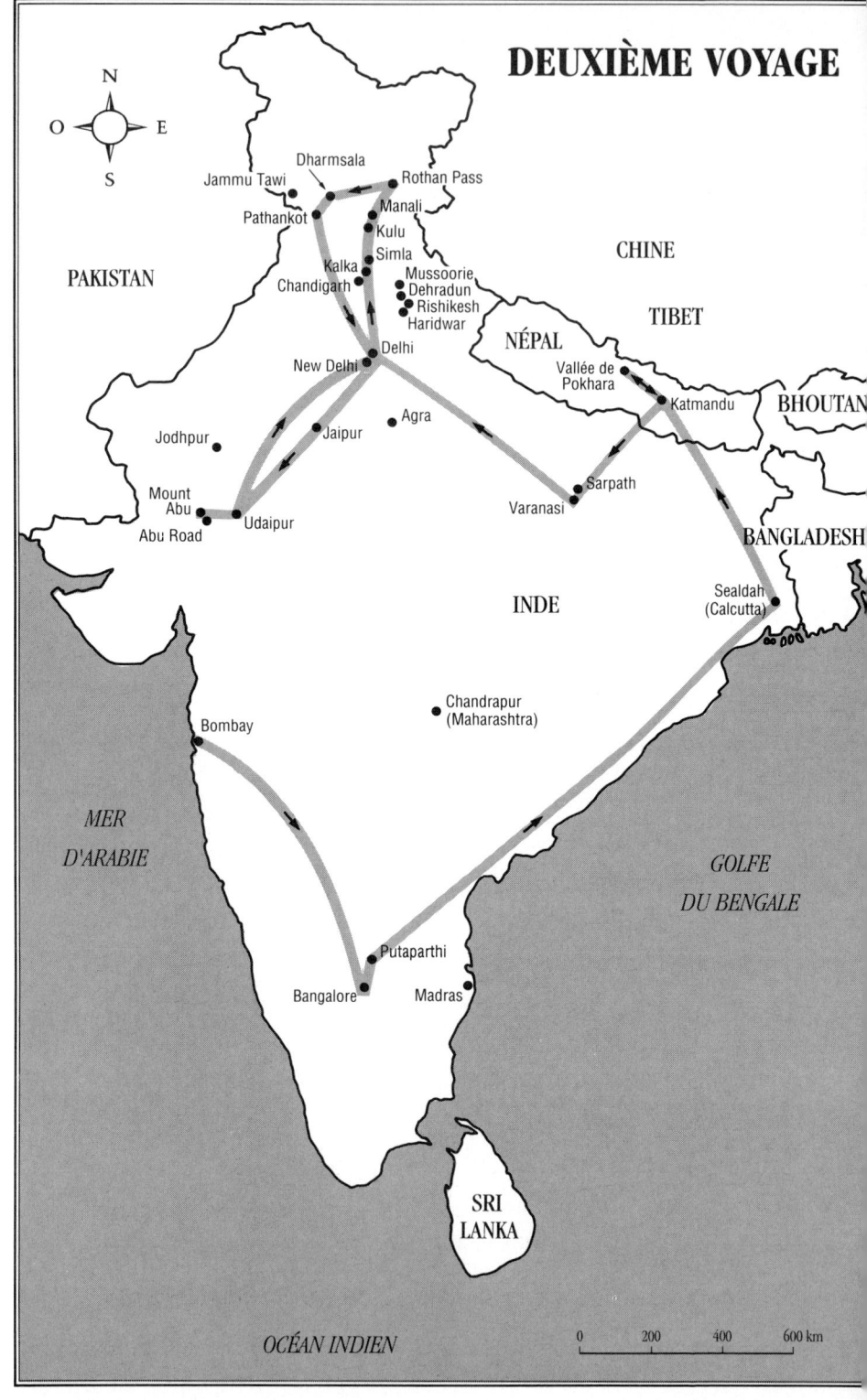

— On t'a révélé que tu serais envoyée en Inde parce que ton Maître t'attend pour t'initier. Sa Sainteté va donner un séminaire sur le *Vajrayâna* ou Véhicule du Diamant et, à la fin, il initiera ceux et celles qui auront suivi cet enseignement. Peut-être était-ce l'objet même de tout ce voyage?

Oui, mais j'ai de l'argent pour vivre ici quatre jours, pas plus! Devant mon embarras, David ajoute:

— Jusqu'à maintenant, tu as eu confiance que les choses s'arrangeraient durant ce voyage et elles se sont toujours arrangées. Pourquoi ne pas adopter la même attitude? Cet enseignement est peut-être très important pour toi et pour ce que tu auras à faire dans l'avenir...

Il me convainc. Je prolongerai une fois de plus mon voyage; je me rendrai à Manali et m'abandonnerai afin de suivre l'enseignement du Maître. Il me faudra de nouveau informer la compagnie Air India du changement de ma date de départ. Et comment vais-je m'arranger pour rester encore dix jours avec les 120 $ qu'il me reste? (Là-dessus, je ne compte pas les jours où je serai à Delhi, convaincue que l'argent de Michel est déposé à la banque Thomas Cook.)

Je quitte Tushita avec mon parapluie, mon sac de vêtements et ma bouteille d'eau minérale. Je marche vingt minutes sous la pluie. Je prends un premier autobus qui m'emmène à Dharamsala, puis un second en direction de Manali.

Heureusement, le magnétoscope est en panne. J'apprécie la tranquillité. L'autobus emprunte les petites routes accrochées au flanc des montagnes. Je ne me lasse pas d'observer les paysages grandioses des montagnes de l'Himalaya. Quelquefois, nous rencontrons des montagnards avec leurs troupeaux de brebis et de chèvres. Si un autobus ou un camion arrive en sens inverse, il faut parfois que l'un ou l'autre recule, jusqu'à ce qu'il y ait une aire de dépassement. Le trajet se déroule bien. David m'a laissé une adresse à Delhi et m'a demandé de lui téléphoner avant mon départ de l'Inde. Son gourou lui a fait savoir qu'il devait se rendre à Delhi la semaine prochaine. Il ignore pourquoi mais il a une telle confiance en lui qu'il ne pose jamais de questions.

L'autobus freine brusquement. Les têtes se collent aux fenêtres, sur la droite. Un camion, qui tentait de dépasser une jeep, a plongé dans un ravin de trente mètres. Des hommes descendent pour extirper les blessés du camion. L'un d'eux semble coincé dans la cabine. Je croyais qu'on les placerait dans la jeep, mais on les amène plutôt dans l'autobus. L'un deux a le visage couvert de sang; on l'installe près du conducteur. L'autre, qui a les jambes cassées, est allongé entre les rangées de sièges. Je le couvre avec mon manteau car il frissonne. Je place aussi mon petit oreiller gonflable près de ses genoux pour éviter qu'il se cogne sur la base de métal du siège car l'autobus avance en spirale. Des passagers montent sur le toit. Notre trajet est rallongé de quatre heures, car les villes de l'Himalaya qui sont dotées d'un hôpital sont assez éloignées.

À l'hôpital, les blessés sont transportés sur des brancards dignes de la dernière guerre. Je suis toujours étonnée de voir à quel point tout est rudimentaire ici. Quoique fatiguée, je suis heureuse qu'on ait pu aider ces hommes. Je découvre à travers cela la fraternité qui existe chez les Indiens.

Nous arrivons à Manali vers minuit. Je ne sais trop où aller. Un Indien me parle d'un bon hôtel à bas prix. L'heure n'est pas à la discussion. Je suis épuisée par ce trajet qui a duré plus de douze heures. Je rêve d'un bon lit. Pour le reste, je verrai demain. À cet hôtel, il ne reste qu'une chambre disponible. Je la partage avec un couple venant de Tushita et qui était aussi dans l'autobus. On y ajoute un lit.

La chambre est confortable. Sans être luxueuse, elle est déjà mieux que celle que j'avais à Tushita. Ici, la douche est à l'intérieur de la salle de bain et la toilette est occidentale. La porte s'ouvre sur une belle terrasse avec une vue sur des jardins. En arrière-plan, se profilent les sommets aux neiges éternelles. Cette chambre coûte 6 $ par jour, soit 2 $ à chacun. Une aubaine! Ici, on peut vivre avec moins de 15 $ par jour. Je déjeune sur la terrasse. Notre hôte a préparé du café, des rôties et des oeufs. Un vrai déjeuner à l'américaine dans un décor majestueux, accompagné du chant des oiseaux et du martèlement des outils des ouvriers.

L'Inde se compare vraiment à une fleur de lotus. Cette fleur pousse dans l'eau polluée, mais elle conserve sa beauté et sa pureté.

Lorsqu'on arrive en Inde, on ne voit que sa pauvreté, ses mendiants, ses lépreux, ses odeurs, ses bruits agressants, sa saleté... (il y a des excréments un peu partout à cause du manque d'endroits sanitaires et des animaux en liberté). Mais lorsqu'on va au-delà de cette apparence repoussante et qu'on pénètre au coeur du pays, on découvre une Inde chaleureuse, profondément humaine, prête à nous aider. On y découvre sa sagesse, sa simplicité, son contentement. L'Inde, c'est à la fois la multiplicité et la diversité, par la splendeur des montagnes de l'Himalaya, la richesse de ses temples, l'amour et le don de ses Swami, Yogis, Lamas, gourous, et caetera.

Lorsqu'on se laisse apprivoiser par elle, l'Inde fait partie de nous. On n'a plus que le désir de retenir ces instants magiques et l'irrésistible envie d'y revenir.

10 septembre 1988

L'enseignement se donnera dans la cour extérieure d'un temple tibétain. Le temple est l'expression tangible d'une tradition, d'une transmission spirituelle. L'édifice n'est que la structure extérieure, l'essentiel demeure l'enseignement.

On a suspendu de grandes toiles de plastique, pour protéger les participants de la pluie, et déposé des tapis de jute sur le sol. Nous passons la limite de sécurité, puis nous sommes dirigés selon notre état de moine, de résidant ou d'étranger.

Les moines, au nombre de cinq cents environ, s'assoient devant le trône du Maître. À la gauche de ce dernier, sont installés une centaine d'Indiens et à sa droite, les étrangers d'outremer. Nous sommes moins d'une cinquantaine. J'ai une excellente place à la première rangée. De là, je pourrai très bien le voir. Soudain, une musique retentit, cette foule patiemment rassemblée se lève, tous les regards se dirigent vers l'entrée de droite. Des moines, avec leurs longues trompettes, précèdent un homme d'une cinquantaine d'années, sourire aux lèvres, rayonnant de paix et d'amour. Il émane de lui une énergie indescriptible. Rendu à ma hauteur, il s'arrête quelques secondes, plonge son regard en moi en me souriant, puis il éclate de rire. Aucun mot n'arriverait à décrire ce que je ressens.

Je suis remplie d'un tel bonheur, d'une telle gratitude, que je pense: «Maître, tu m'as tout donné et j'ai tout reçu».

Le Maître monte sur le podium. Il se prosterne à trois reprises devant le trône qu'il occupera pendant les enseignements, en signe d'humilité, ne demandant qu'à être un pur canal de transmission de la connaissance. Puis, il commente les textes sacrés en tibétain; ses paroles sont traduites en hindi pour les Indiens et en anglais pour les étrangers.

À la pause, je vais prendre un thé. Une femme me demande si je connais Sa Sainteté depuis longtemps. Je lui dis: «Non, c'est la première fois que je le rencontre». Elle est étonnée. «Il semblait te connaître», dit-elle.

Après l'enseignement, je me rends au Mountain View, un restaurant à la fois chinois et japonais, tenu par des Tibétains. C'est le rendez-vous des étudiants. C'est presque la fête chaque soir pour les étrangers.

J'y rencontre Michel Poulin, un Québécois de Montréal (le premier depuis le début du voyage), venu réaliser un film. Avant de repartir, il prend plusieurs prises de vue du Maître pendant les enseignements. Je fais également la connaissance de Mario, un moine bouddhiste d'origine grecque. Il me raconte sa première rencontre avec le Maître, il y a quatre ans. Il avait connu en Grèce un lama qu'il estimait beaucoup et qui lui avait enseigné les préceptes du bouddhisme. Ce lama dut revenir en Inde et lui laissa son adresse, l'invitant à venir le retrouver lors de ses vacances. Ce qu'il fit six mois plus tard.

Peu après son arrivée, le lama lui dit qu'il avait rendez-vous avec Sa Sainteté Le Dalaï Lama, et lui offrit de l'accompagner. À la grille, on les prévint que le Maître ne pourrait pas les recevoir avant une bonne heure. On leur demanda cependant de ne pas s'éloigner du temple pour qu'on les prévienne du moment où le Maître serait libre. Ils ont marché autour du temple. C'était l'hiver et il faisait froid. Deux heures plus tard, on vint les chercher. Il me dit: «Je ne me sentais plus les pieds ni les mains, j'étais gelé jusqu'aux os». Ils s'installèrent dans le salon du Maître qui parlait en tibétain avec ses lamas. Le Maître se tourna vers lui et lui demanda: *«Where do you come from?»* («D'où viens-tu?») Il lui répondit: *«Greece»*. Et le Maître lui dit: *«Greece? Good, good»*. («Grèce? Bon, bon.») Puis, il poursuivit sa conversation en tibétain avec ses lamas. Quelque vingt minutes plus tard, il se retourna vers lui en l'interrogeant de nouveau: «*Where do you come from?*» Il pensa alors qu'il avait peut-être oublié. Par respect, il redit: *«Greece»*. Le Maître répéta: *«Greece? Good, good»* puis il continua sa conversation. Trente minutes plus tard, le Maître se retourna encore une fois vers lui et lui demanda avec tout le sérieux du monde: «*Where do you come from?*» Il ne savait que trop répondre, se demandant s'il n'avait aucune mémoire ou quoi. N'y comprenant rien, il répondit néanmoins: *«Greece»*. Et le Maître, avec son plus beau sourire, lui dit: *«Greece? Good, good. Greece, good»*. Ce fut presque la fin de l'entretien.

Mario me confia: «Lorsque je suis sorti dehors, je ne ressentais plus le froid. J'avais trois importantes questions à lui poser et en le quittant, je réalisai que j'avais mes trois réponses. Je compris que celui qui ne sait pas attendre ne mérite pas la récompense». Ce jour-là, il sut que le temps était venu pour lui de devenir moine.

Le couple qui partageait ma chambre est parti. Je la conserve à moi seule pour 3$ par jour. Je limite mes dépenses quotidiennes à 10 $. Lorsqu'il me reste un surplus, je le donne aux mendiants lépreux que je rencontre. Il y en a un en particulier que je croise tous les jours, en me rendant aux enseignements; il n'a plus de doigts ni d'orteils, mais il me sourit toujours, que je lui offre de l'argent ou pas. La plupart des mendiants me harcèlent et, si je leur distribue quelque chose, ils s'en vont souvent sans dire merci.

Lorsque nous prenons, nous devons rendre. Ceux qui ne font que prendre se créent des dettes envers l'Univers et restent pauvres. Ceux qui donnent reçoivent toujours; mais pas nécessairement la même chose, ni des personnes à qui ils ont donné.

Ce lépreux qui me sourit tous les jours en est un bel exemple; il donne de l'amour et reçoit le bonheur. Même dans sa condition de lépreux, le contentement se lit sur son visage.

Je comprends par son exemple que TANT QUE NOUS AURONS UN SOURIRE À DONNER, NOUS NE SERONS JAMAIS SEULS OU MALHEUREUX.

L'enseignement du Maître porte sur le cycle des renaissances. Heureusement que j'ai lu sur le bouddhisme et que David m'y a préparée, car je trouve cela ardu. Il y a des aspects qui vont totalement à l'encontre de mes propres croyances. Par exemple, je n'aurais jamais pensé que nous pouvions nous réincarner en animal. Cela me semble une régression contraire à l'évolution. J'ai quelques difficultés à l'accepter, cependant, je garde mon esprit ouvert, n'essayant pas de tout comprendre pour le moment.

Le cycle des renaissances, appelé aussi «roue des existences» ou *samsara*, explique les causes de nos souffrances et comment atteindre la libération ou cessation de la souffrance, ce qui est le but ultime de l'évolution.

Les trois principales causes de la souffrance sont:

l'IGNORANCE représentée par un PORC;

l'ATTACHEMENT (à ses désirs) représenté par un COQ; et enfin,

la PASSION représentée par un SERPENT.

À leur tour, ces causes, que l'on considère comme les trois poisons, vont donner naissance à bien des sentiments négatifs tels que la frustration, la colère, la haine, la rancune, la jalousie, l'avidité, l'aversion, l'envie, l'orgueil, la peur, le chagrin, la soif d'être ou d'avoir toujours plus, etc.

Pour se libérer de ces cycles de renaissances, il est essentiel d'éveiller sa conscience, de se libérer de l'attachement à ses désirs et de cesser de nourrir les racines de nos passions. Enfin, il faut appliquer la loi universelle dans sa vie de tous les jours afin de sortir de l'illusion qui nous garde prisonniers de ces cycles.

Voilà ce que je retiens surtout des enseignements de Sa Sainteté Le Dalaï Lama. Toutefois, ce que nous y recevons est bien au-delà des connaissances qu'il nous transmet. C'est davantage l'énergie vibratoire de sa présence qui est transmise. (Cette énergie m'a habitée dès notre première rencontre et elle ne m'a jamais quittée).

Je me demande si je pourrais choisir la vie de moniale. Si je me faisais moniale, ça ne ferait qu'un moine de plus pour le Maître en Inde et je ne crois pas qu'il en ait besoin davantage. Si, par contre, je peux apporter dans mon pays tout ce que j'ai reçu, je serai davantage utile en contribuant à l'éveil de la conscience.

Aux séances d'enseignement, j'ai l'habitude de porter un petit chapeau pour me protéger des rayons ardents du soleil. Un après-midi, le Maître me regarde en désignant ma tête. Je comprends qu'il me demande où j'ai mis mon chapeau. Le lendemain, alors que je porte ce chapeau, une femme me dit à l'oreille: «Ce n'est pas très poli pour Sa Sainteté que tu gardes ton chapeau». Je ne sais que faire. L'instant d'après, le Maître s'adresse à la foule et dit: «Le soleil tape très fort aujourd'hui, mettez quelque chose sur votre tête».

Le Dalaï Lama est souvent défini par les Tibétains comme «*Kundun*», mot qui signifie «la Présence». Les Bouddhas, eux, possèdent l'omniscience, l'omniprésence et l'omnipotence. Je crois que le Dalaï Lama, dont le nom signifie aussi «Océan de sagesse», est un Bouddha vivant.

Selon la croyance, il est la réincarnation du Bouddha Chenrezing appelé également *Avalokiteshvara* ou Bouddha de la Compassion Universelle. Le Maître est véritablement cette présence pleine d'amour, de sagesse et de compassion. Son regard est plein de tendresse et d'affection pour chacun. Il nous enveloppe de cet amour infini, comme s'il nous prenait tous dans ses bras.

Après les cours, je vais parfois à Vanish Bath, où se trouvent des bains alimentés par des sources d'eau chaude naturelle. Il y a si longtemps que je n'ai pas trempé dans un bon bain chaud! C'est relaxant, et s'y rendre est un excellent exercice. Il faut près de quarante minutes de marche, en plus de la montée vers le site. Le panorama vaut à lui seul le déplacement: les pics enneigés des monts Lahaul et Spiti, le coucher de soleil... Tout cela est d'une splendeur indescriptible. J'aimerais avoir une caméra pour immortaliser ces merveilles. Je souhaite que l'Énergie divine me ramène un jour dans cet endroit, auprès de ce grand Maître, dont je souhaite transmettre le message.

J'ai perdu le pendentif en cristal que Laurent m'a offert pour mon anniversaire. J'en déduis que je dois me détacher de lui. Le retour approche et je pense beaucoup à lui. Je me demande s'il m'attendra à l'aéroport. J'ignore s'il a reçu les lettres que je lui ai postées. Si je retrouve ce pendentif, cela signifiera que je n'ai pas à couper avec lui, mais plutôt à me détacher du lien, qui est source de souffrance.

À mon retour à l'hôtel, je retrouve le pendentif dans mon lit...

Nous sommes la veille de l'initiation. On nous a remis deux tiges d'orge: nous devons placer la grande tige sous notre matelas et la courte sous notre oreiller.

19 septembre 1988: jour de l'initiation

Au centre, devant le trône où sont assis les moines, se dresse une montagne de pains, de même que des fruits et d'autres aliments. L'initiation se veut la transmission directe d'un courant d'énergie qui s'adresse à l'une des qualités latentes de notre nature et qui lui permettra de se développer. L'initiation est accordée par un être qui l'a lui-même réalisée.

Je ne comprends pas vraiment ce qui se passe et je me dis: «N'essaie pas de comprendre». On nous distribue un large ruban rouge que nous devons placer sur notre front ou sur nos yeux. À chaque étape, le Maître prononce le mantra de l'initiation. Puis, on nous donne un nom initiatique avec un petit cordon rouge, symbolisant le lien qui nous unit au Maître. Certains le portent au poignet, d'autres, au cou. À la fin de l'initiation, on nous distribue les provisions qui ont été accumulées et bénies par le Maître. Ce que je suis venue faire en Inde prend fin avec cette initiation. J'éprouve de la tristesse à quitter ce grand Maître auprès duquel j'ai trouvé la Joie, la Paix et la Sérénité.

Le Maître se lèvera, comme après chaque enseignement, et partira accompagné de ses gardes du corps et de ses moines. Je souhaite qu'il me regarde une dernière fois. Vais-je le revoir? Je regarde dans une direction opposée quand soudain, j'ai la sensation qu'on me prend la tête et qu'on la tourne vers le trône. Le Maître me sourit, se lève et s'en va. J'ai tant reçu! Et bien au-delà de ce que j'aurais pu espérer.

20 septembre 1988

Me voici en route vers Delhi. Je suis assise à l'avant de l'autobus, du côté droit. Je m'étire le cou vers l'arrière pour voir les sommets enneigés. Après un arrêt pour le déjeuner, je demande à l'assistant du conducteur si je peux m'installer dans la cabine du conducteur. Je lui explique que je ne comprends rien au film projeté en hindi, et que devant quitter l'Inde dans quelques jours, j'aimerais admirer une dernière fois ce panorama. Il accepte. Nous traversons la vallée du Kulu, appelée aussi la vallée des Dieux. Je n'ai rien vu de plus beau dans toute ma vie. La rivière Béas traverse la vallée où se déploie une végétation luxuriante. Au fond de la vallée, se dressent, comme un roi et une reine, les deux glaciers de Lahaul et Spiti. C'est si grandiose que j'en ai les larmes aux yeux! Je me dis en moi-même: «Tu vois, Claudia, tu as voyagé, tu croyais avoir vu ce qu'il y a de plus beau au monde, mais tu n'avais pas encore vu la vallée des Dieux. Peut-être en sera-t-il de même pour Laurent. Laurent est l'être le plus merveilleux que tu as connu. Il te reste encore à trouver celui qui sera pour toi l'équivalent de la vallée des Dieux».

Nous arrivons à Delhi après dix-huit heures de route. Un accident sans gravité dans le Pendjab nous a retardés de quatre heures. Je retourne au Y.W.C.A., même si je n'ai plus un sou. Je suis convaincue que l'argent de Michel a été déposé à la banque. Il est plus d'une heure du matin. Je vais dormir.

21 septembre 1988

Je vais aux bureaux de la compagnie aérienne, souhaitant obtenir un départ pour Londres le plus rapidement possible. J'obtiens un départ pour le 23 septembre à 6 h 35. On me donne également une lettre pour la compagnie Wardair disant que l'affluence du retour des Indiens vers l'ouest m'avait empêchée de partir plus tôt. J'ignore comment va se dérouler mon retour vers Montréal, mon billet étant échu depuis le 23 août.

Je me rends à la banque Thomas Cook. J'apprends qu'aucun argent n'a été transféré pour moi. La situation est critique. À trois jours du départ, je ne peux communiquer avec l'étranger. Je comptais sur cet argent pour rembourser Mola. J'ai aussi la chambre à payer. Je vais dans une bijouterie. Je réussis à vendre ma chaîne en or pour 200 roupies avec lesquelles je règle la chambre et je téléphone au numéro que David m'a laissé, en lui disant que je suis sans argent. Il me propose d'aller le rejoindre à son *ashram*.

Cet *ashram* ressemble davantage à une petite pension. Une grande salle contenant quatre lits sert de chambre pour les visiteurs de passage. Je suis surprise d'y retrouver Jeannine et Mara. Jeannine et son mari partageaient ma chambre à Manali. Mara et moi étions ensemble aux enseignements. C'est aussi une joie de retrouver David; il me prête l'argent dont j'ai besoin. En soirée, nous assistons au Pûja qui est un culte d'offrandes en sept parties. Le tout est accompagné d'invocations chantées au son de la cloche, des tambourins et des cymbales. À la fin, on nous distribue les offrandes de nourriture.

Après le Pûja, David et moi marchons dans les rues de Delhi et allons manger une salade dans un hôtel américain. Nous bavardons de ce que j'ai vécu à Manali.

- David, je me sens en accord avec les fondements du bouddhisme, mais je ne peux m'afficher comme bouddhiste et renier la religion catholique et surtout les grands enseignements du Christ auxquels j'adhère.

- Claudia, le bouddhisme est davantage une philosophie de l'amour et de la compassion. Tu peux très bien être bouddhiste dans ton coeur tout en étant chrétienne. Tu n'as pas à renoncer à ta foi pour suivre ces grands préceptes.

J'apprécie beaucoup le respect de la liberté que je retrouve au coeur du bouddhisme. J'apprécie aussi la douceur, l'humilité et la sagesse de David. Il n'a que trente-trois ans, mais il parle comme un vieux sage.

Je suis à la veille de mon départ. Je passe voir Mola et m'entends avec lui pour le rembourser dès mon retour au Canada. Je m'organise aussi avec un chauffeur de taxi pour qu'il me conduise à l'aéroport à 4 h du matin. Avant mon départ, j'accompagne Jeannine ainsi qu'une de ses amies qui vient tout juste d'arriver à Delhi. Nous dînons ensemble. Fraîchement débarquée, Elise dit: «C'est infernal ce bruit!» «Quel bruit?» demandons-nous, Jeannine et moi. Je réalise soudain que je ne l'entends plus, qu'il fait partie de notre quotidien depuis des mois.

Je vais dire au revoir à David. En voulant le serrer dans mes bras pour lui exprimer mon affection, il a un geste de recul. «Si je veux demeurer moine, dit-il, il vaut mieux que j'évite de prendre une femme dans mes bras.» J'emporte David dans mon coeur.

Le chauffeur de taxi arrive vers 22 h. Il s'allonge sur le trottoir en face de l'*ashram* et me demande de le réveiller quand viendra le temps de partir. Je n'arrive pas à fermer l'oeil. Je ne veux pas manquer le départ.

À 3 h 40, je me lève et, prenant ma petite valise récupérée chez Mola, je quitte l'*ashram* endormi. Je réveille mon chauffeur de taxi qui met quelques instants à se rappeler qu'il doit me conduire à l'aéroport. Les rues de Delhi sont désertes. J'ai la gorge et le coeur serrés. Ce que l'Inde m'a donné est sûrement l'un des plus beaux cadeaux de ma vie. Je pars heureuse, remplie de joie, en paix et en confiance. Sur la route de l'aéroport, je pense à ma mère. Je sais qu'elle a dû s'inquiéter pour moi. Je pense à mes enfants que j'ai hâte de revoir. Je pense à Laurent. Je ne sais où il est et si je le reverrai.

Lorsqu'à l'émigration, je présente mon passeport à l'agent, il regarde la photo et me dit: «Est-ce que c'est toi?» Je crois qu'il blague et j'ai envie de lui répondre: «Non, c'est ma cousine!» Mais il est sérieux et il a raison. La personne sur la photo n'est pas celle qui revient. Celle-là, c'est Claude. Celle qui rentre, c'est Claudia.

Ô mon amour
n'aie crainte
Au jour du dénuement
ton être transparent
resplendira dans une étreinte
pour valser
avec l'éternité
Mon âme témoin
t'aura déjà rejoint
Sur un hymne à la Joie
l'Univers entier scintillera
Une nouvelle cadence s'installera
La Terre aura fait un nouveau pas

                                                Claudia

LE RETOUR

23 septembre 1988

À bord du Boeing 747 qui me ramène vers Londres, je fais le bilan de ce voyage. J'ai pris conscience que le désir d'être et de réussir m'avait entraînée dans un tourbillon au point où j'en avais oublié de vivre.

Ce voyage m'a permis de revenir aux valeurs essentielles. Il m'a également appris à quel point l'attachement est source de souffrance et que c'est dans l'abandon que se trouvent la plénitude et la paix. Tant et aussi longtemps que l'on souhaite que les événements se passent selon nos désirs, on s'accroche, on a peur de lâcher prise et on souffre.

Oui, ce voyage m'a permis de m'arrêter et de faire le point. J'ai découvert que j'ai toujours voulu conquérir les hommes de ma vie parce que je ne croyais pas qu'on puisse m'aimer simplement pour ce que je suis. Lorsque l'on porte en soi le sentiment de ne pas être aimable, parce qu'un jour, on nous a dit des paroles de ce genre: «Tu es méchante», «Tu es détestable», «Tu ne nous causes que des problèmes», «Avec le sale caractère que tu as, jamais personne ne t'aimera», il est difficile de croire que l'on puisse être aimée. Quand une personne s'intéresse à nous en nous montrant un peu de tendresse et d'affection, nous sommes prêts à faire tout ce qu'il faut pour la garder. Et voilà que nous en faisons trop. Cette forme d'amour devient contrôlante et étouffante pour celui qui la reçoit. Et dans notre peur de perdre celui qui représente notre source d'amour, nous agissons, inconsciemment, de façon à ce qu'il s'en aille. Nous sommes convaincus que nous aimons l'autre mais au fond, nous cherchons à le conquérir pour acheter un peu d'amour que nous sommes très souvent incapables de nous donner nous-mêmes.

Voilà bien le scénario que j'ai reproduit avec chacun des hommes que j'ai aimés. J'ai aussi voulu conquérir Laurent. Je suis maintenant prête à m'aimer et à l'aimer tel qu'il est tout en acceptant son choix de vie, même si je n'en fais plus partie.

Je suis assise à côté d'une jeune Indienne. Elle se rend aux États-Unis pour rejoindre son époux qu'elle n'a pas revu depuis son mariage. Elle a dû attendre deux ans avant d'obtenir son certificat d'immigration. Son époux fut choisi par sa famille et elle ne l'a vu que pendant la période nuptiale. Par la suite, il a dû rentrer aux États-Unis pour organiser ses affaires et obtenir l'autorisation de la faire venir. Elle se sent un peu inquiète devant cette nouvelle vie qui l'attend. Je la rassure du mieux que je peux. (Elle m'écrira six mois plus tard pour me dire qu'elle est très heureuse et que son mari est merveilleux.)

Je n'ai pu prévenir Gary de mon arrivée, et je n'ai pas d'argent pour prendre le train de banlieue jusque chez lui. Ma jeune voisine accepte de me prêter 10 $US. De plus, elle tient absolument à ce que je choisisse parmi ses bijoux quelque chose qui me plairait. J'accepte un joli collier. Je souhaitais rapporter un souvenir de l'Inde à une de mes amies; voilà un cadeau pour elle. Je sais désormais que je n'ai qu'à demander ce dont j'ai besoin sans me préoccuper d'où cela viendra. Si, au bout du monde, j'ai toujours trouvé l'aide qu'il me fallait au moment où j'en avais besoin, pourquoi m'inquièterais-je?

Chap. V   Le retour

L'avion se pose à l'aéroport d'Heathrow dans l'après-midi. J'appelle chez Gary; c'est Lynn, sa femme, qui me répond chaleureusement. Gary est absent. Elle m'invite à me rendre chez eux par le train de banlieue. Heureusement que j'ai ces 10 $ que ma voisine de siège m'a prêtés.

C'est l'automne à Londres: la journée est ensoleillée mais froide.

Gary est rentré de l'Inde depuis quelques semaines. Il n'a pu rencontrer le Maître Saï Baba mais il a connu des personnes d'un grand intérêt pour lui. Avant son départ, Gary avait utilisé deux photos du Maître, et inscrit, au bas de chacune, une question importante. Sur la première, était écrit: «Dois-je vendre ma maison de Londres et retourner aux États-Unis?» Sous la seconde: «Dois-je conserver ma maison de Londres et demeurer en Europe?» Ces photos étaient restées dans son bureau, fermé à clé, et où personne ne pouvait pénétrer. Il s'était rendu en Inde, espérant obtenir une réponse. À son retour, quelle ne fut pas sa surprise, en rentrant dans son bureau, d'apercevoir de la cendre sacrée *vibhouti* sur une des photos. La cendre semblait être sortie de la photo. Il avait sa réponse: il devait demeurer en Europe. Il est fréquent, chez les disciples de Saï Baba dont le coeur est ouvert, que cette cendre apparaisse de façon mystérieuse, comme une manifestation de son omniprésence. En Inde, dans les lieux de prière où l'on chante la gloire du Seigneur, on voit souvent cette cendre recouvrir les images de Sathya Saï Baba, en signe de grâce.

En soirée, je téléphone à Michel à Montréal pour savoir pourquoi il n'a pas envoyé l'argent. Il m'assure qu'il m'a fait parvenir un chèque au montant de 600 $ et que ce chèque a été encaissé. Il était certain que j'avais reçu l'argent. Il m'apprend que ma voiture a été accidentée et qu'elle est irrécupérable (curieux!, j'y ai rêvé pendant que j'étais à l'*ashram* de Saï Baba). Il m'informe aussi que les meubles du Centre n'ont pas été vendus. Je comptais sur cet argent à mon retour. Ça n'a pas d'importance! Je sais que tout s'arrangera. Je dis à Michel que je lui préciserai, par téléphone, l'heure de mon arrivée à Mirabel.

24 septembre 1988

Je téléphone à la compagnie Wardair pour connaître l'horaire des vols vers Montréal. Dimanche, c'est complet; il reste quelques sièges sur le vol de lundi.

Je me rends à l'aéroport pour organiser mon départ. On me suggère de me présenter au guichet lundi matin afin d'obtenir une place disponible. Cependant, il y a autant de chances que j'aie à racheter un nouveau billet ou qu'on accepte la lettre d'Air India. Je souhaite que la seconde possibilité l'emporte. Je dois beaucoup d'argent et je n'en ai pas qui m'attend au Québec. Je m'abandonne en faisant confiance aux événements.

Lundi, je me présente au guichet et j'explique ma situation. On accepte mon billet et on me demande 125 $ de plus, soit le montant supplémentaire que j'aurais payé pour un billet ouvert. Je jubile. Gary me prête l'argent.

26 septembre 1988

Je quitte Londres, exactement trois mois après avoir quitté le Québec. Cela me semble une éternité! À mon arrivée à Montréal, il n'y a que Michel pour m'accueillir à l'aéroport.

Je n'ai plus de domicile, pratiquement rien dans mon compte en banque, plus d'emploi, plus de voiture, et en plus, j'ai une dette de 50 000 $ à rembourser. Je m'installe temporairement chez Michel et je dors sur le sofa du salon. Je dois régler le dossier de ma voiture accidentée afin de m'en procurer une autre pour me rendre à Québec. Avant mon départ, j'avais eu le pressentiment qu'à mon retour, c'est là que je m'installerais.

J'apprends que Laurent est à Chicoutimi. Je parviens à le rejoindre. Quelle joie d'entendre sa voix au téléphone! Je lui raconte mon voyage et lui me parle de sa vie en communauté. Je lui demande s'il est possible de nous revoir. Il consent à venir passer la fin de semaine à Montréal en me disant qu'il me confirmera sa visite jeudi.

Je dois décider de l'achat d'une nouvelle voiture. Celle que je possédais avant était louée. Je disais souvent à Laurent avant mon départ: «Je ne sais pas pourquoi, mais je ne vois que des voitures blanches». Ce que je savais, c'est que je voulais une automobile blanche. Une amie avait une Pontiac Grand Am. Laurent s'amusait à dire qu'il s'agissait d'une «grande âme».

Je me rends chez le concessionnaire où travaille mon beau-frère et je lui décris la voiture que je désire.
- Je te reconnais bien, dit-il, tu as toujours aimé les jolies choses.

C'est vrai; j'ai cependant appris à vivre avec le strict nécessaire mais je sais, sans pouvoir l'expliquer, que c'est cette voiture qu'il me faut.

Je propose à mon beau-frère de la louer. Je m'abstiens de lui révéler ma situation financière.

Il me rappelle dans la soirée pour me dire que la compagnie serait prête à me louer le véhicule pourvu que je verse 5 000 $ comptant. Cela complique les choses. Où vais-je trouver l'argent?

Nous sommes jeudi et Laurent n'a pas encore appelé. Je l'attends demain.

Vendredi 30 septembre 1988

Il est 19 h et Laurent n'est pas arrivé. J'appelle à Chicoutimi pour savoir à quelle heure il est parti; j'apprends qu'il est encore là. Je demande à lui parler.
- Ne devais-tu pas venir à Montréal?, lui dis-je.
- Oui, mais j'étais fatigué et je n'avais pas envie de faire une si longue route, me répond-il.

Je n'en reviens pas. Pendant trois mois, j'ai pensé à lui à tous les jours, et si j'avais eu une voiture, aucune distance, aussi éloignée fut-elle, ne m'aurait empêchée de le voir. Je pense qu'il ne m'a jamais vraiment aimée et que dans mon désir de le conquérir, j'ai été complètement aveugle sur ses véritables sentiments. Ma douleur profonde se transforme en colère. Au fond, ma colère masque toute la tristesse qui m'envahit.

Après ce téléphone, je vais chez des amis. Le coeur n'y est pas. Je suis remplie de ces merveilleuses expériences que je viens de vivre mais en même temps, je suis profondément triste: ce n'est pas le retour que j'avais imaginé.

Samedi 1er octobre 1988

Je rappelle Laurent. Il m'explique qu'il préfère qu'on ne se revoie plus car il sait que cela sera plus difficile ensuite pour nous deux. Sa voie est tracée et il entend la suivre. Il me propose plutôt que l'on s'écrive.

Après cette conversation, je vais porter mes rouleaux de films pour les faire développer. Ces photos de voyage m'aideront peut-être à retrouver les moments de paix, de joie et de sérénité que j'ai connus.

Il y a des années que je n'ai pas utilisé le métro et les autobus de Montréal. En descendant de l'autobus, je croise Claire. Elle a été ma secrétaire pendant plus d'un an, jusqu'au jour où j'ai cessé d'avoir les moyens de la payer. Je l'aimais beaucoup. Elle me parle de son nouvel emploi, de sa vie, de l'homme qu'elle fréquente. Je lui parle un peu de mon voyage et j'évite de lui dire à quel point je suis triste. En la quittant, toute ma peine éclate. En revenant chez Michel, les larmes inondent mon visage. «Mon Dieu, après tout ce que j'ai donné, pourquoi dois-je me retrouver ainsi complètement seule et démunie?»

En soirée, j'appelle ma soeur pour lui dire que je suis rentrée. Elle sent ma tristesse, mais je mets cela sur le compte de la fatigue. Je n'ai envie de parler à personne et j'apprécie que Michel m'ait laissé la maison pour la fin de semaine.

Je regarde la photo du Maître et je lui dis: «Maître, aide-moi, je m'abandonne à toi».

En me réveillant, je sens une grande paix m'habiter de nouveau; je sens la confiance me revenir.

Michel me prête sa voiture pour que je puisse revoir mes enfants. Je suis heureuse de les retrouver. Ma fille n'a pas reçu mes lettres et je crois qu'elle craignait de ne jamais me revoir. Cela explique que son champ de vision a diminué pendant mon absence. Elle manifeste le désir de revenir vivre avec moi. Je suis heureuse d'être de retour mais il me semble qu'une partie de moi est encore dans l'Himalaya.

J'ai raison de m'abandonner en toute confiance car tout s'arrange: la compagnie d'assurances m'alloue 8 300 $ pour la voiture accidentée. C'est au-delà de mes espérances. En plus, le chèque est émis en mon nom personnel. Je suis maintenant riche de 8 300 $! Je fais une contre-proposition de 3 000 $ comptant pour l'auto que je veux: le concessionnaire accepte. Il me reste 5 400 $ à verser pour le véhicule accidenté. J'offre 3 000 $ comptant à la compagnie de location et cinq chèques postdatés pour payer le solde de 2 400 $. Tout s'arrange!

Je me sens remplie de gratitude: je dis merci pour le sofa sur lequel je peux dormir; merci pour cette maison qui m'a accueillie; merci à mes guides, au Maître, à Dieu...

J'appelle le directeur de la Caisse où je louais les locaux du Centre l'Éveil Radieux. Il m'apprend qu'il a trouvé un acheteur qui m'offre 3 000 $ pour mon équipement de bureau. Je peux ainsi rembourser Gary, Mola et David. Je remercie encore de pouvoir me libérer de mes dettes.

5 octobre 1988

Au volant de ma Grand Am toute neuve, que j'ai baptisée *Ananda* (qui signifie béatitude), je roule en direction de Québec vers une nouvelle vie. Ce que j'ai vécu est exactement comme la mort. Quand on meurt, on laisse tout derrière soi. Je sais maintenant ce qu'est le détachement, bien que je n'aie pas fini de l'intégrer sur le plan affectif ni sur le plan de mon «MOI». Je sais que les épreuves de la vie nous préparent à ce moment où nous devrons quitter ce à quoi nous avons consacré notre vie, quitter les choses que l'on aimait, quitter ceux et celles qu'on chérissait.

Oui, une nouvelle vie m'attend. Je sais que le meilleur est maintenant devant moi.

Je me rappelle soudain ce texte que j'avais lu, enfant:

> *Pas de regard en arrière*
> *toujours droit devant*
> *La route se fait-elle à toi*
> *difficile? Sois vaillant!*
> *Lui t'aidera, le Tout-Puissant*

Je ne connais pratiquement pas la ville de Québec. Je n'y suis allée que quelques fois par le passé pour y donner des conférences. Cependant, j'ai un ami sur lequel je sais que je pourrai compter pour m'aider dans ce nouveau départ. C'est Marc. Je l'ai connu le printemps dernier. J'étais l'une de ses invitées à une émission de télévision qu'il animait. Il avait été très intéressé par le travail que je faisais. Il avait par la suite assisté à mes conférences et à mes ateliers. Une belle amitié s'est graduellement développée entre nous. Je lui rappelle la femme qu'il a beaucoup aimée. C'est ce qui explique les sentiments secrets qu'il nourrit à mon égard. De mon côté, je ne tiens pas à ce que notre relation dépasse le stade de l'amitié; ce qui n'est pas le cas de Marc. J'ai toutefois hâte de le revoir ainsi que les participants du dernier atelier «Harmonie» que j'ai donné à Québec. Je trouve les habitants de la ville de Québec si gentils et chaleureux. Je suis très enthousiaste à l'idée de m'installer dans cette ville.

Marc tient depuis quelques années un petit commerce de produits naturels. À mon arrivée, je suis accueillie par les bras de Marc et tout un bouquet de fleurs.

Oui, ma nouvelle vie est là, et elle commence bien. J'hésite à utiliser partout le nom de Claudia, mais Marc m'y encourage et accepte d'emblée de m'appeler ainsi. Un homme attend discrètement près des étagères. C'est l'un de ses amis d'université qu'il n'a pas revu depuis quinze ans. Marc me confie le magasin, le temps d'aller prendre un café avec Bernard, cet ami de longue date. Puis, nous rentrons chez lui. Je n'ai apporté qu'une valise. Je m'installe dans le salon, décidée à me trouver un appartement le plus rapidement possible.

6 octobre 1988

Une première neige recouvre le sol d'un beau tapis blanc. J'achète un journal pour consulter la rubrique des appartements à louer mais je ne connais pas le nom des rues. Je décide plutôt de visiter de l'extérieur afin de trouver le secteur qui me plaira.

Un édifice m'attire. En entrant, je croise un résidant qui m'informe qu'il s'agit d'un immeuble en copropriété. Il m'invite à visiter son appartement qu'il songe à vendre. Ce logement est exactement ce que je recherche: deux chambres, un grand salon, une salle à manger communiquant avec la cuisine et, de l'autre côté, un coin où je pourrais installer mon bureau de travail. C'est ce qu'il me faut. Aussi, l'endroit est très bien tenu, sécurisant, avec en plus un espace de stationnement au sous-sol. Il me donne le nom et le numéro de téléphone de la responsable des ventes. Je l'appelle pour savoir si un des propriétaires souhaiterait louer son appartement. Elle me parle d'un propriétaire qui a été affecté dans une autre ville pour son travail et qui désire louer le sien. Elle me rappelle en soirée pour me dire qu'il est d'accord. J'emménagerai dans deux semaines.

Marc me parle du Salon des médecines douces qui se tient à la fin d'octobre. Il m'incite à m'y inscrire.
- Comment veux-tu, lui dis-je, que je participe à ce Salon? Je n'ai pas le temps de préparer un kiosque ni de nouveaux documents promotionnels.
- Quelle importance, dit-il, il te reste des brochures du Centre de Montréal. Tu n'as qu'à faire imprimer un petit autocollant avec ton nouveau numéro de téléphone et quelques centaines de dépliants annonçant une conférence que tu donneras.

Je dépasse mon orgueil et me laisse convaincre.

L'appartement loué a grand besoin de peinture. Je ne connais pas de peintre à Québec et n'ai pas le temps d'en chercher. De plus, la fin de semaine où j'emménage, je donne une conférence au Salon des Aînés. Je rappelle Laurent, en lui disant que c'est l'amie qui l'appelle, que j'ai besoin d'aide pour peindre l'appartement et que je dispose de très peu de temps. Il accepte de venir m'aider.

Je me croyais détachée de lui, mais cette fin de semaine m'apprend à quel point je ne le suis pas. Après son départ, je ressens encore la douleur de la séparation. Je me demande si j'arriverai un jour à m'en libérer.

Dans l'édifice où j'habite, il y a une salle des plus agréable que les propriétaires peuvent utiliser pour recevoir des groupes. C'est là que je donne mes premières soirées d'information sur mes ateliers «Harmonie avec soi». À la première, il vient six personnes, à la seconde, sept. J'ai si bien intégré l'abandon que même ce nombre restreint ne m'inquiète pas. Dans le second groupe, Bernard, l'ami que Marc a retrouvé, est présent. Quand je demande aux participants de se présenter et de partager les raisons de leur présence, Bernard dit: «Moi, c'est pas compliqué, je suis ce qu'on peut appeler un mort-vivant». Je n'en crois ni mes yeux, ni mes oreilles. Cet homme bien mis, de belle apparence, intelligent... Non, vraiment, il exagère... À la fin de la soirée, je lui demande si l'atelier l'intéresse. Il me répond par l'affirmative; qu'il va planifier son temps et me rappeler.

Après la soirée d'information, j'invite Marc à visiter mon nouvel appartement. Nous discutons de l'organisation du Salon des médecines douces et de la possibilité d'une série télévisée. Je voudrais lui poser des questions au sujet de Bernard mais je me retiens, connaissant ses sentiments envers moi. Je me demande comment je pourrais lui enlever ses attentes sans le blesser.

Les kiosques du Salon des médecines douces sont en général assez modestes. Aucune cloison ne sépare les exposants. Il y règne une ambiance d'amitié, de partage, où l'on ne sent aucune compétition. Ses organisateurs ont réussi à lui donner le caractère d'une grande famille humaine. Plusieurs participants se souviennent de mon passage à l'émission de télévision «Droit de parole» en mars dernier. J'en suis très étonnée. J'ai peu à offrir, à part une conférence et des séances de thérapie. Cependant, plusieurs participants s'arrêtent pour me parler. Ma joie d'être ici grandit à chaque jour. J'aime cette ville et ses habitants.

En rentrant du Salon, je prends quelques moments de repos et je bavarde avec Karina. Le téléphone sonne: c'est Bernard. Au début, nous bavardons de tout et de rien, puis il me confie qu'il est à Québec depuis seulement quelques mois, qu'il s'agit pour lui d'un nouveau départ, d'une nouvelle vie. J'ai l'impression qu'il est en train de décrire ce que je vis, bien qu'il parle de lui et que je ne lui aie encore rien dit de ma vie. Déjà, une belle complicité s'installe entre nous. Il raccroche en me disant qu'il viendra me rencontrer demain soir au Salon des médecines douces.

Ma seconde journée au Salon se passe bien. Bernard arrive à la fin. Étant inscrit à un séminaire pour la fin de semaine, il n'a pu se libérer plus tôt. Il m'aide à fermer, puis m'invite à dîner. L'amitié et la complicité grandissent très vite entre nous. Il me raccompagne à la maison.

À la clôture du Salon, il m'aide à démonter le kiosque. Les exposants sont invités à former une grande chaîne d'énergie d'amour. Pour cette merveilleuse finale, on nous a remis une bougie et nous nous passons le feu symboliquement afin d'être des porteurs de lumière. Nous entendons la chanson: «Tout va changer ce soir, on prend un nouveau départ...» C'est sublime!

Pour moi, c'est réellement un nouveau départ. Je quitte rapidement Bernard ce soir car je dois rencontrer un ami. Nous nous reverrons à la conférence de mardi.

Lundi 31 octobre 1988

Aujourd'hui, je m'accorde une journée de congé bien méritée. Je prends tout mon temps. Bernard me téléphone et me dit qu'il est important que l'on se voie aujourd'hui. Je n'ai envie de voir personne; je veux profiter de ces moments pour me détendre. Il m'assure qu'il ne restera qu'une minute. Il veut absolument me payer la conférence de demain soir:
- Tu la payeras à l'entrée, ce n'est pas nécessaire de le faire maintenant.
- J'ai aussi quelque chose d'autre à te remettre.
- Bon, d'accord, mais tu ne fais que passer et tu t'en vas.
- C'est promis.

Il tient parole. Il me remet une enveloppe contenant une lettre dactylographiée de plusieurs pages, dans laquelle il décrit un rêve qu'il a fait à mon sujet. À la fin, dans le coin gauche, il a écrit au stylo:

Et puis je t'aime
Quelle panique à l'écrire
Et surtout à le lire

L'enveloppe contient aussi deux chèques: l'un au montant de la conférence et l'autre, en blanc, avec un petit mot me disant que je peux y mettre le montant que je souhaite. Cet aspect farfelu de sa personne m'amuse et m'intrigue en même temps.

C'est ma première conférence depuis mon retour. À ma grande surprise, soixante-dix personnes sont présentes. Le thème de la conférence est l'éveil à la santé. L'assistance est très réceptive. C'est un véritable succès. J'en suis cependant détachée; ce qui m'importe, c'est d'être un instrument d'éveil de conscience pour ceux et celles que je considère comme mes frères et soeurs de l'Univers.

Bernard m'invite à prendre un café après la conférence. Il me dit qu'il a beaucoup apprécié cette soirée. Il ajoute que je lui plais de plus en plus mais il craint que je ne sois trop bien pour lui. Cette phrase, mes précédents conjoints me l'ont exprimée chacun à leur façon. Rien ne me dérange plus que d'entendre de tels propos.

Nous rentrons à la maison et bavardons encore un bon moment ensemble. Je lui parle de cette lettre que j'avais reçue de Hans et dont je n'ai jamais parlé à qui que ce soit, à part Laurent. Bernard me dit que la révélation en ce qui concerne la 189e incarnation ainsi que les lettres F.R.J. correspondent à un code. Il me prend alors dans ses bras en me disant: «Bienvenue, bienvenue». Il semble connaître des choses que j'ignore. (Je découvrirai plus tard qu'il est un grand manipulateur.)

Les jours passent sans que j'aie de nouvelles de Bernard. Je suis fort occupée par ma nouvelle installation et les consultations que j'offre.

Cet après-midi, en rentrant de magasiner, je sonne à l'appartement pour que Karina vienne m'aider à rentrer les sacs. J'entends: «Maman, Monsieur Langelier...» Mais qu'est-ce que cette histoire! Karina arrive, suivie de Bernard. Je lui dis:
- Depuis quand laisses-tu entrer des étrangers? tout en souriant à Bernard.
- Je ne l'ai pas laissé entrer, répond-elle, il l'a fait lui-même.

Bernard avait défié les règles de sécurité en suivant un occupant de l'édifice. Karina n'ayant pas verrouillé la porte, il lui a donc été très facile d'entrer.

Je suis confuse. Je vois bien le jeu de cet homme qui veut s'infiltrer dans ma vie par tous les moyens. Ma tête me dit que ça n'a aucun sens, car je ne le connais pratiquement pas. Mon coeur me dit: «C'est Laurent que tu aimes», mais mon Maître intérieur me dit: «Laisse-le entrer». Jamais mon Maître intérieur ne m'a trompée. J'accepte de le laisser entrer, mais sans comprendre pourquoi. Mon Maître intérieur, lui, le sait.

Je dis à Bernard:
- Si tu peux vivre avec l'idée que l'homme que j'aime est encore très présent dans mon coeur, ça ira, mais je ne sais si je pourrai en aimer un autre.

Je pense au fond que Bernard pourra me distraire de la solitude que me cause l'éloignement de Laurent.
- Je ne peux me permettre d'être jaloux! avoue Bernard.

Je m'arrange pour vivre avec lui l'instant présent, oubliant le passé et ne pensant pas au futur. Cela m'apporte de bons moments, du moins au début.

Il s'inscrit à l'atelier de fin de semaine «Harmonie». Bernard est membre des Alcooliques Anonymes, ayant souffert d'alcoolisme pendant vingt-cinq ans. Il a un parrain qui veut beaucoup pour lui (peut-être trop!). Au cours de l'atelier, au moment où on doit changer le film de sa vie, Bernard me confie: «C'est la plus belle quatrième étape que j'aie vécue, j'ai enfin pu pardonner à ma mère».

Après l'atelier, Bernard et moi rentrons à la maison. Je suis fatiguée et je sombre sans raison dans un moment de défaitisme. Bernard me dit: «Tu devrais les suivre, tes cours». C'est comme une gifle pour moi. Cependant, elle a l'effet de m'éveiller à une réalité: tous les participants de l'atelier m'ont remerciée et complimentée, mais dans ma peur d'être mieux que la personne dont je souhaite être aimée, je détruis mon potentiel.

C'est exactement ce que j'ai fait avec mes deux premiers conjoints; ils m'ont dit que j'étais mieux qu'eux, en regard de mes études et de tout ce que j'avais réalisé. Pour leur prouver le contraire et qu'ils pouvaient par conséquent m'aimer, je sombrais dans la maladie et la dépression.

Je me souviens très bien avoir dit à mon premier conjoint: «Tu es bien mieux que moi; tu es équilibré, moi, je ne le suis pas». Mon second conjoint m'avait dit: «Qui suis-je à côté de toi?» Je lui ai répondu: «Ce ne sont que des connaissances que je t'apprendrai».

Avec lui aussi, je sombrais dans la maladie et la dépression pour le valoriser et lui faire sentir que j'avais besoin de lui, car je craignais qu'il s'éloigne de moi. J'allais dans les extrêmes: j'étais la «super-femme» qui voulait les éblouir. Une fois éblouis, je leur faisais peur et je devenais la femme dépressive qui s'en remettait totalement à eux.

Et ce jeu fonctionnait (car c'était bien un jeu de manipulation affective). Lorsque j'étais malade, je leur donnais tout le pouvoir et je recevais de l'attention en échange. Plus ou moins consciemment, je payais cette attention de ma santé et de mon bien-être.

Lorsque j'ai connu Laurent, j'ai aussi voulu jouer ce jeu, mais ça n'a pas marché. Alors, très vite, j'ai abandonné. Tant que Laurent avait un travail et que j'étais directrice du Centre, tout allait bien. Mais tout commença à se gâter le jour où il a quitté son travail pour s'inscrire au bureau de l'assurance-chômage. Ma peur d'être trop par rapport à lui a fait que j'ai laissé se détériorer le Centre. Inconsciemment, je détruisais mes chances de réussite par peur de perdre l'amour de Laurent.

Tout cela était en relation avec le sentiment d'injustice que j'avais ressenti à l'âge de cinq ans en voyant ma petite soeur de six ans qui n'avait rien. Ce n'était pas juste que moi, je sois directrice d'un grand Centre qui fonctionnait bien, alors que Laurent, lui, n'avait qu'une maigre prestation de l'assurance-chômage.

J'étais, à mon insu, en train de reproduire ce vieux scénario. Je décide donc que plus jamais je ne détruirai mon potentiel pour être aimée de qui que ce soit. Je comprends que ce que ma soeur a vécu faisait simplement partie de ce qu'elle avait à vivre dans cette vie et que ce que j'ai, ou ce que j'ai eu, me revenait par loi de cause à effet. Si, pour apporter davantage aux autres, il me faut connaître la réussite, alors je l'accepte pleinement.

Depuis cette prise de conscience, qui fut l'une des plus importantes dans ma vie, je constate une importante montée de popularité. Les événements et les personnes arrivent d'elles-mêmes pour m'aider à propager le message que je souhaite diffuser.

Je comprends également que l'argent est une énergie que nous attirons ou que nous bloquons. Nos croyances de base, issues de notre héritage religieux et culturel, nourrissent l'idée que le cheminement spirituel et l'état d'abondance sont diamétralement opposés.

Par exemple, on nous disait: «qu'il est plus facile à un chameau de passer par le chas d'une aiguille qu'à un riche d'entrer au Ciel» ou encore: «Heureux les pauvres car ils verront Dieu». Sorties du contexte où elles ont été citées, et mal interprétées, ces phrases ont engendré des croyances erronées par rapport à l'argent et créé une attitude négative face à l'abondance. Puisque tous aspirent à ce royaume de paix et de bonheur, l'équation enregistrée par plusieurs d'entre nous fut: «Nous ne pouvons atteindre le royaume des cieux si nous avons trop de biens matériels».

Alors parfois, bien inconsciemment, nous nous attirons de n'avoir que le nécessaire, de subir des pertes ou encore de faire carrément faillite si nos affaires sont prospères.

Et puis, le Christ n'était-il pas né dans une extrême pauvreté? N'était-il pas mort à cause de nos péchés? Comment, avec cet entendement, pouvions-nous aspirer à une vie de bien-être et d'abondance?

Depuis des générations, nous entretenons une mentalité de privation, de misère et de pauvreté. Notre culture regorge de maximes qui renforcent cette croyance. Vous avez tous entendu: «Quand on est né pour un p'tit pain...», «L'argent ne fait pas le bonheur...», etc. Nombre de personnes en cheminement vous diront «que le matériel n'est pas important...». Elles ne réalisent pas qu'avec une telle affirmation, elles se programment une vie où, effectivement, l'abondance aura peu de place.

La voie du juste milieu est de comprendre que notre corps est fait de matière et qu'il a besoin de matière, alors que notre esprit a besoin d'essence spirituelle pour atteindre sa parfaite réalisation. Esprit et matière doivent s'unir, comme l'Orient et l'Occident, pour le plus grand bénéfice de tous les êtres de la Terre.

J'ai compris, à travers toutes ces épreuves que je viens de traverser, que la première loi du bonheur et de l'abondance, c'est de dire MERCI. C'est-à-dire de savoir remercier pour tout ce qu'on a reçu et que l'on possède (nos yeux, nos oreilles, nos bras, notre maison, notre conjoint, nos enfants...).

Oui, remercier au lieu de maudire: «maudite voiture» ou de nous plaindre de ce que nous n'avons pas: «Je n'ai pas une maudite cenne...», «Je suis dans le rouge...», «Je suis dans mes années de vaches maigres...», «Je suis pauvre... », «Je n'ai pas de conjoint... », «Je n'ai pas d'enfant... », «Je n'ai pas d'emploi... », «Je n'ai pas de chance... », «Je n'ai jamais été heureux... », «Je n'ai pas eu de mère... », «Je n'ai pas eu une enfance heureuse...» et encore...

Mieux vaut dire: «J'ai ceci» plutôt que: «Je n'ai pas cela...»; «J'ai eu tout ceci...» au lieu de: «Je n'ai pas eu cela...».

Cette loi de l'appréciation est simple à comprendre. Plus je visualise un manque ou un vide, plus je ne verrai que ce manque ou ce vide, et plus j'attirerai ainsi des situations de pénurie par mes propres projections mentales. Par contre, en visualisant tout ce que j'ai et tout ce que j'ai eu, je me sentirai comblée, et j'attirerai des situations d'abondance, dans tous les aspects de ma vie.

Il est bon de souhaiter avoir plus, sur tous les plans, afin de pouvoir redonner davantage aux autres, car on ne peut donner ce qu'on n'a pas. Il n'y a personne d'assez pauvre au monde qui ne puisse donner ne serait-ce qu'un sourire, un mot gentil, une fleur, une chanson, une lettre d'amour. C'est en donnant qu'on reçoit, mais on ne reçoit pas nécessairement des personnes à qui on a donné.

L'idéal est de donner avec détachement, c'est-à-dire pour la seule joie que procure l'acte de donner, qu'il s'agisse de son temps, de ses connaissances, de son amour ou de son amitié, sans rien attendre en retour. Toute bonne graine semée donnera de bons fruits.

J'ai aussi appris à définir clairement mes besoins. Au lieu de jouer à l'autruche devant mes comptes, en essayant de les oublier ou de me les cacher, j'écris maintenant clairement: «Voici la somme que je veux rembourser à tel magasin: par exemple 2 137 $. J'envoie parfois des chèques postdatés: un de 137 $ et quatre de 500 $ répartis sur quelques mois[1].

---

1. Au Québec, cette pratique est permise. Il y a cependant des pays où elle est défendue. Dans ce cas, on peut simplement écrire sur un papier la somme qu'on souhaite rembourser mensuellement.

Ces sommes doivent cependant correspondre à ce que nous croyons possible de rembourser, en y ajoutant un petit surplus. Si je crois pouvoir rembourser 300 $, j'envoie 350 $ ou 400 $. Ainsi, nous développons cette foi en la Divinité qui est en nous.

La foi est le meilleur antidote aux doutes et aux peurs. Il faut se rappeler aussi que plus nous payons rapidement nos comptes, plus nous recevons rapidement l'argent de ceux qui nous en doivent. C'est une énergie qu'il convient de faire circuler: prendre ce dont nous avons besoin et laisser aller ce dont nous n'avons plus besoin. J'applique cela dans ma vie, appréciant tout et remerciant pour tout. Je donne à mes participants toute l'aide et tout l'amour que je peux leur apporter, sans me soucier de la façon dont se paieront mon appartement et mes dettes. (La formule est gagnante: un peu plus d'un an après mon retour, je me suis libérée de mes dettes.)

Au début, j'offre des séances de thérapie dans mon salon pendant que ma fille est à l'école. J'ai de plus en plus de demandes de consultation. Craignant les plaintes de mes voisins, je loue un petit bureau. J'offre également les ateliers «Harmonie avec soi». Au départ, je m'en tiens à mes notes, mais plus je donne ces ateliers, plus je réalise que j'enseigne des choses que je n'ai pas apprises, mais qui ont beaucoup de sens. Je prends l'habitude de laisser mes notes à la maison et de m'abandonner à cette conscience supérieure qui enseigne à travers moi; je deviens à la fois l'étudiante et l'enseignante. C'est fascinant car j'apprends bien davantage que par les études que j'aurais pu faire. Je suis également témoin de transformations radicales en peu de temps; je vois la santé de personnes souffrant de sclérose ou autres maladies sérieuses s'améliorer dans les jours et les semaines qui suivent. Je sais que je ne suis que l'instrument qui aide ces personnes à enclencher leur mécanisme de guérison.

On me propose de faire une première série télévisée: «Se guérir soi-même». Chaque semaine, j'y présente une personne qui témoigne de sa guérison après avoir découvert les causes responsables de sa maladie. La série est un véritable succès. Je suis de plus en plus demandée.

Ma relation avec Bernard s'intensifie. Je découvre graduellement la profondeur des problèmes psychologiques qu'il vit. Récemment, il m'avouait qu'il vivait en sursis. Je ne saisissais pas. C'est alors qu'il me dit: «Je vais te confier quelque chose que je n'ai encore jamais avoué à personne: je vis continuellement avec la sensation de marcher sur un plancher de cristal qui risque de se briser à tout moment pour m'engouffrer».

J'essaie tant que je peux de lui faire prendre conscience qu'il ne s'agit que de sa propre création mentale; il n'y a aucun gouffre. Je tente, par tous les moyens que je connais, de l'aider à s'en sortir. Plus je veux l'aider, plus il semble s'enfoncer.

Bien que Bernard soit ingénieur de profession, il est sans emploi depuis son dernier renvoi. Voilà deux ans qu'il a renoncé à l'alcool et qu'il essaie de se sortir de ce qui a été son enfer. Lorsque je l'ai connu, il vivait confortablement, grâce à un héritage familial. Comme il est d'un naturel dépensier, cette importante somme d'argent a fondu entre ses mains comme neige au soleil.

Mes affaires allant de mieux en mieux, je l'ai pris sous ma responsabilité tout en continuant de l'encourager à se trouver un emploi.

Plus je rencontre des personnes en thérapie individuelle ou de groupe, plus mon champ de connaissances sur les causes des malaises et des maladies s'agrandit. Les trois heures allouées à l'atelier «Éveil à la santé» deviennent insuffisantes pour transmettre tout ce que je souhaite donner à mes participants. De plus, je crois que ces connaissances pourront aider bien des personnes. Mon vieux rêve d'écrire un livre me revient. Il y a des années que je souhaite écrire, mais je reporte toujours ce projet. N'ayant reçu aucune formation littéraire, j'ignore comment le réaliser. Le temps aussi me manque.

Je m'organise pour me libérer pendant deux semaines. J'ai déniché un petit hôtel très bien tenu du côté de Trois-Pistoles. Sa situation et le calme que l'on y retrouve sont très propices à l'écriture. Je pars donc vers ce coin tranquille sur le bord du fleuve Saint-Laurent.

Je ne sais par quoi commencer. J'ai une multitude de choses à transmettre, mais je ne sais comment y arriver. Je me dis: «Écris ta page de titre, ce sera un début». Je pense d'abord à «Se guérir soi-même», mais j'opte plutôt pour: «De l'autoguérison à l'éveil de sa conscience». Ensuite, j'écris tout ce qui surgit sans me soucier de l'ordre, de la formule ou de l'orthographe. J'exprime tout ce que je porte au fond de moi depuis des années. En écrivant, je prends conscience que j'ai plusieurs choses à dire. Il m'arrive de rédiger jusqu'à vingt-cinq pages par jour. Toutes les thérapies que j'ai menées me reviennent en mémoire sans aucun effort. Aujourd'hui, je comprends que j'ai aimé chacun de mes participants. J'ai éprouvé beaucoup de compassion à leur endroit; c'est ce qui explique qu'ils sont enregistrés dans mon cerveau limbique, là où réside la mémoire de nos sentiments et de nos émotions.

À mon départ de Trois-Pistoles, j'ai un manuscrit contenant près de quatre cents pages. Mon seul but est de donner aux lecteurs un instrument d'éveil de conscience qui les libèrera non seulement de leurs malaises et de leurs maladies, mais aussi des attitudes non favorables à leur évolution.

Je m'étais alloué deux mois pour réaliser ce volume jusqu'à sa sortie. Je constate très rapidement l'irréalisme d'un tel projet. Mon second père me disait souvent: «Si je n'avais pas sous-estimé l'ampleur de la tâche à entreprendre, je crois que je ne l'aurais jamais entreprise». Je crois que j'ai hérité de lui cette habitude de toujours sous-estimer le temps qu'il faut pour réaliser ce que j'ai à faire. Cette fâcheuse habitude est responsable de plusieurs de mes retards ainsi que de la surcharge de travail que je m'impose.

Avant la fin de la mise en pages, j'achemine le matériel à la graphiste pour qu'elle réalise la page de titre.

Ce soir, après l'atelier de formation en animation de groupe que j'offre, une participante me dit: «Claudia, je ne trouve pas le titre de ton volume approprié. Pourquoi une personne qui n'est pas malade s'intéresserait-elle à ton livre? Mais tous ont à un certain moment des petits malaises et ce volume leur serait très bénéfique». Je trouve sa remarque très pertinente, mais je dois remettre le titre demain et je n'ai aucune idée de celui qui conviendrait à ce volume. Une fois de plus, je confie cela à mes guides de lumière, en leur demandant de me donner le titre dans un rêve, une révélation, enfin peu importe, pourvu que le message soit suffisamment clair pour que je n'aie aucun doute.

Bernard rentre avec moi à la maison. Je suis en train de feuilleter une revue de maisons à vendre lorsqu'il vient me trouver en me demandant qui est Tarthang Tulku. Je n'en ai aucune idée, mais cette phrase de lui: «La parfaite santé et le plein éveil sont en réalité la même chose» correspond si bien à mon volume que je l'avais inscrite au tout début. Bernard vient de mettre la main sur un article de Tarthang Tulku, qu'il a tiré au hasard à travers une cinquantaine de revues de psychologie; il s'agit d'un Lama tibétain. L'article est intitulé: «Participer à l'Univers». Je sais, sans pouvoir l'expliquer, que c'est le titre que doit porter mon volume. (Ce n'est qu'un an plus tard que je comprendrai l'importance de ce titre. Chaque fois qu'il sera prononcé, il contribuera à former un égrégore amenant les êtres à comprendre l'importance de la coopération dans l'Univers.)

14 septembre 1989

Plus de trois cents personnes sont présentes au lancement du volume «Participer à l'Univers». Pour la première fois, je dévoile mon côté poète en présentant un diaporama accompagné de poèmes préenregistrés sur un fond musical.

Lorsque j'étais aux côtés de Lisa, il arrivait qu'en parlant de moi, elle ajoute: «Claude, la poète». Pour moi, poète égalait rêveur. Je n'appréciais guère cette épithète. Depuis mon adolescence, j'avais refoulé ma partie féminine au profit de la masculine, car c'est dans ma sensibilité que j'avais été blessée. Dans mon aspect décidé et entreprenant, je me sentais au contraire très forte. Depuis mon retour de l'Inde, j'apprends à équilibrer ces deux parties de ma personnalité.

Ma mère, qui est présente au lancement, est très émue par cette salle qui me rend hommage. Certaines personnes viennent témoigner de leur guérison. Parmi elles, se trouve une personne qui était atteinte de sclérodermie. Les médecins lui avaient annoncé qu'elle perdrait graduellement ses fonctions vitales sans aucun espoir de rémission. Lorsque je l'avais rencontrée pour la première fois, elle était incapable de bouger ses doigts. Depuis plus d'un an, elle ne pouvait rien avaler qui soit consistant. Voilà que trois mois après la thérapie, elle mangeait normalement et bougeait tout son corps avec une nouvelle vigueur.

Pour la première fois, ma mère comprend le travail que je fais. Avant la fermeture du Centre à Montréal, j'étais allée la voir. Je lui avais confié mes difficultés avec le Centre et ce voyage au cours duquel je ne savais pas ce qui m'attendait. Elle m'avait dit: «Tu n'es vraiment pas chanceuse, toi; tout ce que tu entreprends ne fonctionne jamais». Elle me rappela une poissonnerie que j'avais ouverte, le Centre pour Lisa et maintenant celui-ci... Que pouvais-je lui dire?

Ce soir, au lancement, je peux lui répondre par cette histoire tirée d'une bande dessinée:

Une maman oiseau encourageait ses petits à voler de leurs propres ailes. Le petit dernier mettait plus de temps à se décider à quitter le nid. Sa maman l'y poussa un peu. De ses petites ailes inexpérimentées, il réussit à s'envoler. Tous revinrent mais lui n'était pas rentré. La maman, inquiète, se mit à pleurer: «Mon petit dernier, je n'aurais pas dû le laisser partir; que lui est-il arrivé?» Le petit oiseau rentra très tard. Sa maman ne lui révéla pas les craintes qu'elle avait eues à son sujet mais lui dit: «Pourquoi rentres-tu si tard et les mains vides? Pourquoi n'as-tu pas, comme tes frères et soeurs, rapporté un petit morceau de paille ou un petit vers...?» Tout souriant, le petit oiseau l'a regardée en disant: «Je ne dirais pas ça, moi!» Il tenait, dans son dos, la queue d'un dinosaure!

Octobre 1989

Je suis de plus en plus occupée et de moins en moins présente à Bernard. Moins je lui donne d'attention, plus il s'enfonce dans son état dépressif. Lorsque je rentre après une journée bien remplie et que j'aspire à un peu de repos, Bernard arrive avec ses complaintes. Je le loge, le nourris, l'habille, lui donne de l'argent et en plus, il faut que je le «thérapise». Je découvre à travers ces sessions de thérapie qu'il souffre de paranoïa avancée. Je lui fais lire ce que j'ai écrit dans mon volume sur la paranoïa. Étonné, il me dit: «Je ne savais pas que tu parlais de moi dans ton livre».

Plus le temps passe, plus Bernard devient lourd à porter et à supporter. Ses obsessions mentales semblent augmenter de jour en jour. Parfois, il me dit qu'il rentrera à 19 h, puis il revient à 7 h ou parfois deux jours plus tard. Inquiète, je me demande où il est passé, s'il n'a pas eu un accident, etc. Voilà près d'un an que je le connais. Je commence à trouver que sa présence me coûte très cher et m'apporte davantage de soucis que de joie.

Ma décision est prise: si je continue à ce rythme, je risque de m'engouffrer avec lui. S'il veut se noyer, c'est regrettable, mais c'est son choix; moi, je n'en ai pas l'intention. Je lui demande de partir. Je sais qu'en vendant sa voiture neuve qui est payée, il aura l'argent nécessaire pour redémarrer. De plus, il a tous ses meubles qu'il avait remisés pour s'installer avec moi.

Depuis son départ, j'ai l'impression de respirer de nouveau. J'ai besoin d'ordre et de beauté dans mon appartement. Le désordre mental de Bernard s'exprimait tant dans ses vêtements que là où il laissait ses traces.

Novembre 1989

Je revois Bernard. Il a maigri de 14 kilos; il n'a plus que la peau et les os. Je me sens coupable de lui avoir demandé de partir. Cela me met dans un tel état! Je lui donne de l'argent et l'encourage à se chercher un emploi.

Je l'appelle pour prendre de ses nouvelles; il me parle de suicide. Ma culpabilité augmente; j'ai peur qu'il passe à l'action, je prie tous les guides de l'aider. Je suis si inquiète que j'ai de la difficulté à me concentrer à mon travail. Après une seule thérapie, je suis vidée.

Je développe une allergie au froid. Dès que je sors à l'extérieur, mes mains, mon visage et mes oreilles enflent et, aussitôt à l'intérieur, ces parties deviennent brûlantes et me démangent. Quelle peut bien être la signification de cette allergie? Voilà quelques jours que je m'interroge. Il me vient à l'esprit que l'hiver correspond à la destruction: je vois un lien entre l'autodestruction de Bernard et mes inquiétudes. Je remercie ma Divinité intérieure pour le message que je viens de recevoir. J'accepte que sa vie lui appartienne et que me faire du mal en m'inquiétant ne peut nullement l'aider. J'accepte donc que Bernard choisisse cette voie, même si je sais qu'elle n'est pas la meilleure à suivre. Elle doit lui être nécessaire dans son évolution. Mon allergie au froid disparaît. (Elle ne réapparaîtra pas.)

Noël arrive. Bernard est pratiquement sans famille. Ses parents sont décédés, ses frères sont éloignés, tout comme sa petite fille qu'il aime. Je ne peux me résoudre à le laisser seul à Noël, pas plus que je n'ai envie d'être seule. C'est sûrement l'un des plus tristes Noël que je passe. Je ressens une profonde nostalgie mêlée de mélancolie que je ne peux m'expliquer.

27 décembre 1989

Laurent me téléphone et me fait des déclarations comme il ne m'en a jamais faites dans le passé. J'ai accepté la voie qu'il a choisie, mais voilà qu'il m'avoue en avoir assez de cette communauté qu'il songe à quitter. Il a le pressentiment qu'il reviendra dans ma vie, probablement au début d'avril. Mon coeur se remet à battre. Je reconnais que je n'ai jamais vraiment aimé Bernard. J'ai acheté sa présence et son affection pour combler le vide laissé par Laurent, bien que j'aie aussi voulu l'aider.

Je ne voyais pas que je jouais au sauveteur, même si mes collègues essayaient de me le faire voir. Admettre cela eut été reconnaître ma dépendance affective et ça, je n'étais pas encore prête à y faire face.

Lorsque nous jouons au sauveteur, nous attirons des victimes. Et une victime ne veut pas s'en sortir; elle ne veut que tirer profit de ses problèmes, car elle ne connaît pas d'autres moyens d'aller chercher ce dont elle a besoin, c'est-à-dire: affection, attention, satisfaction de ses besoins financiers ou matériels, etc.

À certains moments, j'ai cru que je pourrais aimer Bernard autant que Laurent. Ce téléphone me montre à quel point c'est impossible. Laurent m'annonce sa visite pour le Nouvel An. Nous passons celui-ci ensemble.

6 janvier 1990

Je rentre d'un voyage à Disney World avec les enfants. Bernard téléphone pour me dire que tout son univers s'effondre et que la voiture sur laquelle il comptait pour un nouveau travail est en train de le lâcher. Je vois très clair dans son jeu. Je me rappelle tout ce qu'il m'a raconté. Je constate qu'à chaque étape de sa vie, lorsqu'il n'obtenait pas ce qu'il souhaitait de l'être aimé, il se détruisait afin de rendre l'autre coupable de ce qu'il vivait. Par son alcoolisme, il disait à sa mère: «C'est de ta faute si je suis devenu alcoolique, tu ne t'es jamais occupée de moi». Il a fait la même chose avec sa femme. Avant de mourir, sa mère demanda à son frère de s'en occuper. Son frère faisait tout pour l'aider, mais Bernard ne s'aidait pas lui-même. Pire, il fit tout pour nuire à son frère. Ce dernier en eut assez et lui demanda de partir. Il se retrouva sur le sentier des itinérants et des sans-abri, lui, un ingénieur qualifié et doté d'une intelligence supérieure à la moyenne. Et voilà qu'il reproduit encore le même scénario avec moi: il se détruit pour que je porte la culpabilité de sa propre destruction.

Je lui en fais prendre conscience et j'ajoute: «Continue à te détruire si c'est vraiment ce que tu veux. Moi, je ne marche plus dans ce jeu de victime-sauveteur». Il me répond:
- Quand tu avais besoin de moi, j'étais là pour t'aider, mais moi, je suis trop lourd pour toi. Adieu, Claudia. Et il raccroche.

Je pense: «Merci, Bernard, tu viens de me libérer». (Je serai sans nouvelles de lui jusqu'au mois de mai où il m'enverra une carte pour mon anniversaire de naissance. J'apprendrai au mois de juin qu'il s'est suicidé.)

Je ne regrette pas son passage dans ma vie car il m'a permis de voir ma propre destruction, celle que j'avais faite dans ma vie par besoin de recevoir de l'attention et par peur d'avoir plus que les autres. J'ai pris conscience que je jouais au sauveteur pour me donner un sentiment de puissance, en plus de m'acheter une présence. Cela m'aide à voir la dépendance affective que je porte depuis mon enfance. Mon Maître intérieur avait raison: il fallait que je le laisse entrer. En ce début d'année, je prends la décision de travailler à développer mon autonomie affective.

Février 1990

Je cherche un endroit permanent pour accueillir mes groupes et y résider. Le coût du nouvel appartement que j'habite maintenant ainsi que les frais de location des salles le justifient largement. Je souhaite que ce soit en montagne car, depuis mon retour, une partie de moi aspire à vivre à la montagne. Une de mes collaboratrices me parle d'une ferme située près de Sainte-Anne-de-Beaupré. Du haut de la colline, on y a une vue splendide sur le fleuve et les environs. Ce n'est pas du tout le type de maison qui me plaît et je ne connais absolument rien à l'agriculture. Ce serait plutôt le rêve de Laurent de posséder une ferme et d'y installer une petite communauté. Lorsque la fermière me nomme les instruments qu'elle veut me laisser, je suis incapable de dire ce à quoi chacun peut servir.

Heureusement, j'ai le pire rhume de ma vie pour me réveiller. Les amis sur lesquels je compte pour m'aider n'ont nullement l'intention de s'installer à cet endroit, pas plus que Laurent d'ailleurs, mais aucun n'ose me décourager dans ce projet. Ce rhume me fait comprendre la confusion qui règne dans mes pensées. Des amis du Nouveau-Brunswick sont de passage chez moi et je leur parle de mon projet. Je spécifie que la maison serait temporaire car mon véritable souhait serait d'y construire un Centre en forme d'oiseau, mes appartements étant installés dans la partie supérieure du corps. Gaétan me dit:
- Pourquoi ne pas utiliser cet argent pour construire immédiatement ce que tu souhaites, c'est-à-dire la partie principale du corps que tu agrandiras éventuellement. Pourquoi t'embarquer avec les problèmes d'une ferme à laquelle tu ne connais rien?

Je prends conscience que cette ferme n'est pas du tout ce que je veux et que j'agis encore une fois en songeant avant tout à Laurent. Mes besoins se limitent à une résidence pour moi-même et mes enfants ainsi qu'à une salle agréable pour mes participants.

Je demande à mon Maître intérieur de me guider vers l'endroit idéal pour construire cette maison. Une voix me dit: «Va vers Stoneham». Je ne connais pas Stoneham; je n'y suis passée qu'une seule fois. Je pars avec ma fille Karina à la recherche de l'emplacement idéal. À chaque endroit que nous visitons, je demande à Karina de prendre le numéro de téléphone et d'y ajouter une cote: un, deux ou trois "X". En gravissant la rue de la Montagne, je lui dis: «Ici, ma chérie, inscris cinq "X"». Ce que je cherche est bien spécifique: je veux un terrain d'au moins 50 000 pieds carrés, situé sur une falaise avec vue panoramique au sud-ouest. J'en parle au promoteur, mais aucun des terrains qu'il me propose ne possède ces caractéristiques.

Il me rappelle pour me dire qu'il peut m'offrir exactement le terrain que je cherche. Un propriétaire lui a fait part de son intention de revendre le terrain acheté il y a un an.

Il y a tellement de neige sur le sommet de la montagne qu'on ne peut visiter le terrain qu'en raquettes. Même ces raquettes qu'il m'a prêtées sont significatives pour moi: comme elles sont trop grandes, je ne peux qu'avancer. Je développe de plus en plus ma foi, en demeurant à l'écoute de mon Maître intérieur!

Ce n'est pas le cas de mon comptable: il me recommande de remettre à l'année prochaine la construction de la maison et de m'en tenir seulement à l'achat du terrain. Je sais que si je ne la fais pas construire cette année, je ne le ferai pas plus tard. C'est maintenant que je dois le faire. Tout va très bien: l'Éveil Radieux prend de l'expansion, la vente de mes volumes augmente, je suis de plus en plus demandée et mes ateliers se remplissent.

Fin mars 1990

Laurent m'appelle pour m'annoncer une grande nouvelle: il part pour le Nouveau-Brunswick. Cela veut dire qu'il ne reviendra pas. Tous mes espoirs de vie de couple s'envolent de nouveau. Jamais un homme ne m'a autant fait travailler sur mes attentes. Je dois me rendre à Chicoutimi pour une conférence et pour des émissions de radio et de télévision. N'y étant jamais allée, je demande à Laurent de m'accompagner avant son départ. Il accepte. Il vient me chercher à la fin d'un cours. Je ne l'ai pas revu depuis ces

quelques jours passés ensemble au Nouvel An. De nouveau, mon coeur se remet à battre très fort pour lui. Arriverai-je un jour à me détacher de lui? Dans la voiture, j'explose dans une colère qui, au fond, masque toute la peine que je retiens face à cette nouvelle séparation. Je lui dis:
- Pourquoi m'as-tu fait croire que tu reviendrais? Pourquoi joues-tu avec mes sentiments? Parfois, je préférerais ne t'avoir jamais connu.

Et je fonds en larmes. Il me dit:
- Oui, oui, c'est ça; laisse aller ta peine; c'est celle de la petite fille qui a attendu toute sa vie son papa qui n'a jamais été là.

Il a raison. Toute ma vie, j'ai voulu inconsciemment remplir le vide affectif laissé par mon père et je me retrouve toujours, attendant le retour de celui que j'aime, comme j'ai souhaité le retour de mon père, même après son décès. Pour la première fois, je prends conscience de ce vide que je porte en moi et qui explique mon attente et mes espoirs envers Laurent. Je comprends pourquoi je m'accroche tant à celui que j'aime: c'est par peur de la solitude. Cette découverte est si extraordinaire pour moi! Je sais que jamais je ne pourrai combler ce vide laissé par mon père, mais au lieu de focaliser mon attention sur cette absence, je peux la concentrer sur tout ce que j'ai eu: une bonne mère généreuse et courageuse, une grand-mère affectueuse, un grand-père qui venait me border, etc. Soudain, il n'y a plus de manque car mes yeux regardent maintenant tout ce que j'ai eu.

Ce sont sûrement les plus belles journées que nous ayons vécues. Jamais Laurent n'a été aussi amoureux de moi. Maintenant, je peux l'aimer pour lui, car l'enfant en moi n'essaie plus de l'accaparer. Lorsqu'il part pour le Nouveau-Brunswick, c'est dans une totale acceptation et sans chagrin que je lui dis au revoir.

Avril 1990

Après la publication de mon premier volume, j'ai reçu plusieurs commentaires de lecteurs me disant s'y être reconnus dans maints exemples. Ils me demandent comment ils peuvent à présent se libérer de leurs blocages ou encore comment maîtriser leurs émotions?

Je réponds à ces questions en écrivant mon second volume: "Vivre en harmonie avec soi et les autres".

Juin 1990

Je retourne au Nouveau-Brunswick pour y donner des conférences et un atelier. Laurent vient me chercher à l'aéroport et m'emmène chez des amis avec qui je poursuis ma tournée.

Il vient me rejoindre à Bathurst, où je participe à une dernière émission de radio avant mon départ. Il habite une petite maison près de la mer. Nous y passons l'après-midi à marcher sur la grève, à nous enlacer, à chanter et à rire. Il me parle de son désir de devenir prêtre. Maintenant, je peux l'aimer sans rien attendre, mais en savourant simplement sa présence. Quand il me ramène à l'avion, je pense: «Maintenant, même si je ne te revois que dans un mois, un an ou dans une autre vie, je ne souffrirai plus. Je suis heureuse de t'avoir aimé et je t'aime aujourd'hui encore plus que par le passé, mais à présent, je t'aime avec détachement».

3 octobre 1990

Je me rends à Plessisville pour une conférence, en compagnie de Micheline, ma relationniste et amie.

Je viens tout juste d'entrer dans la salle, où se trouvent plus de deux cents personnes. Un homme s'avance vers moi et me demande avec la plus grande gentillesse:
- Êtes-vous Madame Rainville? Je voulais vous saluer.

À la fin de la conférence, cet homme se procure mon premier volume. Il me demande de lui écrire une dédicace personnelle. Il veut savoir aussi si l'atelier «Harmonie» pourrait l'aider à comprendre une situation dont il souhaite se libérer. Je lui assure que oui. Tout ce que je sais de lui, c'est qu'il se prénomme Richard.

En reprenant la route, je dis à Micheline: «C'est étrange, je me suis sentie très attirée par cet homme». Et je m'empresse d'ajouter:

«Mais ce n'est pas mon genre d'homme». (J'avais fermé mon coeur et je ne voulais pas lui donner la chance de s'ouvrir de nouveau.)

20 octobre 1990

Près de cinq cents invités sont présents au lancement de mon second volume. Laurent est là avec sa mère; c'est une joie de le revoir. Plusieurs membres de ma famille viennent chez moi après la soirée. Laurent se joint à nous. De nouveau, il se montre très présent. La soirée est merveilleuse et la matinée, tout autant. À son départ, je dis à Karina: «Chérie, je viens de prendre une grave décision: l'homme de ma vie, ce sera Laurent ou personne d'autre».

C'est le premier atelier que j'offre à ma résidence, dans la salle aménagée pour les participants. Richard fait partie du groupe. Je sens toujours cette attirance pour lui, mais je me la nie à moi-même. Nous passons plus d'une heure à bavarder ensemble. Je me sens si bien en sa présence. L'amitié grandit entre nous.

Cette semaine, j'ai fait un rêve. Je me voyais disant à Richard: «J'attends une réponse de Laurent. Je t'en prie, attends-moi».

Je le revois à la conférence d'Arthabaska. Après la soirée, un groupe d'amis m'invite pour un café. Je dois remettre à Richard quelque chose qu'il a oublié; je l'invite à se joindre à nous. Au restaurant, nous sommes assis l'un près de l'autre. Avant de partir, je lui propose de venir dîner un de ces soirs à la maison.

En rentrant à Québec, j'avoue à Micheline être confuse dans mes sentiments. Je ressens le besoin d'une aide extérieure. Micheline me suggère une excellente médium dont j'ai aussi entendu parler. En général, j'ai des réserves lorsqu'il s'agit de consulter un médium. Je décide néanmoins d'aller voir Monique D. Je lui téléphone et j'obtiens rapidement un rendez-vous.

C'est mon guide spirituel qui se présente durant la consultation. Il me transmet d'abord un message et ensuite, il me dit:
- Je vais te poser une question: Est-ce que tu te donnes autant à toi-même que tu donnes aux autres?

La réponse est fort simple: Non, je ne me donne pratiquement rien. Tout mon temps, je le consacre aux autres. Il me fait comprendre que si je m'apporte davantage de joie et de bien-être, la qualité vibratoire que je pourrai redonner sera de beaucoup supérieure.

Je lui demande si j'ai déjà vécu avec Laurent. Il me dit que nous avons vécu plusieurs vies ensemble, où nous nous sommes entraidés. J'ai même déjà été son épouse. Dans une dernière incarnation, il était d'une famille riche, alors que la mienne était pauvre. Il avait aidé toute ma famille et même contribué à mes études. Je l'aimais énormément, mais lui me considérait comme sa petite protégée. Je lui en voulais de ne pas m'aimer comme une femme mais je gardais cet amour secret. Puis, il partit et je ne le revis jamais. Je décidai alors que puisque la vie me refusait cet homme que j'aimais, je n'en voulais aucun autre et je fermai mon coeur à la possibilité d'aimer de nouveau. Je suis morte seule avec ce chagrin secret.

C'est exactement ce que j'ai vécu avec Laurent dans cette vie et je suis en train de reproduire le même scénario. Je demande à mon guide si je devrais avoir un compagnon dans ma vie ou s'il est préférable que je demeure seule pour réaliser ce que j'ai à faire.

- Tu ne dois rien, tu choisis. Demande-toi simplement si c'est ce que tu veux. Si oui, demande-nous à nous, tes guides, de l'amener sur ta route.

J'ai envie de lui répliquer: «Ça fait près d'un an que je vous le demande!» J'ajoute seulement:

- Est-ce que Laurent pourrait être ce compagnon?
- Il a sa liberté de choix. Il a même tendance à vouloir t'aimer comme une femme. Continue à l'appeler dans ta vie, mais ouvre-toi à une autre possibilité.

Richard devait venir à la maison mais Laurent est arrivé sans que je l'attende. Il était de passage et en a profité pour venir me saluer. J'annule le rendez-vous avec Richard car Laurent est encore trop présent en moi.

Fin novembre 1990

J'offre l'atelier d'éveil à la spiritualité. Je sais que Richard y est inscrit mais peut-être a-t-il annulé après mon refus de le recevoir sans lui avoir donné la moindre explication. Eh bien, non, Richard se présente à l'atelier. L'amitié est toujours bien présente. Lorsque

Chap. V Le retour

je demande aux participants pourquoi ils se sont inscrits à cet atelier et ce qu'ils en attendent, Richard dit simplement: «Je savais que je devais être ici, c'est tout».

Après le petit déjeuner, nous allons marcher ensemble et je lui explique pourquoi j'ai annulé le rendez-vous. Je lui dis que ce sera pour une autre fois, tout en pensant qu'il n'y en aura peut-être pas d'autres.

À la fin de l'atelier, ma voix intérieure me dit soudainement, sans que je m'y attende: «L'homme que tu attends, il est devant toi». C'est d'une telle évidence! Je m'étais fermée à lui parce que j'avais refusé d'ouvrir mon coeur à qui que ce soit. Maintenant, j'en ai la certitude!

Avant qu'il ne quitte la maison, je demande à lui parler. Je lui dis tout, sans attentes, mais en voulant simplement être vraie. Il m'avoue qu'il m'attendait. Il me prend dans ses bras et ne fait qu'effleurer mes lèvres d'un simple baiser, expression de tout le respect et de la profondeur qu'il veut vivre avec moi. Je l'invite à un concert de Noël que donne Alain Morrisod le lendemain soir.

Pour notre première sortie, ce concert dans une église, c'est céleste!

En racontant ce qui m'arrive à Ginette, mon assistante thérapeute, je lui confie: «Tu sais, Ginette, je ne me suis jamais engagée dans ma vie, parce que j'avais peur de perdre ma liberté. Et je me suis toujours attiré des hommes qui ne voulaient pas s'engager avec moi».

Le fait de contracter un mariage ne signifie pas qu'on est engagé. Être engagé, c'est se lier entièrement avec l'autre dans une relation, c'est s'entraider autant à l'intérieur des lieux communs qu'à l'extérieur. C'est chercher ensemble des solutions quand un problème survient. C'est être entièrement avec ce partenaire.

Si j'examine mon passé, je suis consciente que je voulais prendre d'une relation de couple ce qui faisait mon affaire, mais le reste, c'était le problème de mon partenaire. Il n'y avait rien d'étonnant à ce que l'autre agisse de la même façon. Lorsque tout allait selon mes désirs, j'avançais, mais lorsque ça n'allait pas selon mes souhaits, je reculais, en lançant des phrases du genre: «Si tu n'es pas content, trouve-toi une autre femme». Et pendant ce temps, je regardais les autres hommes. Lorsqu'on est vraiment engagé, on n'utilise pas ce genre de phrases. On partage ce que l'on vit, on regarde ce que cette situation a à nous faire comprendre et on s'entraide. L'engagement pour moi, c'est comme deux alpinistes qui s'engagent à atteindre ensemble un même sommet. Il faut avoir atteint un certain degré de maturité affective pour être en mesure d'assumer totalement un engagement. Si cette maturité n'est pas réelle, ce sera l'enfant en nous qui ressortira. L'enfant ne pense qu'à la satisfaction de ses besoins, sans tenir compte de ceux de l'autre.

L'harmonie d'un couple se réalise quand chacun des partenaires a réalisé sa propre harmonie intérieure et que les deux sont en mesure d'apporter à leur couple plutôt que d'y puiser sans cesse pour satisfaire leur carence.

Je me sens disposée maintenant pour un véritable engagement. Quand on est prêt, soit que notre partenaire le devienne, soit qu'on en attire un qui l'est aussi.

Depuis un an, je travaillais à développer cette maturité affective. C'est également ce qu'a fait Richard. Nous étions maintenant prêts à nous engager tous les deux dans une relation d'amitié, de respect et d'entraide afin de nous soutenir mutuellement dans la voie de notre évolution. Sans le savoir, Laurent m'y avait préparée. Lui, cependant, avait choisi la voie religieuse.

Vivre sur deux plans
intensément
Vivre l'instant
le moment présent
Dépasser l'illusion
Vibrer à l'unisson
Plonger vers l'infini
Découvrir le "Je suis"
Atteindre l'éternité
Trouver sa vérité
Ô mon âme si chère
Où sont tes frontières?

        Claudia

LE RAPPEL

Janvier 1991

Je me prélassais dans mon bain, quand soudain, j'entendis ma voix intérieure me dire «Tu dois garder tes mois d'août et de septembre libres».

Je me suis demandé: «Qu'ai-je au programme au mois d'août?» Il me revint à l'esprit que je devais offrir un séminaire de formation en approches thérapeutiques.

J'en fis part à mes collaboratrices. Elles m'informèrent que nous avions déjà des inscriptions pour ce séminaire. Lorsque je reçois ce genre de message, mon intuition est si forte qu'elle exclut tout doute. Cela devient une certitude. Nous devançâmes donc cet atelier en juillet.

De nouveau, cette même voix se fait entendre alors que je suis encore dans mon bain. Cela s'explique par l'état de détente qui crée une meilleure réceptivité. Cette fois-ci, la voix me dit: «Tu dois retourner en Inde». Non, ce n'est pas vrai! Je repense à toutes les difficultés que j'y ai rencontrées en 1988. Je songe à cette merveilleuse relation que je vis avec Richard. Je pense aussi au bureau... Partir, alors que tout va si bien! Et puis, je commence tout juste à profiter de ma nouvelle résidence...

Peu importe les raisons, je sais qu'aucune ne tiendra. L'appel est là. J'ai souvent dit que si on me demandait de tout quitter, je le ferais sans hésiter. Cependant, l'idée de retourner seule en Inde ne m'enchante nullement.

J'en parle à Richard et lui propose de m'accompagner dans ce voyage qui pourra également être un tour du monde.

Début février 1991

Je participe au Salon du Nouvel Âge à Montréal. J'y revois cet homme, rencontré au restaurant végétarien il y a quelques années et qui avait lu dans les lignes de ma main. Souhaitant vérifier si ce qu'il m'avait dit est toujours véridique, je lui demande s'il veut bien me refaire une lecture. «L'endroit n'est pas approprié» me dit-il. Comme il doit se rendre en France à la fin du mois de février, il m'offre d'apporter mes volumes afin de les faire connaître là-bas.

- Lorsque tu m'apporteras tes livres, cela me fera plaisir de prendre le temps nécessaire pour te faire une lecture complète de ta main. Je te l'offre gratuitement, ajoute-t-il.

Comme j'ai une conférence à donner à Montréal avant son départ, j'en profite pour passer dans l'après-midi lui remettre mes volumes. C'est alors qu'il m'offre la consultation promise. Il regarde, mesure, prend des notes, sort son pendule, y ajoute les cartes. Tout le bazar est là. Il me dit entre autres que, vers l'âge de quarante-deux ans, je connaîtrai du succès dans deux domaines. Par la suite, je prendrai un repos d'environ cinq années avant une seconde remontée qui sera supérieure à la première.

Je lui parle de ma nouvelle relation de couple.

Ses cartes et son pendule indiquent que cette nouvelle relation que je vis ne tiendra pas. Il semble que je vais découvrir un problème non réglé entre Richard et sa famille, problème qui va m'éloigner de lui. Selon ses prédictions, notre relation ne durera pas plus de trois années. Il m'invite presque à abandonner dès maintenant l'idée de m'engager avec Richard.

Je quitte son bureau anéantie! La relation que je vis avec Richard est si merveilleuse que j'y ai placé l'espoir d'une vie de couple réussie. Serait-ce à recommencer? J'aspire tant à une stabilité sur le plan affectif.

À ce même Salon de Montréal, j'avais également croisé Solange, une voyante, qui m'avait dit qu'au printemps, je prendrais une décision qui ferait beaucoup de peine à une personne près de moi.

Richard s'apprête à vendre sa maison pour que nous nous installions ensemble. J'imagine le scénario suivant: il vendra sa maison et, peu de temps après, je lui dirai que ça ne va pas et qu'il vaut mieux qu'il s'en aille. Je repense à ce qui s'est passé avec Bernard. Oh! que j'ai peur de revivre une même situation! Au fond, j'ai toujours eu peur de faire de la peine aux autres.

Arrive le Salon du Nouvel Âge de Québec. Je revois une numérologue qui avait déjà dressé mon thème numérologique. Comme Richard désire faire élaborer le sien, je profite de l'occasion pour donner à celle-ci ses coordonnées, en lui disant qu'il a un chemin de vie 2. Elle me téléphone pour m'informer que ses calculs donnent un chemin de vie 1. Selon elle, nos chemins de vie ne vont pas ensemble. Elle ajoute que cette relation ne devrait pas tenir plus de trois à six mois. C'est la goutte qui fait déborder le vase déjà plein.

Je revois Richard à une conférence que je donne sur la maîtrise des émotions. Je suis bien placée pour en parler. Après la conférence, nous allons manger. Je lui annonce que je suis prête à rompre cette merveilleuse relation plutôt que de prendre le risque de lui faire de la peine ou de le placer dans une situation précaire. Ma décision, qui n'est basée que sur des prédictions, lui fait beaucoup de peine.

- Richard, si tu savais qu'après notre installation ensemble, je te dirais de partir, mettrais-tu quand même ta maison en vente pour me rejoindre?

À ma grande stupéfaction, il répond: «Oui». Richard ne donne aucun crédit à ces prédictions, mais il se base plutôt sur ce que nous vivons.

- Ma chérie, il ne faut pas te laisser influencer négativement par ces «futurologues». Quand il m'arrive d'aller en voir, je ne prends que les éléments positifs de ce qu'ils me disent. Quant aux aspects négatifs, je les mets à la poubelle.

Je souhaiterais bien agir ainsi, mais je suis plus influençable que lui. Tous ces doutes, toutes ces craintes brouillent complètement le calme dont j'ai besoin pour entendre mon Maître intérieur. Il n'y a pas de hasard: cette expérience a quelque chose à m'apprendre.

La question qui me hante est: Avons-nous ou n'avons-nous pas le libre arbitre?

Si ces prédictions sont vraies, cela implique que notre vie est déterminée à l'avance, selon notre date de naissance, les lignes de notre main et ainsi de suite... Cela signifie aussi que nous n'avons aucun pouvoir sur les événements de notre vie. Par contre, si nous avons le libre arbitre, des événements peuvent être inscrits dans notre destinée, mais nous pouvons décider d'en changer le cours.

Cette question est fondamentale pour moi. Il me faut en trouver la réponse. Tout ce que je sais, j'en ai la certitude pour l'avoir vérifié à travers mes expériences personnelles.

Je suis à la veille de partir en République Dominicaine avec Richard. Je dois y offrir un séminaire sur la spiritualité; j'hésite à y aller avec lui, ne voulant pas être aux prises avec des émotions non réglées.

Afin d'être éclairée dans ma décision, je téléphone à Monique D., cette médium en qui j'ai une confiance totale. Je lui exprime mon urgent besoin de communiquer avec mon guide. Elle me répond qu'elle veut bien entrer en communication avec celui-ci pour lui poser la question et qu'elle me rappellera par la suite.

Le guide a répondu: «Ce ne sont que des **PROBABILITÉS**. Rappelle-toi que tu ne dois rien. Tu choisis simplement».

J'ai ma réponse. Oui, nous avons le libre arbitre. Nous pouvons choisir de suivre une voie qui nous est proposée. Il ne tient qu'à nous de suivre celle qui nous semble le plus favorable.

Depuis la nuit des temps, l'être humain a toujours été confronté à l'incertitude. C'est cette incertitude qui est la base du doute, de la peur, de l'anxiété et même de la panique.

Chap. VI Le rappel

Pour être rassuré, notre «mental - EGO» cherche à connaître l'avenir afin de prendre le contrôle des événements futurs. Plus encore de nos jours, les gens s'en remettent à des personnes pouvant interroger l'avenir, au moyen de la position des astres, des lignes de la main, ou encore grâce à une boule de cristal, des jeux de cartes, de tarots ou des jeux divinatoires. Il y a aussi les médiums qui peuvent entrer en contact avec des entités non-incarnées appartenant à d'autres dimensions.

Un autre terme bien à la mode est le «channeling». Allant de l'inspiration à la transe profonde, le «channeling» peut s'exprimer par contact télépathique, par écriture automatique, par la peinture, etc. Edgar Cayce était un médium qui pratiquait le «channeling» en transe profonde.

Edgar Cayce est né au Kentucky en 1877, au sein d'une famille d'agriculteurs. Rien ne laissait prévoir les dons exceptionnels qu'il développerait. Un jour, alors qu'il participe avec ses amis à un jeu, il est frappé violemment au dos. Blessé, il rentre chez lui, se couche et sombre dans un profond sommeil.

Or, voilà que pendant son sommeil, il dicte très clairement à sa mère ce qu'elle doit faire pour le soigner. Impressionnée et sans comprendre, sa mère exécute cependant ses recommandations. Lorsqu'il revient à lui, il est totalement guéri et ne se souvient de rien. Il gardera cette faculté de guérir pendant le sommeil toute sa vie. Cela deviendra sa vocation et lui méritera le titre de «guérisseur endormi» ou «guérisseur médiumnique».

Les Edgar Cayce sont rares. Pour un seul médium de cette qualité, il en existe une grande quantité de médiocres qui font parfois plus de mal que de bien à ceux qui les consultent.

L'idéal est d'être à l'écoute de notre Maître intérieur, qui, lui, sait ce que nous avons besoin de vivre pour intégrer les leçons essentielles à notre évolution. Il arrive souvent que nous ne puissions atteindre le calme mental nécessaire pour être à son écoute. Si, dans une situation difficile ou perturbante, nous ne savons plus quelle direction prendre, nous pouvons demander à notre Maître intérieur de nous guider vers une personne qui pourra nous aider à voir clair. Cette dernière peut être ou ne pas être un médium. Il est donc important d'utiliser notre discernement afin de bien reconnaître la personne qui pourra nous aider.

Une personne demanda à son Maître intérieur de placer quelqu'un sur sa route pour l'éclairer sur la meilleure façon d'agir face à une situation difficile concernant sa séparation. Le lendemain, deux personnes, membres d'un mouvement religieux, frappent à sa porte. Elle les invite à entrer, croyant qu'elles lui apporteront la réponse demandée. Ces personnes lui parlent du Diable et de l'état de péché dans lequel elle est en train de perdre son âme. Après une troisième visite, la culpabilité et la peur la rongent au point où elle ne peut plus fonctionner. C'est ce qui l'incita à s'inscrire à l'un de mes ateliers.

Pourquoi donc ces personnes se sont-elles retrouvées sur sa route après qu'elle eut demandé à son Maître intérieur de la guider?

Cette personne avait à apprendre le discernement et à se faire confiance plutôt que de se laisser influencer par les autres. C'est également ce que j'avais à comprendre, en m'attirant ces «aides» qui étaient certainement bien intentionnées. On peut être très bien intentionné et faire beaucoup de tort aux autres à cause de nos croyances limitées ou erronées.

Le Maître intérieur, comme tout véritable guide ou maître spirituel, n'utilise jamais la culpabilité ou la peur; il invite plutôt au dépassement d'attitudes non favorables, par amour de soi et des autres.

Comment donc utiliser son discernement face à un médium ou «channelleur»?

Il faut d'abord se demander pourquoi l'on désire rencontrer l'une ou l'autre de ces personnes. Si notre intérêt repose sur la curiosité ou la façon d'augmenter nos revenus ou autres, mieux vaut y renoncer. Aucune entité spirituelle ne s'y prêtera; on risquera plutôt d'attirer des entités du «bas astral» qui sont encore accrochées sur le plan matériel et qui peuvent s'amuser à flatter notre EGO ou nous duper afin d'accroître en nous le doute ou la peur.

Notre préparation à cette rencontre sera tout aussi importante que le rôle qu'assumera le «channelleur» lui-même.

Plus notre motivation sera axée sur notre évolution spirituelle et plus les intentions et vibrations du médium seront pures, plus l'entité qui se présentera sera élevée spirituellement et apte à nous guider vers la voie de notre réalisation. Ces véritables guides spirituels ne nous feront jamais de prédictions gratuites. Ils nous invitent davantage à utiliser notre liberté de choix et nous donnent de la matière à réflexion. Ils peuvent parfois nous montrer une voie, mais ils nous laissent toujours libres de la suivre.

Ceux qui se consacrent au «channelling» doivent procéder à une épuration de leurs émotions. Ils doivent se centrer sur l'amour et l'aide aux autres. Un bon médium s'est préalablement purifié pendant des années. Il n'y a chez lui pratiquement plus de traces d'EGO. Ce médium possède en lui la simplicité de l'enfant, la capacité d'écoute d'un guérisseur, la qualité d'accueil et d'amour désintéressé d'une mère. Son seul but sera d'aider les êtres, placés sur sa route, à évoluer.

En général, ces médiums ne font pas de publicité, leurs honoraires n'étant pas leur motivation. Ils ne recherchent ni gloire, ni argent. Si cela leur arrivait, leur attitude, face à cette abondance, déterminerait leurs actions futures. C'est très souvent à ce stade que de très bons «channelleurs» ont chuté et perdu le contact avec la source qui les alimentait. Ainsi, une personne a pu être pour nous un excellent médium à un moment donné et devenir, quelques années plus tard, très nuisible.

Il est donc préférable de se «brancher» à sa source ou Maître intérieur en s'abandonnant à ce qui vient, plutôt que de rechercher les prédictions des «futurologues».

Combien de fois ai-je eu en thérapie des personnes perturbées par des prédictions? Parfois, c'étaient des femmes, ayant des difficultés de couple, à qui on avait annoncé que leur conjoint allait mourir. Elles en venaient presque à souhaiter la mort de leur mari plutôt que de faire face aux difficultés qu'elles rencontraient. Il nous faut parfois ces expériences douloureuses pour apprendre le discernement et choisir la voie de l'abandon et de la confiance.

Mars 1991

Je pars pour la République Dominicaine, bien décidée à faire de cette relation la plus belle que j'ai vécue. Nous apprenons, Richard et moi, à vivre une journée à la fois, en appréciant et en remerciant le fait d'être ensemble. Comme hier fut heureux, la nouvelle journée qui commence en est la suite; nous nous réveillons avec le sourire et des mots d'amour au coeur afin de vivre une autre merveilleuse journée. (Depuis ce jour, nous partageons notre vie dans l'amour, l'entraide, le soutien et la liberté. S'il arrive que notre ciel s'obscurcisse, nous cherchons à apprendre de la situation afin de dissiper le plus rapidement possible ces nuages.)

En rentrant de la République Dominicaine, nous préparons notre voyage autour du monde qui aura comme objectif mon retour en Inde. Dans quelques jours, je dois donner mon dépôt pour réserver les billets d'avion. J'attends les participants pour l'atelier que je me prépare à offrir quand, de nouveau, j'entends ma voix intérieure me dire: «Tu dois venir seule en Inde».

J'ai sûrement eu cette intuition auparavant car, à quelques reprises, j'ai demandé à Richard comment il réagirait si je partais seule. Chaque fois, il m'a répondu qu'il en serait très déçu car ce voyage l'enthousiasme beaucoup.

Je me demande comment lui annoncer la nouvelle et comment il l'accueillera?

Après l'atelier, j'aborde le sujet avec lui:
- Richard, ce que j'ai à te dire va probablement te décevoir. J'ai reçu le message de me rendre seule en Inde.
- Cet après-midi, me dit-il, j'étais en route vers la maison et j'ai entendu la même chose. Cette voix m'a dit: «Tu dois la laisser partir seule».

Je suis habituée à ce genre de communication intérieure, mais cela me fascine que Richard ait reçu le même message au même moment.

J'annule les préparatifs de notre tour du monde me limitant à me rendre en Inde. Toutefois, comme je dois faire un arrêt à Londres, je souhaite profiter de l'occasion pour revoir Gary et Lynn.

De passage à Montréal, je vais à la compagnie Air India afin d'obtenir davantage de renseignements sur l'Inde et sur les modalités de réservation. Shabnam, l'une des responsables de l'agence, me dit que je n'ai pas à me presser pour les réservations; elle m'avertira de la période où je pourrai obtenir les meilleurs tarifs.

Fin mars 1991

J'accueille dans un de mes groupes de thérapie, Julie, une Française dont les parents possèdent une villa sur l'Atlantique, près de Bordeaux. Elle me dit qu'elle partira en juin pour passer l'été dans leur villa, et m'y invite lors de mon passage en Europe. Sa mère, Éliane, connaît plusieurs endroits dans la région où il me serait possible d'offrir des conférences. L'invitation m'intéresse. J'y vois une excellente occasion de faire une percée en Europe.
    Je m'informe à Shabnam de la possibilité de faire un transit à Paris plutôt qu'à Londres. C'est possible! Elle me confirme cet arrangement. Je vais donc partir le 2 août, je passerai quatorze jours en France, d'où je partirai pour l'Inde le 17 août, avec un retour probable au Québec vers le 12 octobre. Je prends cependant la précaution d'acheter un billet ouvert sur quatre mois, car si je sais à quelle date je partirai, j'ignore quand je reviendrai.

Juillet 1991

J'offre chez moi un atelier de conscientisation adapté pour les jeunes. Vingt-cinq participants, âgés de huit à seize ans, en font partie. Mon fils, Mikhaël, est l'un des plus jeunes. Richard ainsi que Mara, une amie thérapeute, sont mes assistants.
    Les enfants sont installés partout dans la maison: la salle de cours, les chambres, le salon. Au début, c'est la pagaille; ils courent dans les escaliers qui relient les trois étages de la maison et ils rentrent de l'extérieur sans enlever leurs chaussures. Comme le terrassement n'est pas fait, ils éparpillent de la terre dans toute la maison.
    Je me demande dans quelle aventure je me suis engagée. Quelle idée d'offrir pendant une semaine, un atelier à vingt-cinq jeunes qui semblent ne rien respecter! Dans le groupe, il y en a quelques-uns qui sèment la dysharmonie. Les autres se taisent ou se laissent entraîner.
    Arrive le clou de la semaine. L'un des plus sages, ayant sans doute été poussé, renverse une pleine assiette de spaghettis à la tomate sur le tapis de couleur pastel de la salle de cours. Pendant que

je m'affaire à nettoyer les taches, les enfants continuent de s'exciter dehors. L'un d'eux est poussé du haut d'un rocher et s'érafle tout le bras. Quand on m'amène l'enfant blessé, je sens monter en moi une «sainte colère». Je le confie aux soins de Mara et de Richard, et je récupère tout mon groupe à l'extérieur en disant: «C'est assez. Tout le monde rentre». Puis, sur la même envolée, je leur parle du respect en leur rappelant que si nos sociétés vont si mal, c'est parce qu'une minorité d'individus ne respecte pas l'ensemble. Cette minorité pollue les rivières, les lacs, l'air, l'environnement. Elle escroque, vole, commet des crimes envers l'ensemble. Et que fait la majorité? Elle se tait parce qu'elle ne veut pas faire d'histoires ou parce qu'elle a peur. Tant que la majorité silencieuse ne se ralliera pas en force pour dire à la minorité: «Nous voulons la paix, nous voulons l'harmonie, nous voulons le respect...», ce petit groupe aura le pouvoir.

Et le jour où la majorité silencieuse parlera, osera s'affirmer, la minorité n'aura plus aucun pouvoir.
- Si vous, les jeunes, qui êtes venus apprendre ces grandes lois, vous vous comportez de la sorte, comment pourrais-je croire à un monde meilleur? Pourquoi continuerais-je de vouer ma vie à l'éveil d'une nouvelle conscience? Les jeunes, j'ai besoin de vous. Que ceux et celles qui veulent vraiment participer à ce monde meilleur agissent. Maintenant, lorsque vous verrez l'un de ceux qui créent la dysharmonie par ses comportements, ne vous taisez plus, faites-lui-en prendre conscience. Par exemple, s'il entre dans la maison avec ses souliers boueux, demandez-lui simplement: «Est-ce que tu respectes la maison?» Sur le coup, il pourra vous envoyer promener, mais la question lui restera dans la tête. Faites la même chose partout. Ne permettez plus au semeur de troubles d'avoir le pouvoir et faites-le sans élever la voix, sans montrer les poings, mais simplement en lui faisant prendre conscience de son manque de respect.

Il fut un temps où les fumeurs pouvaient fumer n'importe où. Tant que les non-fumeurs se sont tus, ils ont dû en supporter les conséquences, jusqu'au jour où ils ont brisé le silence de la peur et revendiqué leur droit de respirer un air sain. Aujourd'hui, plusieurs

Chap. VI   Le rappel

fumeurs ont abandonné l'habitude de la cigarette et les non-fumeurs sont respectés dans les endroits publics. En agissant de la sorte pour tout ce qui est contraire à l'harmonie, nous ne permettrons plus à une minorité de créer la dysharmonie. Pour ce faire, il nous faut développer une conscience de groupe, cesser de penser à son petit bien-être personnel aux dépens de l'ensemble. C'est ce que ces jeunes ont compris et m'ont, sans le savoir, permis de comprendre.

Ce matin, l'atelier débute par un beau mouvement de coopération; les jeunes organisent un grand ménage. Si l'un d'eux oublie de retirer ses souliers, les autres sont là pour le lui rappeler. Les quelques éléments négatifs ont perdu le pouvoir. Cet atelier est l'un de ceux que j'ai le plus apprécié et il me donne le goût de bâtir un grand projet pour éveiller les jeunes à une nouvelle conscience de groupe.

Après l'atelier des jeunes, j'ai tout juste une semaine pour préparer le séminaire de formation sur mon approche thérapeutique.

J'envoie un télégramme en Inde afin de savoir où sera Sa Sainteté Le Dalaï Lama pendant mon séjour en Inde. Julie, cette amie française, m'appelle de France et me demande si je sais que Sa Sainteté Le Dalaï Lama sera en Dordogne du 22 au 29 août pour y donner un enseignement et une initiation. Encore une fois, on me répond par une autre voie Je change de nouveau les dates de mon voyage afin d'assister à cet enseignement. Heureusement que Shabnam est d'une patience et d'une compréhension extraordinaires!. Je prolongerai donc mon voyage en France jusqu'au 31 août. Par la suite, je m'envolerai de Paris vers Bombay où j'arriverai le 1er septembre.

Je me demande bien s'il m'est nécessaire de retourner en Inde puisque celui que je tiens à revoir sera en France? Les doutes à propos de ce voyage m'envahissent. Je me demande si ce n'est pas une création de mon imagination, bien que toutes les preuves m'indiquent qu'il me faut de nouveau entreprendre ce voyage.

Je pense à ce premier voyage qui m'avait conduite en Inde. Comme il m'avait été difficile de quitter Laurent. S'il m'est plus facile de quitter Richard cette fois-ci, je ressens une certaine morosité face à ce départ. Je suis de nouveau plongée devant l'incertitude, me demandant bien ce que me réserve ce voyage-ci et ce qui se passera d'ici mon retour? J'ai peu d'enthousiasme. J'aurais préféré prendre des vacances avec Richard. Seule la pensée de revoir Sa Sainteté Le Dalaï Lama m'encourage.

2 août 1991

Je me retrouve à l'aéroport avec ma valise, disant au revoir à mes collaboratrices, à tous mes amis, à mes enfants et à mon bien-aimé Richard.

Le voyage se déroule bien. Je sais que de nouveau, je dois m'abandonner, me laisser guider et enseigner pour qu'au retour, je puisse partager ces découvertes et les transmettre aux autres à travers mes exemples personnels.

J'arrive tôt le matin à Paris. Dans le taxi me conduisant à la gare de Montparnasse, je pense: «Mon Dieu, fais un miracle. J'ai si peu le goût de faire ce voyage!» Je prends le TGV (train à grande vitesse) en direction de Bordeaux. À l'arrivée, Éliane, la mère de mon amie française, est là qui m'attend. Nous prenons la route en direction de Montalivet sur l'Atlantique. Il fait une journée splendide. Nous roulons à travers la campagne bordelaise. Je peux admirer ses plantations de vignes et ses châteaux. J'étais venue en France il y a dix ans, mais je n'avais pas eu l'occasion de voir la campagne française. Elle est magnifique!

Mes amis sont gentils. Ils tiennent à respecter mes besoins de liberté et de solitude. Ils m'offrent la plus jolie chambre, celle qui est la plus ensoleillée. De plus, ils me prêtent une bicyclette pour me rendre à la plage qui est tout près.

Avant mon arrivée, Éliane a pris de très bons contacts pour moi. Elle me fait rencontrer les dirigeants du camp Euronat, mais comme je viens d'arriver et que je ne suis pas très en forme, je ne me sens pas vraiment intéressée. Puis, elle me présente les responsables du Centre Hélio Marin à Montalivet. Éliane m'avait dit qu'il s'agissait d'un centre naturiste. Le mot naturiste évoquait pour moi vivre au naturel; j'avais oublié l'aspect de la nudité... Je veux bien offrir cette conférence, à la condition toutefois qu'on ne m'oblige pas à la donner nue. Me promener vêtue, parmi ces milliers de personnes nues, me crée une certaine gêne. J'apprécie mes verres fumés.

Chap. VI Le rappel

J'apprécie également le respect que l'on a envers les personnes qui préfèrent être vêtues. Je sens remonter mes vieux tabous et préjugés. J'expérimente le naturisme à la plage. Je n'y rencontre que respect et gentillesse. Je demande à mon Maître intérieur pourquoi il m'a amenée ici. Il me répond: «Tu attaches trop d'importance aux choses du corps». La joie de vivre, la bonne humeur, le partage et le respect que j'observe me font lâcher mes vieux tabous, vestiges de mon enseignement religieux. Sans devenir pour autant une adepte du naturisme, je peux cependant en apprécier les bons aspects, de même que la beauté et l'authenticité des personnes qui sont nues, affranchies du «paraître». Ici, les comparaisons tombent... Tous sont beaux dans leurs différences. La nature elle-même n'est-elle pas nue?

Voilà que sur cette plage où des centaines de personnes nues prennent des bains de soleil, d'air et d'eau de mer, ma méditation m'entraîne à approfondir la question du vêtement.

Les vêtements assument bien des rôles. En plus de nous protéger du froid et de conserver notre intimité, le vêtement peut également servir de moyen d'identification, par exemple chez les policiers, les religieux, les médecins, etc. Dans certaines écoles de pensée, on préconise le port de certains vêtements à l'exclusion de certains autres.

Je me suis souvent demandé si je devais renoncer au port de beaux vêtements au profit de vêtements très simples. Il me revient en mémoire ce grand être qui vécut en Inde, le Mahatma Gandhi. Le Mahatma provenait d'une famille éduquée et très à l'aise. À la fin de ses études d'avocat, il fut envoyé en Afrique du Sud. À cette époque, il portait le costume très bien taillé des Occidentaux. Lorsqu'il découvrit l'injustice faite aux siens, il renonça à son costume chic pour des vêtements plus modestes. À son retour en Inde, il visita son pays qu'il ne connaissait pas. En découvrant la grande pauvreté dans laquelle la majorité des gens vivait, il voulut les aider. On peut se demander si autant d'opprimés l'auraient suivi s'il avait continué à se revêtir de beaux costumes. C'est pourquoi il adopta le pagne, afin de leur montrer qu'il était des leurs.

Après avoir accompli avec beaucoup de détachement mon premier voyage en Inde, je souhaitais vivre avec le strict minimum.

J'ai compris cependant que je ne serais d'aucune utilité, pour les personnes que j'avais à rejoindre, en renonçant à un peu de maquillage et au port de vêtements agréables à leurs yeux. Combien de personnes m'ont dit: «Tu sais, Claudia, ce qui m'a attirée vers la spiritualité, c'est de te voir bien vêtue et un peu maquillée. Je croyais que pour être spirituelle, il fallait renoncer à tout confort, vivre comme des «granolas» et s'habiller en guenilles. Cela ne m'attirait nullement, mais si je peux continuer de vivre à l'aise, alors là, j'embarque».

Notre vêtement doit être en relation avec ce que nous souhaitons accomplir et en harmonie avec le lieu où nous oeuvrons. On peut être autant orgueilleux avec une simple robe de moine qu'on peut être humble dans des vêtements de prince. Et quand le vêtement n'est pas utile, pourquoi ne pas permettre à notre corps de goûter pleinement la caresse du vent, la fraîcheur de l'eau et la chaleur du soleil sur notre peau?

Oui, mon Maître intérieur a raison: j'attachais trop d'importance à ce qui était relié au corps. Par exemple, j'étais attirée vers une personne que je trouvais belle, alors que parfois, je m'éloignais d'une autre que je ne trouvais pas jolie. Même un Maître, selon moi, se devait d'être beau. Je me comparais également aux autres, me sentant dévalorisée devant des plus jolies et valorisée devant celles que je considérais moins bien que moi. Mon cher EGO se nourrissait de ces comparaisons, mais ici, mes comparaisons tombent et n'ont plus de place.

Je donne une première conférence au Centre naturiste de Montalivet. Au début, une quinzaine de personnes sont présentes dans une salle pouvant en contenir une quarantaine. Graduellement, les gens écoutent par les fenêtres ouvertes, puis s'installent à l'intérieur. À la fin de la conférence, la salle est comble. On me demande d'en donner une seconde avec un nouveau thème. Cette fois, la salle est remplie dès le début et plusieurs personnes écoutent à l'extérieur. Bref, c'est un succès.

J'apprends à découvrir mes amis français. Je ne trouve que de la gentillesse de leur part, et où que j'aille, je suis accueillie comme une soeur.

Ces deux semaines près de la mer me sont des plus salutaires. Elles me permettent de refaire le plein avant un nouveau départ. Quelle joie d'enfourcher la bicyclette chaque jour pour aller au petit village de Saint-Vivien ou à la plage d'Euronat! Je me sens comme une collégienne en vacances.

Cette distance qui me sépare de Richard me permet de réaliser combien l'amour qui implique le détachement est au-delà de l'amour possessif. Je peux en tout temps ressentir la présence de Richard. C'est comme s'il était en moi et cela n'a plus rien à voir avec l'espace-temps. Il est avec moi par mes pensées et par l'amour qui nous unit. Il est même fascinant de voir comment nous faisons en même temps les mêmes découvertes; découvertes que nous nous partageons au téléphone.

Je me prépare maintenant à ma rencontre avec le Maître Sa Sainteté Le Dalaï Lama. Comme je me suis inscrite à la dernière minute, j'ai pu obtenir une place pour l'enseignement, mais je n'ai pas de logement, toutes les chambres d'hôtel et les pensions sont retenues jusqu'à 30 km à la ronde. J'ai confiance que cela va s'arranger!

Lors d'un dîner organisé par Éliane et sa famille, je fais la connaissance de Philippe et de Marie qui habitent Bordeaux. Je dois repasser par cette ville pour me rendre à Saint-Léon-sur-Vézère, où se tiendra l'enseignement. Ces amis m'invitent chez eux lors de mon passage.

J'y suis reçue comme une amie de marque. Philippe est médecin et Marie, infirmière. Nous échangeons sur nos expériences respectives. Philippe est l'écoute par excellence et Marie, la douceur même. Leur amour rayonne et ils le déversent sur tous ceux qu'ils rencontrent. La soirée passe très vite.

20 août 1991

Marie et Philippe m'ont prêté une petite tente facile d'installation, au cas où je ne trouverais pas de logement. Je prends le train en direction des Eyzies-de-Tayac. De là, je dois me rendre sur la Côte-de-Jor à Saint-Léon-sur-Vézère. Je ne pensais pas que les hôtels pouvaient être si éloignés du site. Ce qu'il y a de plus près, ce sont des terrains de camping; heureusement que j'ai cette petite tente.

La vallée de la Vézère, notamment la Côte-de-Jor, est un site géographique d'une grande beauté. De plus, on dit que cet endroit est protégé grâce à la bénédiction de Sa Sainteté Gyalwa Karmapa, chef spirituel de l'école Kagyupa, ainsi que par l'activité positive qui s'y développe chaque jour. La vallée de la Vézère est devenue un lieu exceptionnel en Europe où chacun peut accéder aux enseignements inestimables d'amour et de sagesse du Bouddha. Cette partie du sud de la France est donc un lieu d'une extrême importance pour l'avenir du *Dharma*[1] en Europe.

J'offre mes services bénévoles pour l'événement. En échange, on m'indique un petit terrain de camping tout près du site. Une Française m'y amène et m'aide à dresser ma tente. Bien qu'elle soit simple à installer, je doute que j'y serais arrivée seule, n'ayant aucune feuille d'instructions. Depuis le début de ce voyage, je rencontre toujours les personnes pouvant m'aider au moment où j'en ai besoin.

En soirée, nous avons une réunion afin de définir nos tâches. Je propose mes services à l'accueil. Il y a déjà plusieurs personnes à ce poste mais il en manque au guichet. On cherche quelqu'un pour la collecte des paiements non complétés. Comme il s'agit de contributions volontaires, il faut une personne capable d'inciter les participants à donner un peu plus, l'organisation étant en déficit. Comme j'ai réglé mes malaises avec l'argent, je me sens parfaitement apte à assumer ce rôle. On me le confie.

Il y a beaucoup de tension dans l'air. Tant de choses restent encore à terminer et le Maître arrive dans deux jours. Dans la soirée, je veux offrir mon aide au Centre, mais la tension un peu trop forte d'un responsable stressé me fait rebrousser chemin. Je regagne ma petite tente. Le terrain de camping est un lot aménagé pour la circonstance; on y a installé de façon temporaire des lavabos, des toilettes et des douches. Le sol, couvert de ronces, est inconfortable pour dormir, mais le paysage environnant vaut bien l'inconfort. Ma première nuit est pénible. Décidément, le camping et moi ne

---

1. Dharma: Loi universelle, vérité ou enseignement de l'éthique.

sommes pas faits l'un pour l'autre. Mon petit matelas de mousse est trop mince pour effacer les inégalités du sol. Je suis piquée par les moustiques et je grelotte dans mon sac de couchage. Je n'arrive pas à fermer l'oeil de la nuit. À 6 h, je me lève. C'est l'heure de me préparer pour me rendre à mon poste.

    Je prends la place qui m'est assignée. Les files sont longues. Je dois retrouver la fiche d'inscription des participants ou les diriger là où ils pourront trouver de l'aide. Lorsqu'une personne arrive, je cherche sa fiche, puis je lui rappelle le montant qu'il lui reste à verser. La plupart des gens règlent par chèque. J'évite de leur dire qu'il s'agit d'un don et qu'elles peuvent donner ce qu'elles veulent. Je prends à coeur les intérêts du Centre Bouddhique de Dordogne. Cependant, j'utilise à la fois mon intuition et mon discernement pour reconnaître ceux qui sont capables de compléter la somme due. Si une personne me dit: «J'ai donné tout ce que j'ai pu; il y a eu les frais du voyage, etc.», je n'insiste pas. Je lui remets son écusson d'entrée en lui souhaitant un bon enseignement. Quelques membres bénévoles n'ont pas d'écusson, et pour en obtenir, il leur faudrait attendre dans les longues files des non-inscrits alors qu'ils seraient plus utiles en oeuvrant aux derniers préparatifs. C'est le cas de Bal. Défiant quelque peu le règlement, pour une bonne cause, je donne un écusson à Bal ainsi qu'à une autre bénévole.

    Dans l'après-midi, je cherche un transport pour me rendre à la ville la plus rapprochée, afin d'y acheter un matelas de mousse, un oreiller et des bougies. Je m'installe sur le bord de la route. Une jeep arrive; je reconnais Bal. Je lui demande s'il se rend près d'une ville où je pourrais acheter ce dont j'ai besoin. Il va à Montignac et revient par la suite au site. Il se fait un plaisir de m'y amener et m'aide à trouver les choses qu'il me faut. Bal est d'origine indienne. Il habite le Portugal depuis des années et comme il dispose d'une voiture, il s'est offert lui aussi pour aider l'organisation. Une fois encore, j'ai l'occasion de vérifier que donner, c'est recevoir. Je reviens au site satisfaite de mes achats et d'avoir fait une belle promenade dans les collines de la Dordogne. C'est le bonheur!

    Maintenant, je suis installée avec plus de confort, mais ce que je redoute le plus, c'est la pluie et le temps est à l'orage. On annonce des vents violents de plus de 70 km à l'heure. Sur ce terrain de camping improvisé, il y a un poteau avec des drapeaux de prières. Cet emplacement a été béni par Sa Sainteté Le Karmapa avant sa mort. Je demande à ce bon Karmapa d'éloigner la pluie, en lui promettant d'aller méditer sous les drapeaux de prières. Il fait déjà très sombre, l'orage est dans l'air. J'entends le vent et quelques gouttes de pluie tomber. Dans la nuit, j'ouvre la fermeture éclair de la tente: j'observe qu'à l'extérieur du site, il pleut à verse.

Au matin, je n'ai plus froid et je constate qu'il a plu tout autour, mais pas sur le site. C'est impressionnant! Je tiens ma promesse et vais remercier le Karmapa, ainsi que mes guides de lumière. Je suis heureuse d'avoir évité la pluie.

Aujourd'hui, c'est l'arrivée du grand Maître. Je ne l'ai pas revu depuis trois ans et j'ai si hâte de le rencontrer à nouveau! Je suis à mon poste à 7 h. En me levant pour aller chercher un document dans le fichier de ma voisine, j'entrevois, quelques secondes, le passage d'une voiture. Le Maître est à la fenêtre et il me fait signe de la main. Mon coeur bondit. Quelle joie! À 9 h, je suis libérée de mes fonctions et je me rends aux enseignements. Après la vérification d'usage, je peux entrer sous le chapiteau. Les places sont réparties selon la couleur des écussons. Les jaunes sont les plus près de la scène où est installé le trône du Maître. Viennent ensuite les écusson orange, les verts, les bleu pâle et enfin les bleu foncé. Comme je sais quelles personnes n'utiliseront pas leur écusson, il m'a été facile de substituer le mien, qui est de couleur bleu foncé, par un vert, afin d'être plus près du Maître.

Les moines s'affairent à préparer, pour l'initiation, le *mandala* qui représente l'univers sous sa forme pure. Il peut être reproduit sur une grande surface de tissu ou de bois, avec des poudres de différentes couleurs. Il est constitué de cercles et de carrés complexes et ornementés. Ceux-ci entourent le palais central, lui-même étant orienté selon les quatre points cardinaux. Ces derniers représentent quatre portes menant aux lieux des émotions, expressions de l'énergie.

À l'Est: l'eau, le bleu, la colère qui doit se transformer et conduire à la Sagesse, semblable au miroir; son symbole est le *vajra*, ou diamant à l'état pur.

Au Sud: la terre, le jaune, l'orgueil qui doit mener à la Sagesse d'équanimité; son symbole est l'or, le joyau.

À l'Ouest: le feu, le rouge, le désir, l'attachement qui doit conduire à la Sagesse de la réunion à travers la communication; son symbole est le lotus.

Au Nord: l'air, le vert, la jalousie, la paranoïa qui doit mener vers la Sagesse accomplissant tout; son symbole est l'épée.

Au centre: le blanc, l'éther, l'ignorance qui doit conduire à la Sagesse d'éveil, qui englobe toutes choses.

MANDALA

Le *mandala* agit souvent comme un support d'instructions et de méditation. L'agencement des poudres constitue un véritable chef-d'oeuvre qui sera lancé au vent, dans les champs, après l'enseignement, pour démontrer le côté éphémère de tout ce qui existe.

L'enseignement que nous allons recevoir a pour thème «La marche vers l'éveil». Tiré d'un texte écrit au VIIe siècle par le Maître Shantideva, il aurait pu s'appeler «la voie qui conduit à devenir un *bodhisattva*», nom donné aux êtres qui renoncent à atteindre leur propre libération pour aider les autres à y parvenir.

Une très belle histoire raconte que trois hommes marchaient dans le désert; ils avaient soif, ils avaient faim et ils étaient épuisés. Découragés, ils crurent qu'ils mourraient avant de voir la fin de ce désert. Ils arrivèrent à un endroit où était dressée une muraille de pierres. L'un d'eux réussit à se hisser par de grands efforts au sommet de la muraille; de l'autre côté, il vit un oasis d'une grande splendeur, de l'eau à profusion, des fleurs, des fruits, des gens heureux... Il fit part à ses deux compagnons de sa découverte et sauta du côté de l'oasis. Le second se hissa à son tour et fut tout aussi émerveillé que le premier. Il sauta également du côté de l'oasis. Le troisième se hissa également; il admira la splendeur de cet oasis, puis il se rappela comment il avait eu faim et soif, comment il avait été découragé dans le désert. Il pensa à tous ceux qui y marchent et qui ne savent comment en sortir. Pour eux, il renonça à sauter le mur. Il retourna dans le désert montrer la voie conduisant à l'oasis. Les deux premiers avaient atteint ce qu'on appelle le *Nirvâna*, le ciel ou le paradis pour les chrétiens. Le troisième, lui, avait choisi la voie du *bodhisattva*.

La matinée est consacrée à la méditation et à la fabrication du *mandala*, sous la supervision de Sa Sainteté Le Dalaï Lama.

Il y a trois ans, j'ignorais qui était ce grand Maître, mais aujourd'hui, je sais qui est Tenzin Gyatso, surnommé à juste titre le Dalaï Lama, ce qui signifie «océan de sagesse». Il est né le 6 juillet 1935, au sein d'une famille paysanne du village de Taktser, dans le nord-est du Tibet. C'est à l'âge de quatre ans qu'il fut reconnu comme la réincarnation du treizième Dalaï Lama, son prédécesseur.

Les Dalaï Lama sont les manifestations du Bouddha de la compassion. Ils choisissent volontairement de renaître afin de se mettre au service de l'humanité.

Lorsqu'en 1933 mourut le treizième Dalaï Lama, le gouvernement tibétain se mit à la recherche de l'enfant dans lequel s'incarnerait l'esprit du Bouddha de la compassion. On se servit des indications laissées par le prédécesseur.

La dépouille du treizième Dalaï Lama fut exposée face au sud; à deux reprises, entre autres, on vit son visage se tourner vers l'est. De plus, à l'est de son trône, sur le pilier desséché, on vit pousser un champignon. Par la suite, des responsables de la recherche se rendirent au lac sacré de Lhamoe Lhatso. Cet endroit est connu des Tibétains pour susciter des visions. Les responsables de l'expédition eurent la vision d'un monastère au toit de jade et d'or et d'une maison au toit de tuiles de couleur turquoise, dans les lointaines montagnes du Tibet.

En 1937, les lamas et dignitaires du monastère parcoururent le Tibet pour retrouver cet emplacement. Le lama Kewtang Rimpoché du monastère de Sera se dirigea avec un moine vers l'est.

Ce fut à Taktser que la vision put être authentifiée. Ils découvrirent par la suite une maison paysanne aux tuiles de couleur turquoise. Un gamin de deux ans et demi jouait dans la cour. Ce petit garçon aimait accompagner sa mère à la ferme. On dit que souvent, il rangeait ses affaires dans un sac en disant à sa mère qu'il allait partir.

Les représentants du gouvernement de Lhassa s'étaient déguisés en commerçants pour ne pas attirer l'attention. L'un d'eux portait au cou un rosaire ayant appartenu au treizième Dalaï Lama. L'enfant réclama ce rosaire. Le lama dit: «Je te le donnerai si tu peux me dire qui je suis». L'enfant répondit: «Sea Aga», ce qui signifie un lama de Sera. Il put également préciser qui était le vrai Maître et qui était le serviteur. Les hommes repartirent et l'enfant voulut les suivre. On lui promit de revenir. Par la suite, il fut soumis à de nombreux tests qu'il réussit sans hésitation.

Nul doute ne subsistait; Tenzin Gyatso était bien le quatorzième Dalaï Lama. Il fut envoyé à Lhassa avec sa famille.

Le titre de Dalaï Lama date du milieu du XVIe siècle. Le roi mongol Altan Khan le décerna à son Maître spirituel tibétain, Sonam Gyatso. C'est par la suite que la lignée des Dalaï Lama fut amenée à détenir une double autorité, religieuse et politique, dans un gouvernement où chaque poste était doublé d'un laïque et d'un religieux.

Alors que l'Europe se préparait à la Seconde Guerre mondiale, Tenzin Gyatso, alors âgé de quatre ans, était en route vers la ville sainte de Lhassa, appelée «La cité interdite», que peu de voyageurs avaient pu atteindre.

Il fut installé au Potala, le palais d'hiver où il passait la moitié de l'année; l'autre moitié, il se rendait au palais d'été, le Norbulinka.

Il fut intronisé l'année suivante, en 1940. Il était âgé de cinq ans. Avec ses deux tuteurs, il suivit, en même temps que son noviciat, un enseignement religieux de haut niveau. En 1950, alors âgé de seize ans seulement, il dut assumer, en plus de ses études, les pleins pouvoirs politiques, lors de l'invasion du Tibet par la Chine. À vingt-quatre ans, il reçut le titre de docteur en métaphysique, philosophie, médecine et arts. Cette même année, la population de Lhassa se souleva contre les Chinois. En mars 1959, le Dalaï Lama fut contraint à l'exil.

Depuis, Sa Sainteté vit à Dharamsala, en Inde. En 1963, Dharamsala devenait le siège du Gouvernement tibétain en exil, lequel est une démocratie constitutionnelle.

Au cours des quinze dernières années, Sa Sainteté a tenté de rétablir un dialogue avec la Chine. En 1987-1988, elle proposa un plan de paix en cinq points, afin de stabiliser entièrement l'Asie et faire du Tibet une zone de paix, c'est-à-dire une entité démocratique autonome associée à la Chine. Cette proposition a été mondialement saluée par tous les corps législatifs et tous les chefs d'État. Jusqu'à ce jour, les Chinois n'ont pas encore entrepris de négociations.

Pendant ce temps, Sa Sainteté continue de parcourir le monde pour prononcer des discours. Invitant les grands chefs religieux à faire l'unité, il ne cesse de préconiser la générosité, la compassion, le respect de l'environnement et par-dessus tout, la paix dans le monde.

Chap. VI   Le rappel

En 1989, Sa Sainteté Le Dalaï Lama reçut le prix Nobel de la Paix pour s'être toujours opposé à la violence, en prônant des solutions pacifiques basées sur la tolérance et le respect mutuel, afin de préserver l'héritage culturel et historique de son peuple. Il a distribué une partie des fonds du prix Nobel à des organisations humanitaires et à des fondations pour la paix.

Convaincu que toutes les religions contribuent au bonheur de l'humanité, il souligne la nécessité d'une harmonie oecuménique, sans pour cela prôner une foi universelle. Pour établir cette harmonie, qui lui est chère, il a rencontré de nombreux chefs de confessions différentes, dont Sa Sainteté le Pape Jean-Paul II. Invité dans le monde entier à transmettre ses connaissances et son expérience spirituelle, il se défend bien de vouloir convertir les autres au bouddhisme.

« La religion ne devrait jamais être source de conflit. » « Je m'efforce de vivre dans la poursuite de mon idéal: soit alléger les souffrances du monde. » « Le Bouddha était un homme et je ne suis pas un dieu. Si mon peuple le veut, je suis un chef d'État, mais quand je rêve, je suis un moine. » « Quand je rencontre un "étranger", j'ai toujours le même sentiment: celui de rencontrer un autre membre de la famille humaine. » « En ce siècle de puissance militaire, la bonté seule préside à la destinée des hommes. Cette bonté vient, en fin de compte, de la paix de l'âme. »

(Paroles du Dalaï Lama)

Pour lui, les êtres humains sont si interdépendants que seules la responsabilité et la fraternité universelles permettront l'équilibre économique et la paix mondiale.

Sa Sainteté Le Dalaï Lama est bien cet exemple de bonté et d'amour. Il est d'une simplicité désarmante et il rayonne la paix, l'harmonie et la tendresse. Son visage affiche un perpétuel sourire qui traduit l'équanimité qu'il maîtrise[1].

---

1. Résumé d'un article de Christine FONDECAVE, dans le Journal Lune-Soleil, no 11.

Les enseignements commencent après le repas du midi. Quelle chance d'être assise à ses pieds, de l'entendre et de m'imprégner de ses hautes vibrations de sagesse et d'amour! Grâce à ma nouvelle installation, je peux maintenant mieux dormir. Les nuits se réchauffent et les moustiques ont disparu. Nous nous réveillons avant le lever du soleil.

Aujourd'hui, nous nous préparons à l'initiation. Je fais le trajet à pied jusqu'au site. Toutes les voitures que je croise sont remplies de participants. C'est merveilleux de marcher en admirant ce magnifique lever de soleil; l'air est pur et la vue, sur le petit village de Saint-Léon-sur-Vézère en bas, vaut à elle seule cette marche matinale.

La préparation à l'initiation est un moment exceptionnel. Le genou droit par terre, nous prononçons les voeux des *Boddhisattva* en reprenant, phrase après phrase, les paroles de Sa Sainteté:

«De la même façon que les Bouddhas précédents ont saisi la pensée de l'éveil et s'y sont entraînés peu à peu, je fais naître en moi la pensée de l'éveil pour le bien du monde et je pratiquerai dans leur ordre tous les exercices qui y préparent.»

«Que l'aspiration précieuse à l'éveil naisse partout où elle n'est pas, et qu'elle aille croissant, sans jamais se dégrader, là où elle existe déjà.»

Les voeux ne sont pas obligatoires. Ceux qui ne se sentent pas prêts à prendre de tels engagements peuvent se contenter de se recueillir et souhaiter le bonheur de tous les êtres.

«Avant de faire la paix dans le monde, il faut établir la paix en soi» nous rappelle Sa Sainteté.

Puis, on nous remet, comme lors de ma première initiation à Manali, des tiges d'orge; une longue, qu'on devra placer la nuit prochaine sous son matelas et une courte, sous l'oreiller. Cette journée correspond également à la journée de la Paix. Des conférenciers de marque viennent nous entretenir de leurs expériences. Parmi eux, soeur Chang nous parle de son expérience au Cambodge et du projet des réfugiés dont elle s'occupe; pour mieux nous traduire ses sentiments, elle nous offre un chant vibrant qu'elle a composé.

Puis, Myriam Lessager vient nous parler du soufisme. Le soufisme n'est pas, tel que je le croyais, une branche de l'islam. C'est en fait le coeur, le noyau ou l'âme véritable d'une religion. Nous pouvons dire que tous ceux qui vivent leur religion dans le sens le plus sacré, c'est-à-dire dans l'amour, le respect et la compassion envers tous les êtres, sont des soufis. Nous pourrions dire que tous les grands Maîtres de Sagesse de ce monde furent des soufis, que ce soit le Christ, Mahomet, Krishna, Bouddha, Mahavira, etc. Les mots en soi ne sont là que pour communiquer une pensée.

Arrive enfin un très grand homme que j'estime et dont je recommande tous les volumes. C'est Bernard Benson; il sait toucher le coeur de l'enfant qui est en nous. Ce matin, il vient nous parler de son dernier livre, *Tashi*, qui raconte l'histoire d'un pont qui relie un nouveau monde à l'ancien. Pour franchir ce pont, il faut d'abord laisser son manteau sur le portemanteau indiquant EGO. Au début, seuls les enfants peuvent traverser, mais peu à peu, les moins épris de leur EGO y parviennent. À la fin, quand tout le monde est de l'autre côté, on démolit le pont.

Dans l'après-midi, 10 000 personnes sont présentes sur le site de la Côte-de-Jor. Cette journée consacrée à la paix dans le monde sera marquée par la plantation d'un arbre symbolique.

La tradition dit que le Bouddha a atteint l'état d'éveil ou d'illumination sous un arbre à Bodh-Gaya en Inde. On a prélevé des graines provenant d'un arbre de ce village indien qu'on a envoyées à Saint-Léon-sur-Vézère où elles ont germé et c'est l'un de ces petits arbres que plantera Sa Sainteté Le Dalaï Lama. L'arbre symbolique sera enraciné dans un mélange de terre provenant de différents pays dont l'Inde, le Tibet, la France, les États-Unis, etc.

Chaque participant est associé à ce geste puisqu'on nous remet à chacun un sachet contenant des graines de pin de l'Himalaya. Sur le sachet est écrit: «La paix ne se fait pas en cinq minutes, un arbre non plus».

Puis, une rencontre qui a pour thème «La paix intérieure et la paix dans le monde» rassemble des représentants de différentes religions. Chacun y parle de ce qui lui tient à coeur.

L'abbé Pierre, fort apprécié en France, me surprend un peu lorsqu'il dit que l'erreur que l'on a commise fut de nous faire croire que la colère était une émotion négative. Je comprends qu'il veut dire de ne pas rester passif devant des situations où des êtres sont bafoués, réduits à la pauvreté et à l'esclavage.

Sa Sainteté Le Dalaï Lama sait que la colère ne produit aucun fruit bénéfique et que son peuple opprimé, bafoué et réduit à l'esclavage a aussi une leçon à intégrer dans son évolution. Voilà pourquoi il prône la voie du juste milieu où l'indifférence et la révolte font place à l'amour et à la compassion autant pour l'oppresseur que pour l'opprimé. De plus, le Maître croit primordiale l'union des chefs religieux autour d'un grand principe qu'ont enseigné tous les grands Maîtres, et que le Christ a résumé par: «Aimez-vous les uns les autres comme je vous ai aimés».

À la fin de cette rencontre, des enfants de toutes nationalités ayant écrit, chacun dans leur langue, des paroles de paix, viennent les présenter au Maître. Puis, on procède à la plantation de l'arbre de la paix.

Et c'est la méditation.

Dans la soirée, on nous présente un groupe folklorique du Périgord ainsi que la troupe de danseurs et de chanteurs de l'Institut tibétain des arts et spectacles.

Il nous faudra prendre soin de ce que nous avons reçu au cours de cette journée aussi précieusement que les graines de pin, afin qu'un jour, les humains puissent partager les fruits de nos arbres de paix.

Dimanche 25 août 1991: jour de l'initiation

Aujourd'hui, la journée commence un peu plus tôt. Il fait extrêmement chaud sous le chapiteau. Le Maître récite des invocations en tibétain. De nouveau, je me répète: «Claudia, n'essaie pas de comprendre». Nous devons répéter ces formules, puis on nous passe de l'eau bénite par Sa Sainteté. Le Maître commente les textes sacrés propres à l'initiation qu'il nous donne. Je pense qu'il me faudrait revenir à la base du bouddhisme. Je me sens littéralement perdue dans tous ces enseignements. Ce qu'il me faudrait, c'est un livre sur les enseignements de base du bouddhisme.

Comme à Manali, on nous distribue un morceau de tissu rouge que certains placent sur leurs yeux, d'autres sur le front. Puis, on nous remet le petit cordon rouge qui représente à la fois notre lien au Maître ainsi que la protection des voeux prononcés. Je le noue autour de mon cou. Ce sont des instants inoubliables.

Après l'initiation, je vais à la librairie sur le site et j'y trouve le livre que je cherche, le *LAM RIM* de Géshé Yonten Gyatso. C'est à la fois un livre de base et une méthode accélérée et facile permettant d'intégrer l'essence du bouddhisme, tel qu'enseigné par l'éminent Lama Tsonkhapa, fondateur de l'école des Guéloukpa à laquelle appartient Sa Sainteté Le Dalaï Lama.

Depuis quelques jours, j'observe que ma montre retarde. Au début, elle perdait une dizaine de minutes par heure et maintenant, elle en perd plus de trente. Je passe mon temps à en rectifier l'heure. J'en suis quelque peu étonnée, car cette montre possède un excellent mouvement suisse et n'a jamais présenté aucun problème. Peut-être est-ce la pile qui tire à sa fin?

Il me faut un bon coup sur le genou pour comprendre que je ne suis pas flexible à ce que le Maître intérieur cherche à me faire comprendre. J'avais échangé mon écusson bleu foncé pour un vert afin d'être plus près du Maître. Encore une fois, je sais qu'il n'y a pas de hasard. Si j'ai reçu cet écusson qui correspondait aux dernières places, c'est que j'ai à faire mes classes de base. C'est ce que ma montre cherche à me faire comprendre. Elle prend du temps, ce qui signifie: «Prends ton temps». Je remercie mon Maître intérieur. J'enlève l'écusson vert, j'épingle le bleu foncé et regagne ma place en acceptant mes débuts dans cet apprentissage. (Ma montre ne perdra plus une seule minute par la suite.) Cela peut surprendre le lecteur, mais comme je l'écris dans mon premier volume, «tout est énergie», tout est interrelié.

Je ne trouvais pas logique que les premières places soient pratiquement vides, alors que l'on s'entassait dans les dernières rangées. Là aussi, je comprends que plus nous avançons dans la voie spirituelle, plus le nombre devient restreint. C'est pourquoi le Christ disait «Beaucoup sont appelés, peu sont élus». Peu sont élus, car peu y mettent les efforts pour y arriver. (Comme le dira plus tard mon érudit professeur Tenzin Choedrak: «C'est la voie des combattants et les ennemis ne sont pas à l'extérieur, mais à l'intérieur de nous-mêmes».)

C'est déjà notre dernière journée. À la place du Maître, on a installé une photo entourée d'une catha[1]. On nous annonce que le Maître a dû être hospitalisé à cause d'un lombago. Hier, il nous a dit: «Prenez le monde sur votre dos». Je crois que le monde était trop lourd pour lui. Ah! ces mots qui créent ces maux! Cela me rappelle un rêve que j'ai fait avant mon départ. J'étais dans la résidence du Maître en Inde. Il était alité par un cancer du sein. Près de sa chambre, jouait un petit enfant dont il était le père. Je le pris dans mes bras. J'étais heureuse de pouvoir prendre l'enfant du Maître. Puis, je remarquai que je développais à mon tour un cancer du sein. Je dis au Maître: «Maître, nous allons tous contracter ce cancer du sein afin que tu en sois soulagé». Le Maître se mit à pleurer devant tant d'amour et de compassion.

C'est maintenant le moment du départ. Je dois prendre le train pour rentrer à Bordeaux. Juste avant de partir, j'apprends qu'une femme du nom de Claudine attend, devant la librairie, la personne qui veut rentrer à Bordeaux. Je vais la trouver, pensant qu'elle a peut-être une place disponible. La personne qu'elle attend ne se présente pas. Je fais le trajet en compagnie de Claudine qui est professeur de yoga, et de Josette, qui est guérisseuse. Il fait un temps splendide et le voyage est des plus agréable. Tout ce que nous partageons est enrichissant pour chacune de nous. Je ne vois pas le temps passer. À Bordeaux, je les quitte avec promesses de nous revoir. Ce voyage en France, qui a duré près d'un mois, m'a permis de découvrir toute la gentillesse française. Je n'ai qu'un souhait, celui de revenir.

Philippe et Marie m'accueillent toujours aussi chaleureusement. Ils ont des amis à dîner. C'est l'anniversaire de Richard et nous le fêtons par nos pensées. Je ne suis que de passage, car demain, je reprends le TGV en direction de Paris.

---

1. Catha: Écharpe, blanche de préférence, symbolisant l'accueil et la dénédiction.

30 septembre 1991

Je leur confie ma valise et n'emporte que le strict nécessaire. Je prends un taxi jusqu'à la gare. Le chauffeur est d'une impatience et d'une nervosité à me mettre l'estomac à l'envers. Cela me fait penser qu'on exerce souvent un métier en fonction de ce qu'on a à intégrer. Les vendeurs ont souvent à dépasser la peur de se faire dire non, par conséquent, la peur du rejet. La personne qui travaille en équipe ou avec des groupes peut avoir à développer l'acceptation des autres ou de leurs idées. La personne travaillant seule peut avoir à dépasser sa peur de la solitude ou encore avoir à atteindre son autonomie affective. La personne ayant plusieurs patrons peut avoir à accepter l'autorité. Les personnes mises en vedette doivent parfois dépasser la peur de la critique et celles qui aident les autres ont parfois à dépasser un sentiment d'impuissance. Bref, nous n'avons qu'à regarder ce qui nous est difficile dans un emploi et nous saurons ce que nous avons à intégrer. Mon chauffeur de taxi a sûrement la patience et la tolérance à développer!

Dans le train, j'écoute la mélodie «Océan d'amour» de Jean-Marc Staechlé. Cette musique sublime peut résumer à elle seule tout ce voyage et toutes ces expériences que je viens de vivre. J'ai rencontré Jean-Marc lors d'un concert sous les arbres à Euronat. Il m'a parlé d'un endroit où il a passé beaucoup de temps en Inde: le centre de Raja Yoga à l'Université Brahma Kumaris, situé au Mont Abu dans le Rajasthan. Nous n'avions eu que très peu de temps pour en parler. Comme il habite près de Paris, je lui ai proposé que nous dînions ensemble lors de mon passage à Paris.

Nous nous retrouvons à la gare Montparnasse et nous allons au restaurant. Il me raconte son expérience en Inde, me donne tous les renseignements pour me rendre au Mont Abu de même que le nom des personnes à contacter.

31 septembre 1991

Avant mon départ vers cette nouvelle odyssée, j'explore les stations souterraines de la ville de Paris. Je regarde les gens. Je les trouve tous beaux. Je ne vois que beauté autour de moi. Je suis envahie d'un grand bonheur. Je comprends à ce moment ce que c'est de vivre avec intensité le moment présent. Rien n'existe en tant que passé ou futur; tout existe en tant qu'intensité.

Je me dirige vers l'aéroport dans cet état de bonheur. J'ignore ce que me réserve ce nouveau départ, mais je pressens que ce voyage en Inde sera beaucoup plus facile que le précédent, car cette fois-ci, je ne vais pas apprendre le détachement, la foi et l'abandon. Je pense que ce sera autre chose, mais je ne sais pas encore ce qui m'attend.

Comme j'ai intégré l'abandon, je m'abandonne donc sur les ailes d'Air India vers cette nouvelle aventure.

La vie est une chance, saisis-la.
La vie est beauté, admire-la.
La vie est béatitude, savoure-la.
La vie est un rêve, fais-en une réalité.
La vie est un défi, fais-lui face.
La vie est un devoir, accomplis-le.
La vie est un jeu, joue-le.
La vie est précieuse, prends-en soin.
La vie est une richesse, conserve-la.
La vie est amour, jouis-en.
La vie est un mystère, perce-le.
La vie est promesse, remplis-la.
La vie est tristesse, surmonte-la.
La vie est un hymne, chante-le.
La vie est un combat, accepte-le.
La vie est une tragédie, prends-la à bras-le-corps.
La vie est une aventure, ose-la.
La vie est bonheur, mérite-le.
La vie est la vie, défends-la.

Mère Teresa

NOUVELLE ODYSSÉE

Tout comme la première fois où j'ignorais pourquoi je devais aller en Inde, je décide de commencer mon périple par l'*ashram* de Saï Baba dans le sud de l'Inde. Je me demande bien si le Maître Saï Baba sera là et si Monsieur Babu fait toujours la navette entre Bangalore et Puttaparthi. Bien des choses ont pu changer en trois ans. L'endroit par lequel je commence ce voyage n'a pas d'importance puisque je sais que je serai conduite là où je dois aller.

Cette fois, le trajet entre Paris et Delhi s'est effectué sans escale en huit heures seulement.

Quand l'avion approche de l'aéroport de Bombay, j'aperçois cette multitude de bidonvilles. Quel contraste avec la Ville Lumière que je viens de quitter. Nous atterrissons vers 9 h. Mon prochain vol vers Bangalore n'est qu'à 19 h. J'ai donc dix heures devant moi.

Je souhaiterais me rendre aux temples d'Éléphanta: des symboles gravés sur ses murs racontent l'histoire de l'humanité. Cependant, avec tous ces mendiants qui nous harcèlent, Bombay me fait peur. Je me rends plutôt à l'aéroport régional. J'y trouve un bureau de la compagnie Indian Airlane. À Montréal, je voulais me procurer un laissez-passer pour faire le tour de l'Inde par voie aérienne mais, ne sachant pas précisément quels endroits visiter, j'ai préféré attendre. J'apprends ici qu'il m'en coûterait moins cher d'acheter les billets séparément que de me procurer un laissez-passer. Je décide donc de réserver ma place sur tous les vols intérieurs que je compte effectuer tout en ayant la possibilité de faire des changements. J'ai amplement le temps de penser à mon itinéraire et d'étudier l'horaire des vols susceptibles de correspondre aux dates choisies. L'employé qui me répond est d'une telle amabilité que je me surprends à penser que, si je voulais visiter Bombay, c'est avec lui que je souhaiterais le faire car je me sens totalement en confiance en sa présence. Il me demande de dresser mon itinéraire et me confie à un autre employé.

Mon programme est fait. Après une première semaine à Puttaparthi chez le Maître Saï Baba, j'envisage de me rendre à Calcutta, à Katmandou, à Varanasi, à Delhi, à Jaipur, à Udaipur et enfin dans l'Himalaya. Toutefois, je demeure flexible et ouverte aux changements (reste à voir si ce programme tiendra...).

Une fois tous mes billets en mains, je quitte l'agence. L'Indien qui m'a si aimablement servie sort en même temps que moi et me demande ce que je compte faire jusqu'à mon départ pour Bangalore. Je lui réponds que j'ai l'intention d'attendre à l'aéroport.

- Pourquoi n'en profites-tu pas pour visiter Bombay? me demande-t-il.

- J'aimerais bien mais cette ville me fait peur.

Il me dit qu'il vient de terminer son travail et que, si je le désire, il peut m'accompagner. Quelle bonne idée!

Il se nomme Tushar. Nous prenons un taxi et nous nous dirigeons d'abord vers la plage de Bombay. Je fais part à Tushar de mon désir de visiter les temples d'Éléphanta. Hélas, nous n'avons pas suffisamment de temps car il faut utiliser un traversier pour atteindre les îles où ils sont situés.

Comme j'ai envie de visiter un temple important, il m'amène à celui de Hare Krishna. Une grande fête s'y prépare, car nous sommes à la veill, l'une des plus célèbres fêtes de l'Inde: elle commémore la naissance du dieu bien-aimé des Hindous, le Seigneur Krishna. L'histoire de Krishna est aussi vieille que celle de l'Inde elle-même. Selon la légende, il est le neuvième *avatar* de *Vishnu*, un terme désignant les «descentes» de Dieu (*Vishnu*) sur Terre en vue de rétablir l'ordre dans le monde. Ici, dans cet *ashram*, on vénère Krishna comme étant Dieu, la Personne Suprême. Il est l'équivalent du Dieu des chrétiens.

Par la suite, nous visitons la ville de Bombay. Notre chauffeur de taxi s'arrête pour nous permettre d'aller déjeuner. Tushar est la gentillesse même. Nous conversons en anglais; il me parle de son travail, de sa famille. Il a vingt-huit ans, il vit encore avec son frère et ses parents. Il attend qu'on lui trouve une épouse.

La journée passe très vite. Il me ramène à l'aéroport vers 17 h. J'ai dans l'idée que tous les êtres de cette Terre sont mes frères et mes soeurs de l'Univers. Et c'est bien ce que j'éprouve pour Tushar: un profond lien de fraternité. Il est mon frère de Bombay. Cela commence bien ce voyage.

J'attends le moment d'enregistrer mes bagages. J'ai observé que lorsque je donne quelque chose à un mendiant, les autres, au lieu de se réjouir pour lui, deviennent jaloux et me harcèlent pour que je leur en donne autant. Ayant peu ou pas d'éducation, ces pauvres agissent comme des enfants sans aucune maturité. Maintenant, je comprends mieux le rôle important de Saï Baba. Baba signifie «papa». Pour sortir nos frères et nos soeurs de la pauvreté, il faut d'abord les éduquer et c'est le grand rôle des religions. Tant que les religions se tourneront le dos, comment pourront-elles enseigner à ce monde qui souffre que le bonheur, la paix et l'amour résident dans l'unité?

Le jour où nos chefs religieux renonceront au pouvoir au profit du bonheur des êtres de cette Terre, où ils se donneront la main en participant ensemble à l'éveil des consciences immatures, ce jour-là, croyez-moi, la famine, les guerres et la pauvreté disparaîtront.

Je vais à la rencontre de Saï Baba, ce grand *Avatar* qui prône l'Unité des religions. Cette fois-ci, je suis prête à recevoir son message afin de le retransmettre.

Après l'enregistrement de ma petite valise, je passe la zone de sécurité. En attendant l'embarquement, je me demande bien comment les choses vont se passer cette fois-ci. Il y a trois ans, à la sortie de l'aéroport, un homme tenait à la main un carton indiquant «Mr BABU TAXI DRIVER». Aujourd'hui, une jeune femme, assise à mes côtés, attend également le départ pour Bangalore. Elle se rend, tout comme moi, à l'*ashram* de Prassanthi Nilayam. Elle me dit qu'avant son départ d'Autriche, elle a contacté Monsieur Babu et qu'il enverra son chauffeur à l'aéroport. Je souris et lui demande si je peux partager son taxi. Elle en est ravie.

Nous sommes assises ensemble dans l'avion. Martine est fort sympathique, elle voue un amour absolu à Saï Baba. Elle projette de demeurer quatre à six mois à l'*ashram*.

Le chauffeur de Monsieur Babu l'attend effectivement à Bangalore. J'essaie de reconnaître ces rues qui m'avaient fait si peur il y a trois ans. Rien n'a changé depuis.

Martine et moi partageons la même chambre. Elle souhaite partir dans la nuit pour l'*ashram*. J'ai appris à prendre mon temps et je lui propose de prendre une bonne nuit de sommeil en échange de quoi, je paierai le taxi pour partir vers 9 h demain. Elle hésite, mais comme elle a peu d'argent pour la longue période pendant laquelle elle compte séjourner à l'*ashram*, elle accepte. Je peux ainsi me reposer plus longtemps.

Après le petit déjeuner, nous traversons la campagne indienne. Elle me paraît moins désertique que la dernière fois.

En arrivant à l'*ashram*, mon intuition me dit que cette fois-ci, je n'aurai pas à dormir dans les «sheds». À l'inscription, je demande une chambre; on nous dit qu'elles sont toutes occupées. Pourtant, j'ai la certitude qu'on aura une chambre. Je suis prête à abdiquer, mais seulement après avoir au moins essayé. Alors, j'insiste auprès du préposé: «Vous êtes certain qu'aucune n'est disponible?» Je le vois fouiller parmi les clefs. Il nous tend une clef en nous disant qu'il nous faudra partager la chambre avec deux autres femmes.

La chambre est équipée de tatamis[1], de matelas, de coussins et de filets. À mon départ, il y a trois ans, j'avais tout laissé pour celles qui me remplaceraient. Cela m'est redonné. Je m'installe dans un coin avec un tatami et deux matelas; c'est plus confortable. Nous

---

1. Tatami: Tapis en paille de riz sur lequel on peut s'asseoir ou dormir.

plaçons les filets dans la fenêtre pour nous préserver des moustiques. Nous avons un ventilateur et des toilettes. C'est le bonheur!

À 13 h, je vais faire la file pour pénétrer à l'intérieur du *mandir*. Je revois ces *sevas*[1] que j'avais trouvées si austères, et auxquelles j'avais donné le nom de «marâtres». Je les regarde avec des yeux totalement différents. Comme nos perceptions peuvent changer lorsque l'on gagne de la maturité et que l'on cesse d'être centré sur notre petite personne! Je les vois maintenant comme de bonnes mamans qui veulent maintenir l'ordre parmi une bande d'enfants indisciplinés.

Oui, mes perceptions ont bien changé. Je peux voir la puissante aura de Saï Baba. Pas de doute, c'est un très grand Maître.

Je vois comment il enseigne, à sa manière, le respect et le détachement. J'avais observé que les enfants qui mendient deviennent jaloux les uns des autres. Saï Baba les incite à se réjouir de ce que les autres reçoivent en leur apprenant à dépasser leurs attentes, leurs déceptions et leurs frustrations. À présent, je comprends beaucoup mieux sa façon d'agir. J'observe une Indienne qui insiste pour qu'il prenne sa lettre. Elle la lui met presque dans la main. Il ne la prend pas et continue son chemin. Elle en est quitte pour une profonde déception. Voilà une façon de briser l'EGO.

Je considère ma présence dans ces Lieux saints comme un privilège. La dernière fois, je considérais cet endroit comme une prison. La seule prison qui existait était celle de mes peurs.

ON NE CRAINT QUE CE QUE L'ON NE CONNAÎT PAS.

Marie Curie

Maintenant, je me sens libre comme l'air. Je sais que je n'y serai pas plus d'une semaine. J'en profite pour assister aux *darshans*, aux *bhajans* (chants sacrés) et pour approfondir mes connaissances de l'hindouïsme et du message du Maître. Ce que je trouve un peu plus difficile, c'est le manque d'intimité et d'isolement. Nous sommes maintenant quatre dans la même chambre. Parfois, je préférerais être seule avec mes pensées. L'ennui me visite de temps en temps.

---

1. Seva: Responsable de la discipline.

Je continue cependant à retirer des leçons de chaque expérience que je vis. Par exemple, lors d'un *darshan*, je me suis installée à la tête d'une file espérant tirer le numéro de ligne. Non seulement je ne l'ai pas tiré, mais je me suis retrouvée dans les dernières rangées. Je l'ai accepté en comprenant que lorsque je veux que les choses se passent à ma manière, je suis rarement gagnante, alors qu'en m'abandonnant, je reçois au-delà de mes espérances.

J'ai pu le vérifier au second *darshan* de l'après-midi. Je me suis abandonnée totalement, me laissant conduire là où je devais être. C'est alors que je me suis retrouvée dans la seconde rangée. À un moment, j'ai même cru que j'aurais une entrevue avec le Maître, car on cherchait un professeur en provenance du Canada. Me croyant la seule Canadienne, j'ai pensé qu'il s'agissait de moi mais j'ai appris que ce professeur est d'origine indienne.

Après le *darshan*, je me renseigne sur la possibilité de faire des prises de vue. On m'y autorise, pourvu que je les fasse de l'extérieur de la cour du *mandir*.

Puis, je me prépare pour la méditation de 18 h. Pendant la méditation, je réalise que seul l'instant présent existe; le passé n'est plus ce qu'il était dès l'instant suivant et il ne sera plus jamais le même. Quant au futur, il n'est pas encore là et il ne sera peut-être jamais tel que nous tentons de l'imaginer. C'est en fusionnant avec cet instant présent que se dissolvent nos doutes, nos peines, nos chagrins et nos inquiétudes. Seuls la paix et le bien-être sont présents.

Je suis heureuse de tout ce que je découvre grâce au merveilleux livre de Michel Coquet, *Demeure de paix suprême*. L'*ashram*, qui signifie centre spirituel, peut être autant un lieu extérieur qu'intérieur. L'*ashram* intérieur, éthérique et divin, est un centre d'énergies maintenues ensemble par la pensée divine du Maître. Les âmes qui appartiennent à cet *ashram* intérieur peuvent n'être jamais venues en Inde ou encore ignorer la présence de Saï Baba. Cependant, sur le plan de l'âme, une certaine vibration ou couleur émane de l'*ashram*. Tous ceux et celles qui vibrent à cette résonance ou à cette couleur sont attirés sans même le savoir dans ce haut lieu de paix suprême (Prassanthi Nilayam). Pour être admis dans cet *ashram* intérieur, il faut être capable de penser et de vivre en fonction du groupe et des activités de groupe. On peut très bien vivre dans la solitude d'un ermitage et être «branché» à une activité de groupe, tout comme on peut vivre au sein d'une organisation tout en étant profondément égoïste, individualiste et sectaire. Un sage disait: «On n'entre pas par la porte étroite de l'initiation en solitaire».

L'*ashram* extérieur de Prassanthi Nilayam est un moyen de pénétrer dans l'aura du Maître. Le fait de vivre en communion avec l'*ashram* physique de Saï Baba offre au disciple de nombreuses occasions d'avancement car il baigne dans ces puissantes énergies. Saï Baba, dont l'omniscience, l'omnipotence et l'omniprésence ne sont plus à démontrer, a déclaré que si une personne vient à l'*ashram*, c'est qu'elle y a été attirée par lui.

Lorsque je lisais sur la mission de Saï Baba, dont la quatrième étape consiste à étendre son action sur le monde entier, je me demandais bien comment, aussi grand soit-il, de son petit village au sud de l'Inde, il pourrait le faire en ne quittant pratiquement jamais l'*ashram*. Et j'ai compris qu'il n'a pas besoin de quitter l'*ashram* car il attire des milliers de disciples qui vont propager son message dans le monde. Parmi ceux-ci se trouvent des politiciens, des intellectuels, des écrivains, des scientifiques, des artistes de réputation mondiale, etc. Bref, des responsables d'actions collectives ou encore des personnes ayant une influence sur une forte proportion de la population.

Ces disciples sont attirés à l'*ashram* pour ensuite repartir travailler dans le monde. Tous, à leur manière, vont y apporter un peu de sagesse.

Selon Saï Baba, les plus jeunes accéderont à des postes de haute responsabilité et organiseront une société consciente fondée sur l'amour et la justice.

«Il n'est pas nécessaire de réformer tout un peuple car il suffit de transformer la conscience de deux pour cent des membres de la société pour assurer la justice, le bonheur et la paix au reste de la communauté. Ces deux pour cent sont représentés par les individus qui détiennent le pouvoir et l'autorité dans le domaine de

l'éducation, de l'administration, du commerce, etc. Il faut éduquer ces responsables et leur indiquer la meilleure façon d'utiliser leur position en vue du bien général. La construction ne sera solide que si elle a pour fondations des principes tels que ceux de la vertu (Dharma), la vérité (Sathya), l'amour (Préma) et la paix (Shanti), qui sont les quatre piliers de la loi morale.»

Saï Baba

Pour y arriver, le Maître préconise l'Unité des religions ralliées dans leurs préceptes de base qui sont la vérité, l'amour, la loi universelle (aussi appelée l'éthique, la morale ou le *dharma*) et la libération (appelée paradis ou *nirvana*).

L'*ashram* a pris de l'expansion depuis ma dernière visite. On y a construit un très beau musée. Un nouvel hôpital est en construction. Il aura pour objectif d'accueillir des patients du monde entier ainsi que des personnes oeuvrant dans le domaine médical ou paramédical qui désirent vivre une expérience au sein de cette communauté spirituelle. Tout près, la piste d'atterrissage d'un nouvel aéroport ouvrira prochainement.

En allant déjeuner, je fais la connaissance de Mouchoumi et de Shoshouma, deux gentilles Indiennes qui habitent près de Calcutta. Elles sont toutes deux étudiantes en histoire. Je trouve Mouchoumi particulièrement belle et expressive. Shoshouma est plus discrète mais tout aussi attachante.

Elles ont l'intention de visiter le Planétarium de Prassanthi Nilayam et m'invitent à me joindre à elles. Je leur dis que je me rendrai à Calcutta en partant de Bangalore. Comme elles habitent près de Calcutta, elles me proposent de visiter leur petit village d'Arambagh et de rencontrer leur famille. S'il y a une ville que j'ai peur de visiter en Inde, c'est bien celle de Calcutta. Elles m'offrent de venir me chercher à l'aéroport et de me servir de guides. Je me rends à Calcutta dans l'espoir de rencontrer Mère Teresa.

Mouchoumi et Shoshouma partent deux jours avant moi. De Bangalore, elles prennent le train jusqu'à Calcutta. Il faut compter plus de cinquante heures de voyage pour atteindre la petite ville d'Arambagh.

Avant mon départ, je peux filmer le Maître et son *ashram*. En après-midi, j'assiste à un dernier *dharsan* et je quitte l'*ashram* vers 18 h. Je suis en paix, je sais que j'ai reçu ce que je suis venue chercher.

Un cortège de petits mendiants me suit; je leur donne des roupies. L'un d'eux me lance une fleur dans le taxi. La voiture démarre. Comme tout est différent de la première fois où, malade, j'étais partie par une chaleur torride! Toutefois, je ne me sens pas rassurée d'être seule avec ce chauffeur de taxi dans la noirceur de la campagne indienne. De plus, il ne m'inspire pas une totale confiance. Il s'arrête à un petit village pour réparer quelque chose à sa voiture et s'en va prendre un thé. Des mendiants me harcèlent à la fenêtre. Effrayée, je klaxonne pour qu'il revienne. Je lui explique que je ne me sens pas en sécurité. Il renonce à son thé et redémarre. J'ai très hâte que se pointent les premières lumières de Bangalore. Je suis rassurée lorsque nous pénétrons dans la cour de l'hôtel Continental.

Dimanche, 8 septembre 1991

C'est jour de repos pour moi. Mon vol pour Calcutta n'est que demain matin. Il y a exceptionnellement beaucoup de monde à l'hôtel. Je m'informe de ce qui se passe. On me dit qu'une nouvelle compagnie, qui s'apprête à ouvrir ses portes, procède au recrutement du personnel. Il doit y avoir près de cinquante candidats, sinon davantage, pour un seul poste. Je découvre comment les Indiens sont travailleurs. Les mendiants que l'on rencontre ne forment en fait que la minorité de la population car la grande majorité travaille. Ces mendiants sont plutôt l'équivalent d'une caste. Pour eux, mendier est une forme de travail, et même si on leur offre du travail, ils n'en veulent pas. La plupart sont nés dans la rue, d'une mère mendiante, n'ont aucune éducation et ne savent rien faire d'autre que de mendier pour survivre. Il existe cependant une différence entre les moines-mendiants, les infirmes et les lépreux qui, eux, appartiennent à une autre catégorie.

Je me prépare à partir vers Calcutta, la ville des mendiants et de la suprême pauvreté. Cette ville est sûrement l'une des plus peuplées du monde. Au dernier recensement, on y dénombrait près de vingt millions d'habitants.

Le voyage entre Bangalore et Calcutta s'effectue en deux heures en avion, comparativement à quarante-deux heures en train. Mes amies m'attendent à l'aéroport.

Nous prenons un taxi pour nous rendre à un petit hôtel qu'on nous a suggéré. En circulant dans les rues, j'observe l'extrême pauvreté de la ville, la saleté omniprésente, la pollution laissée par les véhicules motorisés, le bruit incessant des klaxons, les autobus surchargés... Je pense que si l'enfer avait un visage, ce serait celui de Calcutta. On m'avait déjà dit de Calcutta que c'était une ville surpeuplée et incontrôlable au plan organisationnel. Ce que j'y vois est au-delà de tout ce que j'aurais pu imaginer. J'apprécie la présence de mes amies au plus haut point.

Notre hôtel est très modeste mais l'essentiel est là: un lit, un ventilateur et des toilettes. Je réserve une chambre pour moi et une autre pour mes amies. Les pannes de courant étant très fréquentes dans la ville, les hôtels sont munis de génératrices qui produisent un bruit infernal. Je crois que ce bruit ininterrompu doit finir par rendre sourd ou fou.

Je suis contente de pouvoir utiliser un taxi pour notre visite dans la ville. Nous allons d'abord à la Mission de la Charité. On nous informe que Mère Teresa est absente et qu'elle ne sera de retour que vers 15 h. Nous en profitons donc pour visiter le temple de Kali et celui de Rhada Krishna. Pour nous y rendre, nous devons nous faufiler à travers tout ce qui bouge sur la route: vaches, charrettes, rickshaws, piétons, taxis, autobus, camions, scooters, etc. À plusieurs reprises, nous sommes coincées dans des embouteillages, respirant la pollution, suffocant de chaleur. Après quatre heures de ce régime, j'en ai assez des visites. Je n'aspire qu'à me rafraîchir par une douche et à trouver un peu de paix.

Dans l'après-midi, nous retournons à la Mission de la Charité. Mère Teresa est là. On nous fait asseoir en l'attendant. Puis, on vient nous chercher. Je souhaitais la filmer. Elle me dit qu'elle n'accorde jamais d'entrevue aux journalistes car elle ne veut retirer aucune

Chap. VII Nouvelle odyssée

publicité ni aucun honneur de ce qu'elle fait. Toutefois, elle ajoute que si je viens pour mon compte personnel, cela lui fait très plaisir de me voir. Elle est le plus bel exemple d'humilité, de bonté et de courage qu'il m'ait été donné de rencontrer. À la fin de notre entretien, elle nous remet, à chacune, une photo dédicacée ainsi qu'une médaille de la Vierge qu'elle nous accroche au cou; puis, elle nous bénit.

Je suis extrêmement heureuse de cette rencontre car je suis venue à Calcutta expressément pour elle. Cette visite me laisse une question en tête: «Que puis-je faire pour tous ces frères et ces soeurs de la Terre qui souffrent?»

11 septembre 1991

À l'extérieur de la ville de Calcutta, la campagne est très différente. Nous traversons des rizières et des plantations de canne à sucre et de jute. Le soleil donne à ce décor une grande beauté qui contraste avec la ville polluée. Ici, l'air est bon à respirer. Il fait cependant extrêmement chaud. L'humidité de la baie de Bangal en fait le grenier de riz de l'Inde mais rend la chaleur difficilement supportable. J'ai l'impression d'être continuellement dans un sauna. À vrai dire, je préfère le froid de nos hivers à cette chaleur accablante.

La maison de Mouchoumi est très modeste bien que sa famille appartienne à la classe moyenne supérieure. Cela me donne une idée des conditions de vie de la classe pauvre. Cette maison compte deux salles d'eau et deux étages. Mouchoumi m'offre sa chambre. Sous le même toit vivent Mouchoumi, sa soeur, ses parents ainsi que son frère avec sa femme et leur petite fille. Sa famille est des plus gentille. Sa mère m'apporte mon repas sur la petite table de travail de Mouchoumi. J'en suis un peu étonnée mais sans plus. Je n'ai vu aucune table dans la maison.

Dans la soirée, nous assistons à une rencontre de prières et de chants religieux chez des amis, disciples de Saï Baba. Au retour, nous nous installons sur la terrasse. Mouchoumi sort son harmonium et, de sa très jolie voix, elle nous interprète des chansons en bengali dont elle m'explique la signification. Sa soeur exécute des danses indiennes. C'est l'une des plus belles soirées que j'aie passées depuis mon arrivée en Inde. Sa mère m'offre de prendre de nouveau mon repas dans la chambre. Je préfère le partager avec eux et c'est alors que je comprends pourquoi il n'y a pas de table. Ils mangent assis par terre sur un tatami et portent directement la nourriture à leur bouche avec la main droite. Bien que je me plie à leur coutume, j'accepte néanmoins la petite cuillère que m'offre la mère de Mouchoumi.

Je n'arrive pas à fermer l'oeil de la nuit. Il n'y a pas d'électricité pour faire fonctionner le ventilateur et il fait une chaleur suffocante. Les moustiques sont aussi au rendez-vous. Je réalise à quel point nous sommes bien chez nous. Il nous arrive de l'oublier.

Le chauffeur de taxi qui nous a amenées à Arambagh passe également la soirée et la nuit ici afin de me reconduire à l'aéroport. Sur le chemin du retour, un pneu de la voiture crève. J'en profite pour faire des prises de vue de cette campagne de la baie de Bangal. En voyant l'état du pneu de secours, je souhaite de tout mon coeur qu'il tienne jusqu'à l'aéroport.

Je quitte Calcutta sans grand regret mais j'emporte avec moi de magnifiques souvenirs de cette petite ville d'Arambagh ainsi que l'amitié de deux petites soeurs. Ma nouvelle destination est Katmandou. Disposant d'une semaine, je souhaite visiter les principaux centres d'intérêt du Népal. Je m'informe à l'aéroport. On me recommande une agence de voyages qui m'organise un forfait pour la semaine. J'ai un très bon hôtel, très confortable.

Après le petit déjeuner, j'attends l'autocar pour la visite. Je souhaite faire un peu la touriste. Un très bel autocar se présente, des clients de l'hôtel y montent. Je reste seule à attendre le mien. Arrive alors une petite voiture avec un conducteur qui ne parle pratiquement pas l'anglais. Il vient me chercher pour ma visite de Katmandou. Déçue, frustrée, croyant m'être fait exploiter, je sens monter une colère contre cette agence qui m'a demandé un prix assez élevé. Je demande au conducteur de me conduire à l'agence. Le responsable n'y est pas. Pour ajouter à ma frustration, on m'annonce qu'on ne peut confirmer mon vol vers Varanasi, mon visa étant échu. Mais qu'est-ce que c'est que cette histoire? Au bureau de l'émigration de Calcutta, j'ai demandé si j'aurais des problèmes pour revenir en

Chap. VII Nouvelle odyssée

Inde, compte tenu que mon visa n'était valable que pour une seule fois. On m'a répondu qu'il n'y en aurait pas. Avec les Indiens, il n'y a jamais de problèmes, mais avec les autorités népalaises, c'est une autre histoire.

Le responsable de l'agence arrive quarante minutes plus tard. Exaspérée, je lui exprime ma frustration avec colère. Il m'offre une meilleure voiture avec un guide parlant anglais. La visite est toutefois agréable bien que j'aurais préféré être avec un groupe.

En rentrant de ma visite, je me rends à la compagnie Indian Airlane pour faire confirmer mon vol. On m'apprend que je ne peux quitter le Népal à moins d'obtenir un nouveau visa. Je vais à l'ambassade indienne; les bureaux sont sur le point de fermer. On me renvoie d'une personne à l'autre, pour finir par me dire qu'il faudrait qu'un télex soit acheminé à Ottawa. Je ne pourrai avoir une prolongation de mon visa avant dix jours. Je suis dans toutes mes émotions et je sens de nouveau la colère monter. Un autre employé me dit de tenter de voir Monsieur Munshi, le grand patron. Il n'est pas là; il sera de retour vers 17 h. L'ambassade ferme à 17 h 30. Je tente ma chance à la Fédération canadienne. Tout le monde est parti. Je reviens à l'ambassade indienne et je rencontre enfin Monsieur Munshi. Ça s'arrange; il me demande de remplir un formulaire, de lui rapporter trois photos et me promet de me donner mon visa pour la date prévue de mon départ.

14 septembre 1991

Aujourd'hui, je vais dans la vallée de Pokhara. Je ne me sens pas très bien: j'ai la diarrhée. Je suis contente de faire le trajet en avion plutôt que de passer quatorze heures dans un autobus à travers ces routes de montagne.

Pour se rendre à l'hôtel, il faut traverser en radeau le très joli lac Phewa qui, par temps clair, devient un miroir pour l'Annapurna III, l'un des sommets aux neiges éternelles. Arrivée à ma chambre, je me couche, car mon état ne s'améliore pas. Une heure plus tard, je ressens de violentes douleurs à l'abdomen qui irradient jusque dans mon dos. J'avale des analgésiques que j'ai emportés avec moi. Rien à faire, les douleurs augmentent. Je ne peux plus tenir dans aucune position tant les douleurs sont aiguës. Je fais venir un préposé de l'hôtel et lui demande d'appeler un médecin.

Je sais que ces douleurs sont directement liées aux émotions vécues hier. Je ferais n'importe quoi pour m'en libérer. Le médecin arrive et m'examine. Croyant qu'il s'agit de calculs rénaux, il veut m'amener à l'hôpital pour passer des radiographies. La douleur me fait plier en deux; je lui dis que je ne peux m'y rendre, je suis trop souffrante. Voyant que je préfère un traitement à la chambre, il envoie chercher le nécessaire à l'hôpital et demeure avec moi en attendant. Je lui confie que je sais ce qui a déclenché cette crise; il en est très surpris. Les médicaments arrivent; le médecin me donne une injection par voie intraveineuse et une autre par voie intramusculaire. Cela a un effet calmant et je m'endors.

Je me réveille au bout de deux heures. Les douleurs se font de nouveau sentir. Je reprends des comprimés antidouleur et je promets que jamais plus je ne me mettrai en colère. Après cette promesse, je commence à vomir de la bile et je suis totalement soulagée.

Je soupçonnais qu'il s'agissait d'une crise de foie; cet organe est le foyer de la colère. Cette crise me démontre que je ne peux plus me permettre de vibrer à de basses fréquences vibratoires sans encourir de grandes souffrances. Il en est ainsi lorsqu'on a reçu de puissantes vibrations émanant de grands Maîtres.

Après ma visite de la vallée de Pokhara, je retourne à Katmandou pour quelques jours avant de poursuivre cette odyssée. Je n'en connais toujours pas la raison, ni où elle me conduira. J'ai hâte que quelque chose se produise...

En rentrant de Pokhara, je vais déposer ma demande de visa à l'ambassade indienne. Dans l'après-midi, j'y récupère mon passeport et mon visa. Tout est arrangé, je peux continuer ce voyage.

17 septembre 1991

Ma prochaine étape est Varanasi. J'arrive en fin d'après-midi. À l'aéroport, on me recommande l'hôtel India. À la sortie, une dizaine d'Indiens, se disant de cet hôtel, veulent m'y conduire. Je ne suis pas du tout rassurée. Je choisis de m'y rendre en autobus. La

Chap. VII   Nouvelle odyssée

ville est située à 35 km; ses rues ne sont pratiquement pas éclairées. En passant devant l'hôtel India, son aspect ne me rassure guère. J'opte pour l'hôtel Ashok, dont m'a parlé un Indien dans l'autobus. C'est un hôtel coté cinq étoiles, beaucoup plus cher mais qu'importe, je m'y sens davantage en sécurité.

Je devais passer trois nuits à Varanasi, mais après la première, j'en ai assez. Je me sens si seule parmi cette foule envahissante. Le mal du pays s'empare de moi. J'ai quitté le Québec depuis un peu plus d'un mois et demi mais il me semble que cela fait six mois. J'en ai assez de l'Inde, de ses mendiants, de ses bruits harassants, de ses foules et de sa saleté. Je m'ennuie. J'aspire à un peu de paix et de silence. J'en ai assez de jouer la touriste, je renonce à me rendre à Jaipur, Udaipur et au Mont Abu. Je vais à la compagnie Indian Airlane dans l'espoir d'avancer mon départ pour Delhi. L'employé m'inscrit sur la liste d'attente en me disant qu'il ne devrait pas y avoir de problème pour obtenir une place. Avec les Indiens, il n'y a, a priori, jamais de problème jusqu'à ce qu'on ait les deux pieds dans les plats. Je dois toutefois reconnaître qu'ils font toujours tout leur possible pour répondre à nos attentes et nous venir en aide. Ils sont à découvrir. Plus nous les connaissons, plus nous les aimons.

Je souhaite partir le plus rapidement possible vers les sommets de l'Himalaya.

Je me couche tôt afin d'être en forme pour ma promenade matinale sur le Gange, la rivière sacrée dans laquelle je souhaite me baigner.

Vers 5 h, un taxi m'y conduit. Le chauffeur me confie à un batelier. Je suis encore la seule passagère avec deux bateliers. Toutes les autres barques sont beaucoup plus petites et transportent une dizaine de personnes. Mon batelier m'en fait la remarque en me précisant que celle que j'occupe pourrait contenir *sixteen* ou *sixty*. Je comprends très mal son anglais, j'en conclus qu'il veut dire seize étrangers ou soixante Indiens. L'un des bateliers tient absolument à me servir de guide. Je n'ai besoin que de silence afin de méditer sur la rivière avant le lever du soleil qui pointe à l'horizon.

Cette rivière me fait penser à la vie; son courant va dans un sens, puis, au milieu, le courant n'est plus pareil. La rivière change à tout instant, dans un mouvement continu. Elle est toujours différente et pourtant, c'est toujours la même rivière. C'est l'histoire même de l'Univers en perpétuel changement mais toujours le même.

J'observe les baigneurs qui se lavent avec enthousiasme. Il est difficile pour l'Occidentale que je suis de comprendre comment mon humble batelier peut se racler la gorge pour offrir à la rivière ses plus profondes expectorations (bronchitiques ou peut-être tuberculeuses; la tuberculose est fréquente en Inde), alors qu'à moins d'un mètre, un dévot se gargarise avec cette même eau.

J'hésite à m'y tremper au-dessus des épaules. Je m'approche de la rivière, mes pieds sont recouverts de son eau. Je ferme les yeux et je comprends que pour les Indiens, cette rivière sacrée est comme Dieu pour les chrétiens. On s'y abandonne, en lui confiant nos peines, nos peurs, nos souillures, nos espoirs, notre tristesse, etc.

Je m'y abandonne totalement à mon tour et m'y plonge entièrement en oubliant la couleur brune de ses eaux. En sortant, mon vêtement blanc à l'origine est d'un jaune brunâtre. Je me change et je jette cet ensemble que j'ai porté pendant tous les ateliers que j'ai offerts au retour de mon premier voyage en Inde. Je suis maintenant prête pour un nouveau vêtement, ce qui est très symbolique pour moi.

En quittant la rivière, une profonde paix m'habite. Je viens de plonger dans l'Inde. Jusqu'à ce bain, je ne m'étais pas encore donnée à l'Inde, mais j'attendais qu'elle me donne. Un vieux sage disait: «L'Inde te donnera en proportion de ce que tu lui auras donné».

Dans l'après-midi, je me rends à Sarnath, à l'endroit où le Bouddha Shakyamouni avait donné ses premiers enseignements. Au retour, comme il me reste deux bonnes heures avant d'aller à l'aéroport, mon chauffeur de taxi me demande si j'aimerais visiter autre chose. Je souhaiterais en effet capter quelques images du Gange, car ce matin, je n'avais pas apporté ma caméra.

Je reprends une barque afin de filmer les points d'intérêt. C'est étrange, ces foules me font moins peur. L'Inde m'apprivoise. À la fin du tour, les bateliers me disent:

- Avant de partir, tu dois rencontrer Nila Baba.

Je leur demande qui il est.

- C'est un sage. Tu peux manquer bien des visites aux temples ou dans des musées, mais il ne faut pas que tu manques une rencontre avec Nila Baba.

Ils ajoutent qu'après l'avoir rencontré, je serai très contente d'être venue en Inde.

J'accepte de les suivre. J'avance à travers les petites ruelles en surmontant mes craintes. Ces ruelles sont si étroites que la rencontre d'une vache pose un problème. Près de chez Nila Baba, mes guides m'indiquent, pour me rassurer, où est mon taxi. Nila Baba habite en haut d'un immeuble de quatre étages. Le corridor de l'escalier est presque dans l'obscurité. Je monte sans grande assurance. Au troisième palier, on me présente Nila Baba. Âgé d'une cinquantaine d'années, doté d'une barbe poivre et sel et d'un ventre bien rond, il n'est vêtu que d'un pagne. Il me dit en anglais:

- Va dans ma chambre, il y fait plus clair.

Je monte jusqu'à sa chambre. Il n'y a pas de chaise. Je m'assois sur le lit. Il entre et ferme la porte. Il me tend un papier et un crayon et me demande d'y inscrire mon nom ainsi que ma date de naissance. Il regarde du coin de l'oeil en me disant:

- Pourquoi veux-tu changer ta vie?

Je ne comprends pas. Il m'annonce que ma vie allait totalement changer après le mois d'avril. Selon l'astrologie indienne, je suis Gémeaux. D'après lui, je suis née à une bonne date, mais pas dans une bonne année. C'est ce qui explique que le début de ma vie fut plus difficile mais il affirme qu'après le mois d'avril, mes années d'or vont commencer. Il ajoute que je suis «très très» chanceuse, que je suis venue sur Terre pour aider les autres tout comme dans mes incarnations précédentes. Si les deux dernières années que je viens de vivre furent difficiles sur le plan émotionnel, il me prédit que maintenant, je vais atteindre une grande stabilité et que tout ira bien dans ma vie sur tous les plans.

Je lui demande:

- Qu'est-ce que je suis venue faire en Inde?
- Savoir qui tu es, me répond-il.
- Vais-je y arriver?
- Quand pars-tu?

- Le 27 octobre.
- Si tu pars le 27 octobre, non; il te faudra revenir. De toute façon, tu reviendras, mais cette fois, avec ton mari.

L'entretien se termine. Je suis demeurée un peu plus d'une heure avec lui. Je suis légèrement en retard car il faut compter au moins quarante-cinq minutes pour atteindre l'aéroport. Mon gentil chauffeur appuiee sur l'accélérateur; il conduit de manière à être digne des meilleurs cascadeurs, évitant les autos, les charrettes de foin, les vaches, etc. J'arrive à l'aéroport à 17 h.

Mon vol n'est pas confirmé; je suis la dixième sur la liste d'attente. On me demande de patienter jusqu'à 17 h 30. À 17 h 40, on nous prévient que l'avion est complet. Il décolle à 18 h. Je n'ai nulle envie de retourner à la ville et j'ai un très grand désir de partir sans savoir pourquoi. J'insiste et j'attends. À 17 h 50, soit à dix minutes du décollage, on me dit d'y renoncer. Je pense: «Si c'est vrai ce que m'a dit Nila Baba et que je sois très chanceuse, j'aurai une place sur ce vol». Cinq minutes plus tard, le patron monte dans l'appareil et revient avec six cartes d'embarquement. J'obtiens la dernière. En vitesse, je fais enregistrer ma valise, me soumets aux mesures de sécurité et cours vers l'avion. Une fois à bord, la porte se referme derrière moi.

Je suis heureuse de partir pour Delhi. J'ai besoin d'un peu d'air frais. Il faisait si chaud depuis mon arrivée dans le sud. Après trois décollages et trois atterrissages, j'arrive enfin à Delhi. Comme il est bon de revoir cette ville dont j'ai tant de souvenirs. Je déniche un hôtel confortable et à bon compte.

20 septembre 1991

En cherchant une banque où changer mes chèques de voyage, je reconnais la banque Thomas Cook où j'avais tant attendu l'argent de Michel.

En sortant de la banque, je n'ai pas fait plus de deux cents mètres, qu'un homme, coiffé d'un turban (il est de religion sikh), m'aborde en me disant qu'il a des choses importantes à me révéler. Il affirme que ce voyage est extrêmement important pour moi et que ma vie va totalement changer. Me voyant très sceptique, il ajoute que j'ai besoin de preuves et qu'il peut me les donner. Je poursuis mon chemin sans y prêter attention. Fait étrange, il me dit les mêmes choses que m'a dites Nila Baba.

— Je vais te dire le nom de ta mère, de ton mari, ta date de naissance, combien tu as de frères et de soeurs, ce que tu fais dans la vie... Et si je ne te dis pas la vérité sur tout cela, alors tu t'en iras.

Il vient de piquer ma curiosité; qu'ai-je à perdre? Je le suis dans la petite ruelle voisine. On l'appelle Yogi Singh.

Il me demande d'abord de lui donner un chiffre. Je lui dis: «3». Il l'écrit en ajoutant 7 et 8 (378).

— Choisis un chiffre.

Je choisis le chiffre 7.

— Tourne ce papier.

Le chiffre 7 y est inscrit.

— Tu as choisis le chiffre 7 car tu es dans une quête spirituelle.

Il me demande de penser à un fruit. Je n'ai aucune idée; je dis «apple» (pomme).

— Tourne ce papier.

Le mot «apple» y est écrit.

— J'ai des choses importantes à te dire, mais toi, tu as besoin de preuves; alors, je vais t'en donner.

Il me demande de lui montrer ma langue. Alors là, c'est la première fois que je rencontre un yogi qui regarde une langue pour dire des choses. J'en ai vus qui se servent des lignes de la main, de la numérologie, de l'astrologie, de l'iridologie, mais de la langue, jamais. Il écrit quelque chose sur un bout de papier, le froisse et me demande de le garder dans ma main droite fermée.

— Crois-tu en Dieu?

— Bien entendu.

— Prends ce papier maintenant, puis écris le nom de ta mère, de ton mari, le nombre de frères et de soeurs que tu as (écris B pour *brothers*, S pour *sisters*), l'année de ta naissance et ce que tu fais.

— C'est toi qui dois me le dire. Si je l'écris, tu le sauras.

— Si ce que tu écris sur ce papier n'est pas identique à ce qui est écrit dans ta main droite, alors tu pourras partir; tu ne me devras rien. Mais si c'est identique, accepteras-tu de m'écouter?

J'accepte. J'écris: Laura, Richard, S=3, B=4, 1951, *Writer*.

Quand j'ai terminé, il me dit de remercier Dieu et de porter au front le papier que je tenais dans ma main droite en disant: «Que la chance arrive et que toute mauvaise chance s'en aille à jamais». J'ouvre le petit papier que je tiens depuis un moment dans la main. C'est écrit: Laura, Richard, S=3, B=4, Writer, 1951.

Je suis stupéfaite! Comment cet Indien, qui n'aurait jamais pu prononcer ces noms, a-t-il pu les écrire sans faute?

Il me confirme, avec plusieurs détails, tout ce que m'a dit Nila Baba. Il me donne plusieurs conseils. Il insiste beaucoup sur la nécessité d'avancer «étape par étape», de ne pas essayer d'aller plus vite que les événements. Il me dit (tout comme Nila Baba) que les années passées furent difficiles mais que commenceront, après le mois d'avril, les meilleures années de ma vie, et que je reviendrai en Inde, mais cette fois, avec mon mari.

Je lui confie que je souhaite rencontrer un «gourou». Il me montre deux photos en me disant que le premier est décédé mais qu'il a transmis tout son savoir au second[3]. Il me donne une adresse.

- Prends une moto, va seulement regarder et tu décideras si tu veux le rencontrer.

Puis, il inscrit 1 000, 2 000, 3 000 sur un papier.

- Choisis ce que tu veux me donner.

Mille (1 000) roupies (environ 40 $ US) représentent une somme importante en Inde. C'est le maximum que je peux lui offrir.

- Coupe entre le minimum et le maximum et donne-moi 1 500 roupies.

- Non, je ne peux te donner que 1 000 roupies.

Il m'appelle un motocycliste et lui indique où m'amener. Décidément, je vais d'aventure en aventure.

J'arrive à l'*ashram* Radha Soami. À l'admission, il y a un petit groupe d'hommes affairés. Je leur raconte l'aventure m'ayant conduite jusqu'ici et le fait qu'il fallait que je rencontre leur Maître, personnage totalement inconnu de moi. (Je crains qu'on ne me prenne pour une folle.) L'un d'eux me conduit dans un autre bureau où, de nouveau, je raconte mon histoire.

---

1. Maharaj ji Charan Singh, celui qui est décédé, et son successeur, Shri Hazur Maharaj ji (voir photos).

Chap. VII   Nouvelle odyssée

Ici, me dit-on, lorsque nous rencontrons quelqu'un du même âge que nous, nous l'appelons mon frère ou ma soeur. S'il est plus âgé, il devient notre père ou notre mère ou notre fille ou notre fils s'il est plus jeune.
- Ton père va s'occuper de toi.

Monsieur Sud m'amène gentiment dans son bureau et m'assure qu'il va faire en sorte que j'aie une entrevue avec le Maître. Un homme me sert du thé et des biscuits et on paie mon conducteur de moto.

Je demande à Monsieur Sud pourquoi il ne porte ni turban, ni barbe.
- C'est que moi, je suis hindou, alors que celui qui t'a servi est sikh.

Il m'explique que le Maître Shri Hazur Mararaj ji s'adresse à toutes les confessions et que ses enseignements rejoignent toutes les religions ou castes. Cela me plaît beaucoup. Il m'informe qu'il donnera pendant trois jours consécutifs un *satsang* (discours spirituel) à Delhi les 4, 5 et 6 octobre prochain. Je dois me préparer et, pour cela, il me recommande de lire certains ouvrages. Il m'amène à la librairie de l'*ashram* et me remet le volume «*Call of the Great Master*» («L'appel du grand Maître») ainsi que «*The Path of the Master* » («La voie du Maître»). Il refuse que je les paie. Il m'en dédicace même un.

Cela change mes plans puisqu'il faut que je sois de retour dans quinze jours. Je reporte mon départ dans l'Himalaya et décide d'aller à l'Université Brahma Kumaris au Mont Abu. Je commence à croire que je suis venue rencontrer certains des plus grands Maîtres de l'Inde (Je suis loin de soupçonner la renommée de Shri Hazur Maharaj ji.)

Mon «père» me dit de prendre contact avec lui à mon retour; il me trouvera un hôtel confortable et à bon compte ainsi que des gens pour m'amener à Chattaspur-Bhatti situé à environ 25 km de Delhi. C'est là qu'aura lieu le *satsang*. On me rappelle un taxi (moto). J'ai faim; j'en profite pour aller déjeuner à un petit restaurant chinois où j'allais manger il y a trois ans. Pour moins de 3 $, j'ai un repas succulent.

En sortant du restaurant, je retrouve Yogi Singh. Je lui remets 500 roupies supplémentaires dans sa poche, en le remerciant, et je pars. Il m'a appris l'importance de toujours donner le maximum.

Je médite sur cette question et je comprends que les compagnies les plus prospères sont celles qui tentent continuellement de donner un meilleur service, un meilleur produit.

Telle est la voie de la réussite: toujours essayer de faire mieux, de donner davantage. Cela est aussi vrai pour sa vie de couple. Toujours faire plus pour rendre son conjoint heureux. Donner sans attente, simplement pour le bonheur de donner le maximum de soi-même.

Aussi est-il bon de garder continuellement dans ses pensées ces petites phrases: «Qu'est-ce que je peux faire de plus pour celui (celle) que j'aime, pour l'entreprise où je travaille ou pour ma clientèle, etc.?»

Ceux qui veulent prendre d'une entreprise sans penser à ce qu'ils peuvent lui donner se retrouvent très souvent mis à pied.

Le président John Kennedy disait en s'adressant aux Américains: «Ne vous demandez pas ce que votre pays peut faire pour vous; demandez-vous plutôt ce que vous pouvez faire pour votre pays».

Il est bon de se rappeler que l'on ne reçoit pas nécessairement de l'endroit où l'on a donné, ni des personnes à qui on a donné...

DONNE LE MAXIMUM ET TU RECEVRAS LE MAXIMUM; DONNE DES MIETTES ET TU RECEVRAS DES MIETTES.

Je décide donc de me rendre à Jaipur puis à Udaipur et, de là, de poursuivre jusqu'au Mont Abu. L'avion part demain. Je me couche tôt et je quitte l'hôtel vers 4 h.

En arrivant à Jaipur, je me renseigne comme d'habitude pour choisir un hôtel confortable. On m'en suggère un. Le conducteur du taxi m'en propose un second. Il insiste; je me doute qu'il en reçoit une commission. Mon intuition me dit de me rendre au premier. J'ai appris à ne plus me laisser intimider et à prendre ce que je veux vraiment. Mon intuition est juste: l'hôtel suggéré par le chauffeur ne me plaît pas. Je me rends donc à celui qu'on m'avait recommandé en premier; cet hôtel est beaucoup mieux et pas tellement plus cher que l'autre.

Voilà que je redeviens une touriste pour quelques jours. Ma visite débute par le fort Amber que l'on peut atteindre à dos d'éléphant. C'est toute une expérience. J'essaie même de le conduire, assise sur sa tête, les jambes derrière ses oreilles. Puis, je termine ma visite par la ville rose de Jaipur. Ma prochaine destination est Udaipur.

22 septembre 1991

L'avion atterrit. De l'annonce faite en hindi, je saisis la syllabe «pur». Je descends et j'attends ma valise. Tous les bagages sont sortis et je ne vois pas ma valise. Je m'informe à l'un des responsables; il regarde mon billet:
- Tu vas à Udaipur?
- Oui.
- Ici, tu es à Jodhpur.

L'avion va partir; j'ai tout juste le temps d'attraper une carte de transit. Je cours et j'arrive quelques seconpdes avant qu'on ne retire l'escalier et qu'on ne ferme la porte.

Udaipur est très différent de Jaipur qui est presque désertique. Ici, il y a de magnifiques lacs. L'hôtel Lakend, où je loge, donne sur un des lacs. C'est un coin parfait pour se reposer, loin des bruits de la foule, sous une température idéale. J'y passerais sûrement davantage de temps. Je m'alloue cependant quelques jours de repos avant de repartir vers le mont Abu.

Au cours de ma visite matinale, je fais la connaissance de Yousef, un peintre indien de vingt-quatre ans. Il m'aborde en me demandant s'il y a longtemps que je suis en Inde et ce que je souhaite y voir. Je lui réponds que je suis venue visiter des Centres spirituels pour une recherche intérieure. Il me parle d'un vieux *sannyasi* musulman possédant, semble-t-il, de grands pouvoirs. Le *sannyasi* est le stade ultime qui consiste à renoncer au monde et aux plaisirs des sens pour parvenir au suprême renoncement, celui de l'EGO, du «je» limitatif. Seul celui qui atteint ce détachement peut être appelé *sannyasi*.

Il me demande si je veux le rencontrer.
- Bien sûr.
- Je ne te promets rien car il y a des jours où il ne veut voir personne.

Mon conducteur suit Yousef qui laisse sa moto chez lui et nous nous rendons à l'endroit où habite ce vieux *sannyasi*. Yousef achète des arachides pour le vieux sage. Sa tente est d'une extrême pauvreté et le plancher est en terre battue. Un assemblage de matériaux, ressemblant à de grands sacs à ordures, constitue ce que l'on peut appeler sa demeure, sans électricité, sans eau ni installations sanitaires.

J'avance timidement d'un côté. Yousef, qui est resté en arrière, me fait signe de revenir. Je crois pour un moment que cela signifie que le sage ne veut pas nous recevoir. Non, Yousef voulait me signifier de passer par devant. Je m'approche doucement, avec respect. L'assistant du *sannyasi* me fait signe d'avancer. Je m'assois tout près du vieux sage. Il a les cheveux longs ainsi que la barbe de couleur blanche. La bonté se lit sur son visage, mais il semble quelque peu absent. Je ne sais si je dois joindre les mains et lui dire **Namasté** ou m'incliner.

J'allais m'incliner lorsque l'assistant me fait signe qu'il ne faut pas. Les Musulmans gardent la tête droite ou levée vers le ciel devant un Maître; ici, on ne s'incline pas.

Le vieux sage me sourit et me parle; je ne comprends absolument rien. Il m'offre du thé en signe de bienvenue. Je lui remets les arachides que Yousef a apportées. Il me présente des petits gâteaux de riz farcis avec je ne sais trop quoi. J'espère qu'il ne me demandera pas d'en manger car les conditions des lieux ne m'ouvrent pas l'appétit et ces petits gâteaux ne m'attirent réellement pas. Je souhaite tant comprendre ce qu'il cherche à me dire. Avec des signes, j'obtiens l'autorisation de faire approcher Yousef afin de me servir d'interprète.

Le sage dit qu'il savait que je viendrais. Il me parle d'un enfant ou plutôt de deux enfants que j'aurai. («Enfant» signifie aussi une réalisation, une oeuvre). Il me dit: «Quand tu donnes quelque chose, ne crois pas que c'est toi qui donnes». En pointant ma caméra, il me fait savoir que je peux prendre des photos. Puis, il s'adresse à des entités spirituelles tout en écaillant les arachides. Lorsqu'il a terminé, il me les remet en me disant de ne pas en perdre une et d'en apporter au Canada. Je peux aussi en offrir. J'en garde une petite quantité et je partage le reste avec d'autres personnes qui sont venues le voir.

Nous quittons les lieux. Yousef me dit:
- Tu as été très chanceuse. Depuis des années que je viens le voir toutes les semaines, jamais je n'ai pu m'asseoir aussi près de lui que tu l'as fait. Tu dois avoir un très bon coeur pour qu'il t'ait permis de l'approcher ainsi.

En soirée, Yousef m'amène à un spectacle de danse du Rajasthan dans un amphithéâtre à ciel ouvert. C'est un soir de pleine lune; c'est magnifique. Je porte le *sari*[1] que j'ai acheté à Jaipur. Les Indiennes me disent que j'ai l'air d'une *marahani*[2]. Yousef vient me reconduire à mon hôtel. Je lui promets de lui envoyer la photo du vieux sage qu'il souhaite reproduire en peinture.

25 septembre 1991

Tôt le matin, je quitte Udaipur pour le Mont Abu. Nous roulons pendant cinq heures à bord du «luxury bus» (cet autobus n'a de luxueux que le nom). En arrivant, je demande à un chauffeur de taxi de me conduire à l'Université Brahma Kumaris. Son assistant insiste pour que j'aille à un hôtel qu'il me recommande. Plus il insiste, moins cela m'attire. Je veux être près du Centre universitaire pour suivre l'enseignement. L'hôtel qu'il me propose est très éloigné. J'exige qu'il me conduise au Centre pour m'y informer de la possibilité d'y résider. Tout est complet; on me conseille d'aller à l'hôtel Lake View qui est tout près.

Cet hôtel est sûrement le pire que j'ai eu depuis le début de ce voyage, mais la vue sur le lac, les monts et le château du maharajah, juché au sommet de l'un d'eux, est superbe. De plus, je peux me rendre au Centre en dix minutes de marche environ.

---

1. Sari: Costume féminin indien composé d'une pièce de coton ou de soie, drapée et ajustée sans coutures ni épingles
2. Marahani: Femme du Maharajah (prince hindou).

Je me présente à l'Université en fin d'après-midi. J'y suis très bien accueillie. On m'assigne une jeune Japonaise de vingt-sept ans, Mi-San, pour m'initier au *Raja Yoga*.

Raja : seigneur, roi
Yoga: lien, maillon ou relation

Elle me fait visiter les lieux et me donne rendez-vous demain à 9 h pour mon premier cours.

Mi-San et son frère sont *raja yogi* depuis des années. D'origine japonaise par leur père et suédoise par leur mère, ils vivent la plus grande partie du temps à Tokyo au Japon. Dès qu'ils peuvent se libérer de leurs occupations, ils viennent à l'Université Brahma Kumaris. Eux-mêmes suivent les pratiques et les enseignements plus avancés tout en transmettant les notions de base du *Raja Yoga* aux nouveaux arrivants.

J'ai la chance d'avoir Mi-San pour moi seule et de suivre les enseignements dans un local agréable.

Il existe 1 650 Centres de *Raja Yoga*, incluant 135 musées spirituels en Inde et à l'étranger.

Le *Raja Yoga* fut fondé à Karachi en 1937 par Adi Dev Prajapita Brahma. Riche diamantaire reconnu pour sa grande probité et célèbre yogi, il était, semble-t-il, la réincarnation de Narayana, le premier empereur du monde à l'âge d'or.

Son but visait à établir la Paix Universelle par la transmission de connaissances spirituelles et par l'entraînement au *Raja Yoga*, dont les objectifs sont de:

1. créer un profond éveil de conscience sur le rôle important de la spiritualité pour l'être humain;
2. comprendre nos droits et nos responsabilités envers la société afin de travailler ensemble pour apporter une consolidation des valeurs humaines et de la paix;
3. introduire partout un programme pratique mettant l'accent sur l'importance de la fraternité (qui suppose que nous sommes tous les enfants de Dieu) et maintenir cet équilibre global.

Disciplines prônées:
1. La pureté
2. La non-violence
3. L'étude spirituelle régulière
4. Un régime purement végétarien
5. S'abstenir de drogues, d'alcool et de cigarettes
6. Imprégner sa vie de famille des vertus divines
7. Vivre le célibat, même en couple (*Brahma-charya*)

La phrase clé ici est: «*Om Shanti*», qui signifie: «Je suis une âme de paix» ou encore: «Je suis une âme de pure lumière et de paix».

Om: Psyché ou Âme
Shanti: Paix

L'Être Suprême a le nom de *Shiva*.

Le monde matérialisé y est représenté de manière cyclique sous la forme d'une roue appelée «Le Drame éternel du monde». Cette roue est divisée en quatre *Yugas* (cadrans ou périodes) de 1 250 années chacune:

Le premier cadran, c'est *sat-yuga* (l'âge d'or)
Le second, c'est *treta-yuga* (l'âge d'argent)
Le troisième, c'est *dwapur-yuga* (l'âge de cuivre)
Le quatrième cadran, c'est *kali-yuga* (l'âge de fer)

Il est à noter que le quatrième cadran contient, tout à la fin, une cinquième phase appelée l'âge confluent ou encore l'âge de diamant. C'est la période de retour de *Shiva* au cours de laquelle les êtres sont appelés à atteindre leur libération.

On m'enseigne que Dieu (*Shiva*) est comme le Soleil et que nous sommes comme la Lune reflétant sa lumière. Ou encore, comme un diamant, nous réfléchissons sa lumière; mais, pour ce faire, il faut nous polir, nous nettoyer.

Toujours selon leur approche, Dieu est tout ce qu'il y a de permanent, de stable; tout le reste est en changement continuel.

Par exemple, le soleil est toujours là, même si nous ne le reflétons pas toujours.

Il y aurait trois principaux mondes:

Le monde physique, corporel, grossier et éphémère
Le monde subtil ou angélique
Le monde céleste ou de pure lumière

Le monde physique, formé des cinq éléments, est celui dans lequel nous vivons. C'est un monde grossier parce que tout ce qui vit a une forme grossière. Appelé aussi le monde des mortels (ou éphémère) parce que ce qui est né doit mourir un jour, ce monde est en perpétuel changement. Il est l'équivalent d'un amphithéâtre où se déroule une pièce de théâtre intitulée: «Le drame éternel du monde». La scène et les décors sont la planète ainsi que notre environnement naturel: fleurs, forêts, cours d'eau, etc. Les acteurs sont les âmes; les costumes sont les corps et les rôles sont les expériences vécues. Aussi longtemps que l'acteur s'identifie à son costume et à ses rôles, il subira les conséquences de ses pensées, de ses paroles et de ses actions, parce que l'acteur a oublié qui il était vraiment. Il n'est ni les costumes, ni les rôles qu'il prend de vie en vie.

Au début de la pièce de théâtre, les décors sont très harmonieux, il y a peu d'acteurs sur la scène. Tout est beau et magnifique. C'est le paradis; la beauté et l'harmonie y règnent. C'est l'âge d'or.

Puis, de nouveaux costumes (enfants) sont créés par fusion de la pensée. Ainsi, au fur et à mesure que la pièce avance, il y a un peu plus d'acteurs sur la scène.

À l'âge d'argent, les décors perdent un peu de leur éclat. Les acteurs commencent à dépendre les uns des autres. Les nouveaux costumes sont créés par de très fortes émotions d'amour partagées par les yeux.

À l'âge de cuivre, les décors commencent à se détériorer. Le nombre d'acteurs augmente de plus en plus. La planète a perdu beaucoup de sa beauté initiale. Les nouveaux costumes sont maintenant procréés par contact physique. Cela donne naissance à l'identification au moi EGO parce que les acteurs, s'identifiant à leur corps, croient qu'ils sont les créateurs. On commence donc à rechercher la satisfaction de ce corps par le plaisir des sens. Les maladies se développent et les difficultés augmentent. C'est alors qu'arrivent les messagers ou médecins spirituels tels Rama, Krishna, Shankaracharya, Bouddha, Abraham, le Christ, Gourou Nanak, etc.

À l'âge de fer, les acteurs, s'étant totalement identifiés à leur corps, recherchent le bonheur à travers le matérialisme et la satisfaction de leurs désirs et de leurs sens. Les maladies augmentent, les guerres, la famine et les cataclysmes surviennent. Avant la fin de la pièce, alors que tous les acteurs sont sur scène (environ 5,5 milliards d'âmes), il y a une période confluente (l'âge de diamant) au cours de laquelle les occasions nous sont données de redécouvrir notre véritable nature. Selon la philosophie du *Raya Yoga*, c'est la période dans laquelle nous évoluons actuellement.

Quand cette période sera écoulée, ce sera la fin de la pièce de théâtre. Le petit groupe d'âmes restées fidèles à leur véritable nature recommencera une nouvelle pièce de théâtre et, de nouveau, ce sera l'âge d'or. Ce cycle d'une durée de 5 000 ans, selon l'approche du *Raja Yoga*, se répète ainsi depuis toujours et pour l'éternité.

Au-delà de ce monde corporel, grossier et éphémère, il existe un autre monde qui comprend trois régions appartenant au règne des anges. Ce sont les régions de *Brahma*, de *Vishnou* et de *Shankar*.

Dans ces régions angéliques ou mondes subtils, on ne peut agir qu'au plan de la pensée. Il y est également possible de découvrir son identité parfaite, qui est pure Lumière, pour autant que l'on ait réussi à se détacher de son corps.

DIEU OU SHIVA SE MANIFESTE DONC PAR CETTE TRINITÉ, SOIT:

Brahma: c'est la création ou manifestation

En venant dans le monde de la matière, *Brahma* s'est manifesté par Shri Narayana et Shri Lakshmi qui furent le premier empereur et la première impératrice de l'âge d'or. Ce fut le début du monde matérialisé.

Vishnou: c'est le conservateur

Dans son amour pour ses enfants, le Père (Dieu ou *Shiva*) nous envoie son fils unique, *Vishnou* (l'AMOUR), afin que les êtres cessent de se détruire. En venant dans le monde de la matière, *Vishnou* prend différents noms, dont les plus connus sont: Krishna pour les hindouistes et le Christ pour les chrétiens.

Shankar: c'est le destructeur ou justicier

C'est celui qui accomplit la justice du Père en retournant à chacun l'oeuvre de ses mérites. C'est ce qu'on appelle la loi de cause à effet.

Au-delà de ces régions angéliques réside la pure Lumière (rouge doré). C'est le royaume du Père céleste, *Shiva*, Âme Suprême ou Dieu. C'est là que se retrouvent les âmes ayant atteint leur libération. Cet état, car ce n'est pas un lieu physique, pourrait aussi s'appeler «la vie éternelle» puisqu'il n'y a ni début ni fin. Tout n'est que pure Lumière, océan de paix et d'amour. À ce stade, il n'y a plus aucune souffrance.

En atteignant cet état, on peut redécouvrir sa forme originelle. L'être qui y parvient peut utiliser sa toute-puissance pour accomplir de bonnes et grandes actions dans le monde. C'est sûrement ce que le Christ voulait dire lorsqu'il disait:

> *«Mon père et moi ne faisons qu'un»*
> *«Mon père qui m'a envoyé...»* ou encore
> *«Mon Royaume n'est pas de ce monde»*
>
> *Jean 18,36*

Le *Raja Yoga* se veut une science de la méditation ayant comme but d'aider l'adepte à redécouvrir sa véritable identité, afin qu'en cessant de s'identifier à son costume (son corps) et à ses rôles (sa personnalité), il puisse de nouveau fusionner avec la pure Lumière dont il est issu.

On nous enseigne donc à nous détacher de l'identification au corps en nous répétant mentalement: «Je ne suis pas ce corps», «Je suis un minuscule point de lumière». Ce point, où réside l'âme dans toute sa pureté, est situé au niveau de notre 3e oeil.

Je trouve cette étude très intéressante. J'ai toutefois beaucoup de difficulté dans la pratique de la méditation prônée.

Dans les salles de méditation d'un blanc immaculé, sont installées une lumière rouge doré qui représente l'Âme Suprême et, en très gros plan, la photo du fondateur Prajapita Brahma. Ce qui m'est difficile, c'est de méditer les yeux ouverts en pensant: «Je ne suis pas ce corps, je suis un minuscule point de lumière», tout en ayant sous les yeux la photo du fondateur.

Mise à part cette difficulté, j'apprécie beaucoup les pratiques quotidiennes qui ont pour objectifs:

1. de formuler des pensées positives pour le monde qui nous entoure;
2. de créer l'habitude de la méditation;
3. d'être attentif et conscient d'instant en instant;
4. de choisir un aspect sur lequel travailler dans la journée. Par exemple, si je choisis la patience, je serai attentive d'instant en instant, afin de maîtriser cette vertu dans les moments où je risque de m'impatienter.

Je trouve ce dernier exercice excellent; il m'aide à développer graduellement des qualités que je souhaite acquérir.

Pour les lecteurs intéressés à pratiquer cet exercice, voici une liste suggérée par l'Université Brahma Kumaris à laquelle j'ai ajouté des éléments.

L'introspection	L'attention
La maturité	La discipline
La tolérance	La propreté
L'humilité	La gentillesse
L'appréciation	La détermination
L'honnêteté	La tendresse
Le contentement	Le pardon

La patience	L'équilibre
La simplicité	La coopération
La sagesse	Le détachement
La générosité	La sérénité
Le respect	La joie
L'obéissance	La bonne humeur
Le courage	La flexibilité
L'abandon	La douceur
L'amour	La clarté
La paix	La compassion
La vérité	La loyauté
La charité	La justesse
La confiance	L'émerveillement
La bonté	L'efficacité
Le service	La persévérance
La spontanéité	La volonté

On peut choisir l'une de ces qualités sur laquelle on portera son attention et sa vigilance au cours de la journée ou de la semaine. Un tel exercice aura des répercussions très favorables sur le plan karmique.

Les exercices de *Raja Yoga* ont pour buts:

1. de nous aider à atteindre la perfection qui consiste à être conscient à 100%, en nous libérant de l'identification au corps et de tout attachement au monde matériel;
2. de transformer l'individu par la reconnaissance de sa véritable identité;
3. de purifier nos empreintes (*samskaras*). Ces empreintes ou habitudes sont créées par les impressions qui sont laissées sur notre subconscient. Par exemple, si dans une incarnation, je suis un roi qui dirige les autres, j'aurai tendance dans une nouvelle incarnation à vouloir diriger, puisque ces empreintes sont en moi. Ce sont celles qui créent notre personnalité.

Tant que nous nous identifions à notre personnalité, nous demeurons prisonniers de la loi du karma ou loi de cause à effet. Pour nous en libérer, nous devons savoir que nous ne sommes pas cette personnalité et qu'elle n'est que le résultat de nos empreintes. Notre véritable personnalité se situe au-delà. Lorsqu'on dit qu'il faut mourir à soi-même pour renaître à la vie éternelle, cela suppose de mourir à cette identification, à cette personnalité ou EGO pour retourner à la Source, qui est pure Lumière de paix. «Om Shanti».

Toutes leurs disciplines me conviennent, mais là où je bute, c'est sur le *«Brahmacharya»*.

Le *Brahmacharya* se définit comme la chasteté, c'est-à-dire l'absence de relations sexuelles même chez les couples mariés, qui doivent vivre comme frère et soeur. Tous les *raja yogi*, c'est ce que me confirme Mi-San qui observe elle-même cette discipline, vivent le célibat sur le plan sexuel. Une telle pratique est fondée sur le fait que les relations sexuelles donnent de fortes sensations au corps et, par conséquent, sont susceptibles de créer l'attachement au corps et d'engendrer la séduction, la possession, les désirs, les attentes, les frustrations et les déceptions...

Ce sujet préoccupe plusieurs disciples ou visiteurs qui désirent suivre un cheminement spirituel. On posa la question au Maître Saï Baba pour savoir ce qu'il en pensait. Il conseilla aux débutants de vivre selon leur entendement. Cependant, ni lui, ni aucun sage indien n'a contredit le fait que la chasteté puisse être un important facteur de progrès spirituel.

Saint Paul disait: «Mieux vaut se marier que de brûler».

Dans l'hindouïsme, l'homme qui choisit la voie spirituelle passera par quatre étapes successives appelées «*ashramas*».

La première de ces quatre étapes est l'état *brahmacharya*. Elle commence au moment où l'enfant quitte sa famille pour vivre avec un gourou qui lui enseignera un yoga particulier, des règles de vie et les textes sacrés. Pendant cette phase, l'étudiant doit garder son mental fixé sur le développement de la spiritualité et se préserver de la haine, de l'avidité, de la luxure, de l'orgueil et de l'envie. Le mental est comme un miroir et, à moins que le miroir ne soit propre, sa réflexion déforme la vérité. En suivant consciencieusement la discipline du *brahmacharya*, les jeunes pourront obtenir une image plus claire de *Brahman* (Âme Suprême - Dieu).

C'est donc une période de chasteté physique et mentale qui pourra être suivie d'un voeu de célibat perpétuel. Sinon, l'enfant devenu adulte reviendra dans sa famille pour vivre la seconde étape qui est l'état de «*grihastha*», c'est-à-dire d'homme marié, chef de famille. Puis, quand ses enfants sont élevés et que les plus fortes passions ont été consumées, vient la troisième étape, celle de *vanaprastha*. Il quittera ses responsabilités pour chercher Dieu dans un endroit solitaire. Il sera accompagné de son épouse qui devient alors sa soeur spirituelle.

La dernière étape, celle de *sannyasi*, consiste à renoncer au monde et aux plaisirs des sens pour atteindre le suprême renoncement qui est celui de l'EGO ou du «je» limitatif.

On demanda à Saï Baba s'il croyait que pour atteindre la libération, il fallait nécessairement observer le *brahmacharya* ou le *sannyasi* (chasteté). Saï Baba répondit:

«Je ne suis pas d'accord avec cela. Celui qui gagne de l'argent d'une façon légitime, celui qui honore ses hôtes, qui sert et rend heureux sa famille, atteint la libération en même temps que les érudits bien établis dans la philosophie fondamentale de l'esprit. Personne ne peut traverser l'océan des naissances et des morts parce qu'il est un sannyasi ou un brahmachari. Des réussites en ascétisme, le statut de moine ou une profonde érudition, aucune de ces choses en elle-même n'y fera. Il doit y avoir la poursuite fidèle et ferme de l'étude des écritures, comme les Védas ou la Bhagavad Gîtâ qui enseignent la discipline spirituelle.

Cela implique le développement des dix vertus de base du *dharma* (loi universelle, divine). Ces vertus sont:

- la compassion
- l'honnêteté
- le discernement
- la connaissance

- la vérité
- le contrôle des sens
- la pureté
- les perceptions justes
- la patience
- la tolérance

Je comprends l'importance de l'équilibre et du choix. Pour la personne qui choisit la voie de la chasteté, cela est parfait pour elle. Toutefois, pour celle qui n'est pas attirée par cette voie, ça ne constitue pas un obstacle dans son cheminement spirituel. Lorsqu'on s'engage dans une vie à deux, il faut tenir compte de l'autre.

En Occident, un tel choix peut avoir de moindres répercussions sur le partenaire car la séparation est bien acceptée. Par contre, en Inde, où la séparation et le divorce sont pratiquement impossibles à envisager, un choix de ce genre impose l'abstinence au partenaire, ce qui va à l'encontre du respect, de l'engagement mutuel.

Je ne me vois pas rentrer à la maison et dire à mon conjoint que notre engagement ne tient plus. L'amour implique de penser à soi sans oublier l'autre et de penser à l'autre sans s'oublier. L'amour exclut de faire du mal à l'autre par ses paroles, ses actions ou ses choix. Cependant, si l'un des partenaires veut choisir la chasteté, il peut graduellement amener l'autre à cette idée. Si cela se fait dans l'amour, le respect et la compréhension, l'autre suivra éventuellement. Quand on veut changer l'autre, il nous résiste, alors que si on le laisse libre et qu'on l'accueille dans l'ouverture, il nous suit.

Je suis à la veille de mon départ. J'avais confié à Mi-San mon désir de rencontrer Dadeeji, la doyenne de l'Université.

Avant mon départ, on me permet de la rencontrer. J'entre dans une petite salle très bien tenue, comme tout le complexe Brahma Kumaris qui est d'une propreté contrastante avec le reste de l'Inde. Les vêtements des *raja yogi* sont d'un blanc immaculé.

Âgée de plus de soixante ans, Dadeeji est une véritable mère pour tous. Il émane de cette respectable dame une puissante vibration de paix, d'amour et d'ouverture. Elle me demande d'où je viens et ce qui m'a amenée jusqu'ici. Elle m'offre un agenda de l'Université qu'elle me dédicace. Je constate la puissante énergie qu'elle dégage car l'ajustement automatique de ma caméra se dérègle lorsque je la filme. Dès que je me déplace en direction des autres femmes présentes, ma caméra s'ajuste aussitôt (cela s'est produit aussi avec le Maître Saï Baba).

Avant de la quitter, je lui demande si elle accepterait de poser ses mains sur ma tête. Elle s'exécute et me prend également dans ses bras. Je ressens un grand courant d'énergie comme il m'est rarement arrivé d'en ressentir. Je quitte l'Université sous l'effet de cette puissante énergie. Ce sont des instants que je n'oublierai jamais.

J'ai encore bien des interrogations en quittant l'Université Brahma Kumaris mais j'ai une certitude: le vrai bonheur réside dans la fusion avec Dieu.

Je suis en Inde depuis un mois et j'ai l'impression d'y être depuis un an. Je sais que bien d'autres expériences m'attendent.

Je reprends l'autobus en direction de Udaipur, puis l'avion vers Delhi. Je me prépare à ma rencontre avec le grand Maître de Béas, Sa Sainteté Shri Hazur Maharaj ji.

3 octobre 1991

Je retourne à l'*ashram* Radha Soami. On me recommande un hôtel qui est tenu par des disciples. J'y fais la connaissance de Carol-Ann, une Américaine de trente-deux ans. Je partage avec elle les frais du taxi qui nous amène à la route des mines de Chattarpur-Bhatti où se tient la rencontre. Ce n'est qu'une fois rendue que je découvre l'envergure du grand Maître de Béas. L'assistance compte près de 200 000 personnes.

La majorité des participants sont Indiens. Certains ont parcouru des centaines de kilomètres en faisant parfois un bout de route à pied ou encore entassés dans un camion comme des sardines dans une boîte.

D'immenses tentes ont été montées et des toilettes de fortune y sont installées. L'organisation est de taille. Nous sommes tout au plus trente étrangers bien qu'elle en compte plusieurs milliers à travers le monde.

Le *satsang* est prévu pour 9 h 30. Après les vérifications d'usage, on nous conduit à l'avant de la tente principale. Pour les étrangers, on a placé des coussins blancs sur un tapis. Les Indiens doivent apporter leurs coussins et ils sont assis derrière nous sur de la toile de jute. Le grand Maître de Béas veut que les invités soient traités comme des rois.

Nous sommes donc installés devant le trône du Maître. Nous attendons en silence qu'arrive celui qui est considéré comme l'un des grands Maîtres de l'Inde.

Pour comprendre la philosophie du grand Maître de Béas, il nous faut revenir très loin en arrière, à l'époque du sikhisme.

Le sikhisme est l'une des quatre religions de l'Inde, fondée à la fin du XVe siècle au Pendjab par Gourou Nanak (1469 à 1538). Elle affirme l'existence d'un unique Dieu créateur et rejette le système des castes hindoues.

La religion sikh n'a pas l'importance qu'ont l'hindouisme, le bouddhisme ou le christianisme mais elle compte plus de deux millions et demi d'adhérents, répartis pour la plupart dans le Pendjab en Inde. Jusqu'ici, cette religion semble être la plus universelle dans ses principes fondamentaux.

Gourou Nanak eut neuf successeurs. À la mort du dernier représentant, Gourou Gobind Singh, ce fut le livre sacré «*Adi Granth Sahib*» qui tint lieu d'autorité tout comme la Bible devint le livre sacré que les prêtres utilisent pour transmettre les enseignements du Christ. On peut toutefois se demander si les grands messagers auraient été d'accord avec l'interprétation qu'en font leurs représentants?

La principale nuance entre le sikhisme et l'enseignement du grand Maître de Béas est que l'on croit qu'après la mort du Maître, des disciples peuvent déformer son message. En ayant un Maître vivant, le message demeure intact. C'est pourquoi le Maître transmettra tous ses enseignements à certains disciples choisis qui lui succèderont à sa mort.

Le premier fondateur de la colonie Radha Soami (qui signifie Maître de l'âme) fut Ghoman. Il mourut le 29 décembre 1803. Son successeur fut celui qu'on appela le grand Maître de Béas, Hazur

---

1. Saddhou: celui qui a conquis les cinq poisons: la luxure, la colère, l'avidité, l'attachement et l'orgueil.

Maharajah Baba Sawan Singh Ji, né le 19 juillet 1858 dans le village de Jatana au Pendjab, au sein d'une famille hautement respectée.

Dès sa plus tendre enfance, ce Maître montra des signes de maîtrise et de sagesse. Il aimait accompagner son grand-père pour rencontrer les *saddhous*[1] et les Saints qui venaient dans son village. À l'âge de dix ans, il avait terminé sa première lecture du livre sacré des Sikhs. Il était reconnu pour son caractère noble, sa générosité de coeur et son amour pour Dieu. Il étudia très jeune le Vedanta et le yoga, sous la conduite de maîtres qualifiés. Il obtint son diplôme du collège des ingénieurs et travailla pendant des années au Service militaire indien. Il avait la santé, l'argent, une excellente situation, les honneurs, bref tout ce qu'un homme peut désirer mais son âme avait soif de vérité. Il étudia le bouddhisme, le jaïnisme et la Bible, mais sa soif spirituelle n'était toujours pas satisfaite. Il voulait rencontrer le Seigneur de son vivant. L'idée de la rédemption après la mort le laissait indifférent. Si le Créateur était le père et les hommes ses enfants, pourquoi n'était-il pas possible de le voir et de communiquer avec lui durant la vie terrestre? Plusieurs tentèrent en vain de le faire adhérer à leur culte.

En 1894, il apprit qu'un grand Saint du nom de Baba Jaimal Singh Ji était à Murée. Murée était située sur la route de la grotte d'Amar Nath, un lieu de pèlerinage hindou au Cachemire.

Trois ou quatre rencontres avec ce grand Maître lui enlevèrent ses doutes. Il avait trouvé ce qu'il cherchait. Il fut initié à la science de Surat Shald Yoga qui est mentionnée dans le livre sacré des Sikhs.

Le grand Maître lui dit au moment de l'initier qu'il avait fait le voyage jusqu'à Murée uniquement pour lui. Il avait trente-six ans à l'époque.

Il se retira prématurément de son poste d'ingénieur en 1911. Sa vraie tâche l'attendait: guider l'humanité souffrante vers une paix spirituelle. Il se rendit à Dera et y demeura jusqu'à sa mort le 2 avril 1948. Durant cette période, il initia 126 000 âmes. Quand il commença ses *satsangs* réguliers à Dera, il y avait environ 2 000 *satsangis;* avant sa mort, il en attirait près d'un million.

---

1. Satgourou: Maître parfait qui a accédé à la cinquième dimension spirituelle.

Puis, il y eut Mararaj ji Charan Singh qui n'avait que trente-quatre ans lorsqu'il reçut le mandat d'être *satgourou* [1]. Pendant les années où il fut à la tête de la colonie Radha Soami à Béas, il a donné lumière et sagesse à des milliers de disciples. Il fut des plus aimé. Ce fut au grand regret de ses disciples qu'il quitta ce monde en juin 1990. Son neveu, Shri Hazur Mararaj ji, lui-même âgé de moins de quarante ans, lui succéda. C'est ce dernier Maître que nous attendons.

Sur l'écran de retransmission, je vois une limousine s'approcher. Elle s'immobilise: la porte s'ouvre et je vois le Maître se diriger vers l'estrade. Il est maintenant devant nous, impeccable dans son pendjabi, la tête entourée d'un turban blanc. Sa barbe, poivre et sel, est bien taillée. Pour le décrire, je n'ai d'autres mots que grandeur, splendeur, royauté. Il est l'un des rares Maîtres qui soit marié et père de deux enfants.

À ce premier *satsang*, deux disciples l'accompagnent; l'un parle (probablement en hindi), et l'autre chante. Le Maître installé en lotus se contente de regarder la foule. Sa posture est parfaite; il ne fait aucun mouvement pendant les quatre-vingt-dix minutes du *satsang*. Puis, il dit quelques mots et se lève.

Après le *satsang*, cette foule nombreuse est nourrie par l'organisation, car plusieurs viennent de très loin et n'ont souvent rien avalé depuis la veille. Le repas se compose de riz et de légumes. Il est impressionnant de voir comment on peut nourrir une foule de 200 000 personnes. Cela nécessite d'immenses marmites, des milliers d'assiettes qu'on lave dans des bassins aussi grands que les fontaines d'un parc. Des Indiens sont à l'intérieur et y plongent les assiettes dans une eau à laquelle on a ajouté un antiseptique. Je ressens beaucoup de respect et d'entraide. Pour les invités spéciaux, on a réservé un coin bien agréable avec des chaises et un excellent buffet. On a même pensé à offrir des liqueurs douces et de l'eau minérale. Le repas est délicieux; il se compose de riz, tomates, épinards et chapatis.

J'échange avec les *satsangis*. L'une pleure sur sa chaise. On m'explique que plusieurs personnes étaient très attachées au précédent Maître. Cela expliquerait pourquoi après l'entrée du Maître actuel, plusieurs personnes se sont mises à tousser. La toux spontanée dénote très souvent de la critique.

Je fais la connaissance de Sue, une Américaine, ainsi que d'autres *satsangis*. Je leur confie que je rencontrerai le Maître demain. Tous me trouvent extrêmement chanceuse. Je suis la seule qui est là pour la première fois. L'un des anciens *satsangis* me dit: «Tu as les yeux tellement clairs, tu as dû faire beaucoup de méditation». Je souris en pensant: «Peut-être dans une autre vie?»

Après ce premier *satsang*, nous retournons à l'hôtel; je me repose un peu et j'en profite pour approfondir l'enseignement des Maîtres de Rhada Soami.

Rhada Soami signifie l'Être Suprême descendu sur Terre comme un être humain; il est venu initier les âmes dans le mystère du verbe (NAM).

La relation entre le Maître et Dieu est ce que la vague est à l'océan. Les Maîtres sont comme des vagues qui apparaissent sur l'océan et qui s'y fondent de nouveau. Les vagues viennent de l'océan et y retournent. Les vagues et l'océan sont un.

Le Christ disait:

«Le Père et moi, nous sommes un».

Jean 10,30

Il ajouta:

«Sachez une bonne fois que le Père est en moi et moi dans le Père».

Jean 10,30

«Ce jour-là, vous comprendrez que je suis en mon Père et vous en moi et moi en vous.»

Jean 14,20

Il y a donc une logique évidente dans tout cela, c'est que Dieu est UN et qu'il est en chacun de nous; c'est là que nous devons chercher, à l'intérieur de nous-même.

Une histoire d'un sage soufie raconte qu'un homme cherchait ses clés sur la plage. Un ami s'approcha pour l'aider. Il lui demanda:

— Sais-tu où tu aurais pu perdre tes clés?
L'homme lui répondit:
— Oui, je les ai perdues dans ma cuisine.
— Alors, pourquoi les cherches-tu ici?
— C'est qu'il fait trop sombre dans ma cuisine; ici, il y fait plus clair pour chercher.

Tant que nous chercherons à l'extérieur ce qui est à l'intérieur, nous ne le trouverons jamais.

La réalisation de notre divinité ne peut être qu'unique. Cependant, la voie y conduisant peut prendre différents noms: christianisme, hindouïsme, bouddhisme, soufisme, sikhisme, etc.

L'organisation Radha Soami prône la présence d'un Maître vivant qui détient la clé pour ouvrir cette porte intérieure nous conduisant à la fusion avec Dieu. L'enseignement du grand Maître de Béas n'est pas basé sur une seule philosophie ou idéologie; il englobe les enseignements de tous les grands Maîtres afin de conduire le disciple ou le chercheur sincère au coeur de la Vérité.

La méditation, la discipline et la pratique des *yamas* sont dans cet enseignement les recommandations de base pour devenir un *satsangi*.

Les *yamas* sont:

1. *Ahimsa*; la non-violence envers tous les êtres, que ce soit par la pensée, la parole ou l'action. Il va sans dire que l'*Ahimsa* implique un régime strictement végétarien excluant même les oeufs. Les produits laitiers sont toutefois autorisés;

2. *Satya*; la vérité ou ne jamais mentir;

3. *Astaiya*; ne pas voler ou prendre ce qui n'est pas à nous;

4. *Brahmacharya*; chasteté dans les pensées, les paroles et les actions, excluant toute forme de luxure, telle la séduction;

5. *Apregreha;* ne pas avoir de désir pour les choses qui ne nous sont pas nécessaires, ce qui implique de renoncer à toute forme de convoitise car c'est l'attachement au monde matériel qui nous ramène dans le cycle des renaissances.

Les disciples étrangers m'ont dit qu'ils se rendront à Béas, où le Maître vit et donne les enseignements. Croyant qu'il est mon ultime rendez-vous, je souhaite ardemment m'y rendre.

5 octobre 1991

C'est aujourd'hui que je rencontre personnellement le grand Maître. Je me lève tôt et rejoins Carol-Ann et le taxi qui nous amène sur les lieux du *satsang*. Après les vérifications d'usage, je retrouve ma place. Un responsable de l'organisation que j'ai rencontré hier au déjeuner me dit:
- Claudia, tu ne rencontreras pas le Maître ce matin.
- Ah! (Je n'ai pas d'attentes bien que l'idée de le rencontrer m'enchante beaucoup)
- Non, tu vas le rencontrer cet après-midi à la résidence de ses hôtes. Tu seras assise dans le salon en face de lui et tu pourras lui poser toutes les questions que tu désires.

J'en suis stupéfaite. Moi qui ne suis pas une disciple, voilà qu'on m'accorde ce que 200 000 personnes souhaiteraient de tout leur coeur.

Lorsque je confie cela à Sue, elle me dit: «Laisse-moi te toucher, tu dois être une personne exceptionnelle pour avoir mérité une telle grâce».

De nouveau, nous attendons en silence celui qui faisait vibrer tous les coeurs présents.

Il revient à sa place sur le podium. Encore une fois, il demeure silencieux; ce sont ses assistants qui enseignent par la parole et le chant.

Après le *satsang*, le Maître accorde une entrevue aux rares personnes possédant une autorisation. Les étrangers peuvent demeurer à leur place pour observer ces entretiens. On approche du podium un grand escalier mobile donnant accès au trône du Maître. Les personnes peuvent alors l'interroger. L'entretien dure trois ou quatre minutes, rarement plus. Puis, les personnes autorisées descendent pendant que d'autres s'adressent au Maître. La période allouée aux entrevues est d'environ une heure, pendant laquelle de vingt à vingt-cinq personnes peuvent avoir le privilège d'un entretien.

Durant les entrevues, les Indiens peuvent circuler par les corridors aménagés derrière nous, pour voir le Maître. Le mouvement doit cependant être très rapide car assurer la circulation de milliers de personnes en une heure exige un contrôle extrême. S'il arrive qu'une Indienne veuille voir le Maître plus d'une seconde, les autres la bousculent. Ceux qui assurent l'ordre tirent ou battent presque les Indiens présents pour qu'ils avancent. Je souhaiterais leur donner ma place.

Le Maître voit parfois la scène et semble dépassé par le fanatisme et l'idolâtrie de cette foule. Certaines personnes perdent conscience et entrent dans des états de transe rien qu'en le voyant.

Sue me dit: «Réalises-tu que tu es assise devant près de 200 000 personnes, que tu peux confortablement regarder le Maître aussi longtemps que tu le désires. En plus, il t'est donné le rare privilège d'avoir une rencontre privée avec lui».

Je me demande bien pourquoi? Qu'ai-je fait pour me mériter une telle faveur alors que ça n'a pas tant d'importance pour moi de rencontrer ce Maître car je sais si peu de choses de lui. Néanmoins, j'apprécie cette merveilleuse occasion qui m'est offerte.

Puis, c'est l'heure du déjeuner. Tous les *satsangis* se plaisent à me faire des recommandations du genre: «Quand tu seras avec lui, ne le quitte pas des yeux», etc.

Tout ce que j'espère, c'est que le Maître m'autorise à me rendre à Béas afin de mieux le connaître. J'apprécie déjà beaucoup ce que je lis sur la philosophie de ces grands Maîtres; cela me rejoint.

Après le départ des *satsangis*, j'attends en lisant. Le temps passe rapidement. Vers 15 h 35, on vient me chercher pour la rencontre. Quatre autres personnes d'origine indienne ont également ce privilège. Un chauffeur est mis à ma disposition pour me conduire. La voiture s'engouffre dans une petite route conduisant à une très jolie ferme.

L'entrée est protégée par des gardes armés. Mon conducteur répond de moi en hindi. De magnifiques jardins entourent une très belle villa. Sur le toit est installé un soldat avec une mitraillette. D'importants dispositifs de sécurité sont mis en place.

On nous dirige dans la salle de séjour. Tout est très luxueux. Un couple passe avant moi, demeure environ dix minutes avec le

Maître, puis, c'est mon tour. Ce n'est pas sans émotion que je m'assois en face de lui. Il me sourit. S'exprimant dans un très bon anglais, il me demande ce qui m'a amenée en Inde et comment j'ai connu l'organisation Rhada Soami. Je lui raconte l'odyssée qui m'a conduite jusqu'à lui.

Trois questions me préoccupent: je suis en accord avec un régime totalement végétarien. Cependant, plusieurs produits contiennent des oeufs, dont les pâtes alimentaires. Devrais-je les éliminer aussi? Le Maître me répond: «Oui, tu dois faire cet effort». Il me dit qu'il a vécu lui-même à l'étranger et que c'est très faisable. Je lui demande aussi s'il faut absolument suivre *brahmacharya* (la chasteté). Là-dessus, il me dit:

- Es-tu mariée?
- Oui.
- Vis ta vie de femme mariée pour le moment. Viendra un temps, si tu le désires, où cela se fera tout seul. Il ne faut pas s'imposer cet aspect de la voie. Suppose que tu as une très jolie pierre dans la main et que je t'en offre une bien plus jolie; il te sera facile de céder celle que tu tiens.

Je comprends que lorsqu'on suit une voie spirituelle, des changements surviennent dans notre façon de penser, de nous vêtir ou de nous alimenter. Par exemple, il arrive un moment où l'on a de moins en moins envie de manger des viandes. Puis, avec le temps, on opte pour un régime semi-végétarien où l'on conserve parfois les volailles et les poissons. Par la suite, on peut choisir un régime strictement végétarien excluant même les sous-produits animaux. Il en va de même quant au choix d'exclure les relations sexuelles de sa vie. Lorsqu'on est prêt, cela se fait sans effort; c'est ce qu'il voulait me faire comprendre.

Je lui demande ensuite si je peux venir à Béas. Il me répond avec un très beau sourire plein de tendresse: «Non», en ajoutant:

- Lis d'abord sur la philosophie de Radha Soami afin de savoir si c'est vraiment la voie que tu désires suivre. Tu ne dois pas te laisser influencer par ce qu'on a pu te dire mais avoir la certitude que c'est vraiment ce que tu désires.

Il ajoute qu'il faut chercher Dieu à l'intérieur de soi.

Je lui dis:

- Mais n'avons-nous pas besoin d'un Maître pour cela? (pensant à leur idéologie).

Il me répond:
- Oui, mais ce n'est pas une raison pour bousculer les choses; n'essaie pas d'aller trop vite. Le temps que tu penses perdre dans ta recherche est en fait du temps que tu gagnes.

Les paroles de Yogi Singh, «étape par étape», me reviennent en mémoire.

Je suis à même de constater la très grande sagesse de ce Maître et j'apprécie sa solidité, en ce sens qu'il a les deux pieds bien sur terre. Il est jeune mais a été formé à la bonne école. Il a la trempe des grands Maîtres capables de conduire l'humanité vers son évolution.

Je demeure plus de trente minutes auprès de lui. Je suis à la fois ravie de cette rencontre mais déçue de ne pouvoir me rendre à Béas.

Ce Maître m'a cependant appris quelque chose d'essentiel:

Un choix ne doit être fait qu'après avoir pris conscience de ce que nous cherchons et de ce qui nous est offert, et ne pas se décider sur la base d'influences extérieures.

Combien de personnes suivent une voie religieuse parce que c'est celle de leurs parents ou de leur environnement et dénigrent les autres qu'elles ne connaissent même pas?

ON CRITIQUE OU REJETTE SOUVENT CE QUE L'ON NE CONNAÎT PAS.

Oui! Je suis à la recherche de la voie qui me sera la plus favorable et que, par la suite, je pourrai enseigner à des personnes qui cherchent la même chose que moi.

Ma quête spirituelle n'est pas terminée. J'ai cru que mon rendez-vous était avec ce Maître. Cependant, cette rencontre fut très importante pour moi. Ma démarche continue.

Mon rendez-vous serait-il dans l'Himalaya?

Dieu, Tu T'es manifesté
et j'ai écouté.
Tu as éclairé ma voie
et j'ai marché dans Tes pas.
Tu m'as nourrie et abreuvée,
j'ai souri et absorbé.
Tu m'as tendu la main
et j'ai cru en demain.
Demain vient
où je proclamerai Ton Nom.
Comme le levain,
ce pain sera bon.
Il irradiera
tous ceux qui viendront à Toi
et moi je serai Toi
et Toi tu seras moi.
L'amour jaillira.
Il transformera
la laideur en beauté,
l'illusion en réalité.
Et tous seront.
Car tous sauront.

                                        Claudia

RETOUR DANS LES HIMALAYAS

Dans ce train de nuit, sans luxe, qui me rapproche de l'Himalaya, j'apprécie ma chance de voyager en première classe. Je n'ose penser à ce que doit être la seconde! Le train s'arrête à chaque petite gare; je n'arrive pas à fermer l'oeil de la nuit.

Je descends à Kalka où je dois changer de train pour atteindre ma prochaine destination: Simla.

Il est 5 h 30 du matin. Je commence à apercevoir les monts et vallées de l'Himalaya. Je suis si heureuse de revoir ces paysages grandioses.

La fenêtre est grande ouverte; je laisse le vent caresser mon visage. Je remplis mes poumons de cet air bienfaisant. Le soleil est au rendez-vous.

C'est la première fois que je viens à Simla. En arrivant, des *coolis* nous offrent de porter nos bagages. Je me sens de nouveau escortée. Ma valise prend du poids avec tous ces volumes que je rapporte de chaque endroit que je visite.

Je déniche un hôtel près de la gare. Je veux prendre quelques jours pour visiter les lieux avant de repartir vers Manali, cette fois par autobus, car Simla est la dernière station ferroriaire qui se rend dans l'Himalaya.

Simla est une ville construite en gradins à une altitude d'environ 2 300 mètres. De la gare à la rue principale, on doit monter en serpentin pendant plus d'une heure. Il faut avoir le pied montagnard! Je m'arrête à quelques reprises pour reprendre mon souffle, mais là-haut, le panorama vaut bien la montée.

En marchant dans les rues bordées de petites échoppes, j'entends une douce musique indienne. En général, je n'apprécie pas vraiment la musique indienne parce que je la trouve trop nasillarde et criarde, mais celle-ci me plaît beaucoup. Je m'informe auprès du garçon de café: «D'où jaillit donc cette musique?» Il me donne le nom et l'endroit où je peux me la procurer sur cassette.

Je m'y rends, l'achète et revient prendre un thé indien. Il me propose de me faire entendre la cassette. En l'écoutant, il me dit: «Ce n'est pas la bande originale». Je ne m'en serais sûrement jamais douté. Il me fait écouter la sienne pour en constater la différence.

Puis, il m'offre d'aller la changer pendant que je bois mon thé. À son retour avec la bande originale, je lui dis combien je trouve les Indiens gentils. Il me répond: «C'est parce que tu es gentille que les Indiens sont gentils avec toi». Je me rappelle cet Africain qui étudiait à Delhi et à qui je demandais ce qu'il pensait des Indiens. «Horribles, je les trouve horribles», m'avait-il répondu. Une fois encore, j'expérimente cette grande vérité: les autres sont envers nous exactement comme nous nous comportons envers eux et selon ce que nous pensons d'eux.

Je pars pour Manali. Comme tous les passagers sont Indiens, je négocie ma place avec l'assistant du conducteur afin d'admirer le paysage à mon aise.

Nous arrivons à Manali après dix heures de route. Quelle joie de revoir cette petite localité qui me rappelle tant de bons souvenirs! Je retrouve ce petit hôtel où j'avais logé. Rien n'a changé, c'est toujours très peu onéreux.

Je revois le site où j'avais reçu les enseignements de mon Maître il y a trois ans. Les lieux sont maintenant déserts et me semblent si petits aujourd'hui. Je me demande comment autant de personnes pouvaient être réunies dans cet endroit. J'ai l'impression d'être en pèlerinage.

C'est l'automne dans l'Himalaya. Je n'ai apporté qu'un chandail parmi mes vêtements. Je découvre une petite boutique où l'on vend de très beaux cardigans de laine. J'en achète un et je donne mon chandail (qui est d'ailleurs un chandail pour homme) au garçon de l'hôtel. Il est fou de joie. C'est le sujet de conversation de la soirée. Comme il est facile de se départir de quelque chose lorsque l'on trouve mieux. Pour atteindre le détachement de ce à quoi on s'accroche, il s'agit de porter notre attention sur un idéal plus élevé.

Ce qui m'avait aidée à me détacher de Laurent, c'était justement le fait de redonner cet amour aux participants que je recevais en thérapie individuelle ou de groupe.

L'AMOUR QUI NOUS FAIT SOUFFRIR, C'EST CELUI QUE L'ON N'A PU DONNER.

Richard P.

Je profite de mon passage à Manali pour me rendre à Rothang Pass en autobus.

Le long de la route, on peut apercevoir des amoncellements de pommes de terre qu'on s'apprête à entreposer pour l'hiver. La route monte en lacets. Il pleut. Lorsque nous atteignons Mandhi, la pluie se transforme en neige. Le vent est très froid. Heureusement que j'ai des bottes de montagne et un anorak que j'ai enfilé par dessus mon cardigan de laine. Nous nous arrêtons dans un petit restaurant de fortune. Notre cuisinier a son manteau et sa tuque. Il nous prépare des galettes de pommes de terre. Je m'installe près d'un petit foyer: la chaleur qu'il dégage me réchauffe un peu. Je mange ma galette en savourant ce qu'est le bonheur. J'ai le sentiment d'appartenir à ces montagnes.

Nous poursuivons notre route vers les sommets. L'étroitesse de la route ne permet le passage que d'un seul véhicule à la fois. Je n'ose penser à ce qui arriverait si l'un des véhicules que nous suivons tombait en panne. Les garages sont très loin sur cette route désertique. Il ne faut surtout pas avoir le vertige car nous atteignons bientôt plus de 4 000 mètres d'altitude. Il n'y a aucun garde-fou et les précipices ont près de 1 000 mètres de profondeur. C'est impressionnant!

Nous arrivons enfin à Rothang Pass, située à près de 5 000 mètres d'altitude. C'est une voie de passage vers le Ladakh qui n'est cependant ouverte que six ou sept mois par année à cause de l'abondance de la neige.

Il y a déjà passablement de neige, nous sommes à quelques semaines de la fermeture de ce passage. De cet endroit, nous avons une vue imprenable d'une partie des sommets de la chaîne himalayenne. Il n'y a pas de mots pour décrire ce panorama extraordinaire.

Il y a trois ans, lorsque je traversais la vallée des Dieux, j'avais les larmes aux yeux à la vue de toute cette beauté. J'avais alors fait une analogie entre cette vallée et ce que j'avais vécu avec Laurent. Je me disais qu'il avait été pour moi le plus merveilleux des compagnons, mais que j'en rencontrerais sûrement un autre, comparable à la vallée des Dieux. Deux ans après mon retour, je faisais la connaissance de Richard à qui je dis parfois qu'il est «ma vallée des Dieux».

Je n'ai jamais approché de si près ces hauts sommets. Je vois cela comme un présage; après la vallée des Dieux, ce ne peut être que Dieu. Après le plus haut niveau d'amour humain, il ne reste que l'Amour Divin qui est la fusion de son MOI et du SOI. J'aspire à cette rencontre de tout mon être.

Lundi 14 octobre 1991

Je quitte Manali pour Dharamsala. L'autobus doit partir à 6 h 30. Au terminus, il y a un vent de révolte dans l'air. Je donne ma valise pour qu'on la place sur le toit de l'autobus et je m'assois en attendant le conducteur. Un regroupement de personnes s'est formé devant l'autobus pour l'empêcher de partir. Lorsque le conducteur tente de quitter le terminus, le groupe se jette sur le véhicule. Des vitres sont brisées. Je prie mes guides pour que cette foule se calme et nous laisse partir. Le conducteur descend pour tenter d'arranger

Chap. VIII   Retour dans les Himalayas

la situation. Après trente minutes de pourparlers, nous pouvons enfin quitter Manali.

Le trajet est agréable. Nous atteignons Dharamsala après neuf heures de route.

À l'arrivée, je partage un taxi avec un autre étranger jusqu'à MacLeod Ganj. Je retourne à l'hôtel Tibet. Mes voyages des derniers jours en autobus m'ont fatiguée. Je m'allonge pour me reposer mais à l'extérieur de l'hôtel, il y a un tel vacarme. J'aspire à un peu de silence. L'Inde est un pays très bruyant. Les gens écoutent la musique et le téléviseur à plein volume. Souvent, dans les hôtels, j'ai dû demander à mes voisins de chambre de réduire le volume du téléviseur.

Ce soir, je vais manger dans ce petit restaurant tibétain où j'avais déniché de la tarte aux pommes. En lisant les affiches sur les murs, j'apprends qu'il se donne, du 19 octobre au 1er novembre, un cours de méditation à Tushita. Cela m'intéresse.

Après le petit déjeuner, je monte à pied vers Tushita. J'avais oublié que c'était si haut. Je trouve la montée pénible. Je me sens perdue dans ces petits sentiers de montagne car le paysage a un peu changé depuis ma dernière visite. Là-haut, je retrouve enfin la paix et le silence que je cherche tant.

Le bureau d'admission n'ouvre qu'à 10 h 30. En attendant, je fais la connaissance de Tricha qui aide les responsables. Elle est ici depuis plus d'un an. J'apprends que David est parti pour le Népal depuis quelques semaines. Je regrette un peu de l'avoir manqué. Le vieux lama que j'aimais tant, Géshé Tséring, est toujours ici. Il ne me reconnaît pas. Il a cependant appris un peu plus l'anglais.

Tricha me suggère de prendre une chambre et de m'installer, après quoi je pourrai régler les frais avec le moine responsable. Je redescends chercher mes affaires et j'achète de l'eau minérale, des bougies, des citrons et du miel car je souhaite entreprendre un jeûne. Je m'installe dans la chambre 14. Les chambres du devant n'ont pas de toilettes, mais elles sont orientées du côté du soleil. Je préfère le soleil aux toilettes et à un lavabo. De toute façon, les douches sont à l'extérieur et il s'y trouve aussi des toilettes et des lavabos. Ma petite cellule se limite à un lit et à quelques étagères.

Ce soir, je commence un jeûne de trois jours dans le silence total. J'en profite pour approfondir l'étude du bouddhisme grâce à ce volume de LAM RIM que je m'étais procuré en Dordogne. Je l'ai emporté en espérant l'approfondir mais j'ai plutôt étudié la philosophie des Centres que j'ai visités.

Le LAM RIM signifie la voie progressive vers l'Éveil.

Toute pratique du bouddhisme commence par la «prise de refuge» que l'on appelle aussi les Trois Précieux Refuges ou Triple Joyau. Ce sont:

Le Bouddha qui signifie l'Illuminé
Le Dharma qui signifie la Doctrine Sacrée
La Sangha qui signifie la Communauté Sacrée.

On prononce les paroles d'hommage trois fois en accompagnant ces prises de refuge, de prosternations qui se terminent le front au sol.

Ces prises de refuge sont des supports que l'on se donne dans cette voie dans laquelle on choisit d'avancer. C'est l'équivalent pour les chrétiens de placer leur confiance en Dieu. Ici, cependant, lorsque je me réfugie dans le Bouddha, le Dharma et la Sangha, j'accepte que je peux devenir moi-même un Bouddha. Je place donc ma confiance dans la possibilité d'atteindre ce but.

Quant aux prosternations, elles sont un symbole d'humilité et de respect envers la connaissance et son instructeur. Même Sa Sainteté Le Dalaï Lama se prosterne devant le trône sur lequel il servira d'instructeur, en signe d'humilité et de respect pour cette connaissance qu'il aura à retransmettre.

Le LAM RIM enseigne que le plus dangereux ennemi est l'**ignorance** car elle est responsable de toute souffrance. Aussi, tout nouveau savoir élimine une part d'ignorance.

Si nous nous arrêtons et pensons à ce que nous allons emporter au moment de la transition (la mort), nous constatons que nous n'emporterons ni maison, ni vêtements, ni bijoux, etc. Tout ce qui nous suivra, ce sont les expériences que nous aurons vécues, ainsi que les karmas engendrés par toutes nos actions, nos paroles et nos pensées. Ce sont ces karmas qui détermineront notre prochaine existence.

Nous libérer de l'ignorance est le plus bel investissement que nous puissions faire dans notre vie.

Les Radha Soamis disent que sur les 8 400 000 espèces vivant sur la Terre, seul l'être humain possède le privilège et la capacité de réaliser le SOI. Les bouddhistes disent la même chose et les deux croient que l'esprit qui habite le corps a pu et pourra habiter d'autres formes que celle de l'être humain.

Comprendre ceci est extrêmement important car cela nous permet de réaliser combien est précieuse une naissance humaine.

Selon les bouddhistes, les trois cadeaux les plus précieux que peut recevoir un être vivant sont:
- une naissance humaine;
- un intérêt spirituel (recherche de la cessation de la souffrance);
- et enfin, mais non le moindre, trouver un vrai gourou pour nous montrer la voie de la libération.

Le gourou signifie: celui qui enlève la noirceur et qui aide le disciple à lever le voile de l'illusion et de l'ignorance.

Gou: noirceur, ignorance.
Rou: qui enlève.

Le gourou est donc un porteur de Lumière.

Une naissance humaine n'est pas tout; encore faut-il avoir des facultés mentales et sensorielles adéquates. Il faut aussi être né dans un pays où il sera possible d'étudier le *dharma* (les lois spirituelles) et ne pas être affligé de lourds karmas négatifs.

Enfin, on peut avoir reçu tout cela et ne manifester aucun intérêt à atteindre le summum du bonheur, c'est-à-dire la Libération.

Une histoire raconte qu'un homme qui avait très faim, rencontra un homme riche et généreux qui lui offrit un plein sac de pièces d'or. Il tenta de les manger mais comme il ne pouvait ni les croquer, ni les avaler, il n'apprécia pas du tout son cadeau qu'il jeta aux ordures. C'est souvent ce que nous faisons de ces précieux cadeaux reçus lorsque nous recherchons le bonheur dans ce qui est éphémère.

Ma seconde journée de jeûne se passe bien. C'est habituellement celle que je trouve la plus difficile. À certains moments, j'ai des envies de «chips» et de chocolat.

Le jeûne est excellent pour nous aider à renforcer notre volonté en vue d'arriver à la Maîtrise. C'est également ce que je recherche en renonçant à l'alcool et en adoptant un régime strictement végétarien.

Dans le volume «*Call of the Great Master*» de Daryai Lal Kapur, disciple du grand Maître de Béas, on enseigne qu'il y a cinq classes d'organismes vivants dans ce monde. Elles sont classifiées selon le nombre et la quantité d'éléments qui les composent.

La première catégorie regroupe les végétaux, dans lesquels l'élément dominant est l'eau. Certains végétaux perdent 90 % de leur eau en séchant.

Dans la deuxième classe, on retrouve deux éléments dominants: le feu et l'air chez les insectes et le feu et la terre chez les vers et les reptiles crustacés.

Dans la troisième catégorie, dominent la terre, le feu et l'air que l'on retrouvera chez les poissons et les oiseaux.

La quatrième catégorie regroupe l'eau, le feu, l'air et la terre présents chez les mammifères. Il leur manque l'éther, ce qui explique la limitation de leur intelligence.

Enfin, dans la cinquième catégorie, nous retrouvons l'être humain qui possède les cinq éléments.

Il est intéressant de voir ce que rapporte la Bible dans le récit de la création alors que Dieu dit:

Que la terre verdisse de verdure

Que les eaux grouillent d'êtres vivants

Que des oiseaux volent au-dessus de la terre

Que la terre produise des êtres vivants selon leur espèce: bestiaux, etc.

Faisons l'homme à notre image et à notre ressemblance et qu'il domine (grâce à sa partie éthérique) *sur les poissons des mers, les oiseaux du ciel, les bestiaux et toutes bestioles qui rampent sur la terre.*

Cela peut nous faire comprendre comment la vie est graduellement apparue sur notre planète Terre. Nous comprenons aussi l'importance de respecter la vie des espèces plus évoluées.

C'est pourquoi tout adepte d'un cheminement spirituel doit suivre dans la mesure du possible un régime végétarien. Je dis bien dans la mesure du possible car, dans certaines situations, cela peut être très difficile. Je pense entre autres aux Tibétains qui vivent dans des régions montagneuses, où la saison de culture est très courte et où poussent de rares légumes.

Ma troisième journée de jeûne s'est bien déroulée. Cependant, cette nuit, j'ai eu des palpitations et ce matin, je me sens affaiblie. Je n'insiste pas et j'arrête ce jeûne.

Ce soir, je prends un délicieux repas. On m'invite à assister au *Puja* (culte d'offrandes) dans le temple. Je m'installe dans la position du lotus et, mettant de côté mon mental, je me laisse pénétrer de ces chants, de ces sons de cloches, de tambours et de cymbales. À la fin, on nous présente les offrandes (blé et maïs soufflés, biscuits, chocolat, etc.) qui ont été bénites. On nous sert également du thé de beurre de yak, une boisson typiquement tibétaine.

Tushita est une véritable oasis de paix, dans un décor paradisiaque. D'ailleurs, TUSHITA signifie «Terre de Joie».

C'est bien ce que je ressens dans ce haut lieu de calme et de bien-être. Je me sens si comblée par la vie. J'ai le sentiment d'avoir tout reçu.

Aujourd'hui, en descendant à MacLeod Ganj, j'ai croisé sur la route une mendiante lépreuse. Je me suis dit qu'elle n'avait pas assez d'être pauvre; il lui fallait en plus être lépreuse. Je lui ai donné des roupies. J'aurais aimé lui donner davantage, mais comment pouvais-je l'aider? Je lui ai offert un sourire plein d'amour et de compassion.

Je me rappelle ces enfants mendiants qui me harcelaient à Manali. Je me demandais pourquoi ils étaient tous accrochés à moi. Il y avait tout autour des Indiens couverts de bijoux, alors que je n'en avais pas. Et j'ai compris que l'on ne demande pas à celui qui, nous le savons, refusera de nous aider. On s'accroche plutôt à celui qui ne résistera pas. Une petite fille voulait que je lui achète des vêtements chauds pour l'hiver. Mais je savais que si je lui en achetais, j'aurais eu toute la colonie autour de moi. Même si j'avais eu l'argent, cela n'aurait pas été suffisant. Ces enfants auraient eu encore faim et froid. Leur maison n'est qu'un tas de planches ajourées ou encore une tente improvisée avec de vieux sacs et des chiffons.

Cette fillette représentait pour moi tous les enfants du monde qui ont faim et froid parce que l'Unité n'existe pas sur Terre. Les plus forts prennent tout, alors que les plus faibles n'ont rien.

Je souhaite un jour participer à un grand projet d'Unité planétaire afin que tous les êtres du monde n'aient plus jamais faim et froid. Je sais que le travail de base doit se faire auprès des jeunes. Il faut les éveiller à une nouvelle conscience, afin qu'eux, les dirigeants de demain, se donnent la main pour créer une véritable harmonie sur cette Terre. Voilà la prochaine tâche qui m'attend.

Ma remontée vers Tushita est pénible car je n'ai pas encore repris toutes mes forces. Cela me fait penser à un cheminement spirituel. Au début, cela nous semble presque inaccessible. On regarde la montagne en pensant qu'on n'y arrivera jamais. Puis, on se met en route. La montée est ardue; on s'arrête pour reprendre son souffle. Et lorsqu'on aperçoit le sommet, cela nous encourage, même si nous sommes épuisés par cette longue ascension. On ne voudrait pour rien au monde redescendre et cela nous donne de nouvelles énergies pour atteindre notre objectif.

Le cours commence ce soir. Nos journées se répartiront ainsi:

6 h 30:	méditation
7 h 30:	petit déjeuner
9 h 00:	enseignement avec le lama Tenzin Choedrak
12 h 00:	déjeuner
13 h 30:	enseignement avec le lama Geshé Dam Cho Sangpo
15 h 00:	pause
15 h 30:	discussion de groupe
17 h 00:	méditation
18 h 00:	dîner
19 h 00 à 20 h 30:	méditation

Chap. VIII   Retour dans les Himalayas

Je suis responsable du «réveil». Je vois cela de façon symbolique.

À la première leçon, on nous enseigne la bonne position à adopter en méditation. Je ne me suis jamais arrêtée sur son importance, mais cette fois, je comprends que la posture elle-même est un indice de notre maîtrise. On nous explique que plus notre esprit s'assouplit, plus notre corps devient flexible. Il est par conséquent plus facile de demeurer longtemps dans la position du lotus.

Cette posture nous permet de nous discipliner graduellement afin d'arriver à la maîtrise du corps, et ensuite à celle de l'esprit, qui est beaucoup plus difficile à atteindre.

La méthode enseignée est celle du juste milieu. Le dos ne doit pas être trop droit ni trop relâché; les yeux restent entrouverts, car s'ils sont trop ouverts, on risque d'être dérangé par les images extérieures, et par les images intérieures, s'ils sont trop fermés. La bouche doit également rester entrouverte.

On apprend ensuite à devenir conscient de sa respiration; non pas du corps qui respire, mais plutôt du mouvement (inspiration, rétention, expiration).

Pendant la méditation, je réalise avoir souvent eu l'impression que mon esprit était prisonnier de mon corps et je cherchais comment l'en libérer. Je découvre que j'ai toujours laissé mes sens être maîtres de mon corps. Il est plus que temps pour moi d'en reprendre la maîtrise.

Je m'éveille à 5 h 50 puis je réveille mon groupe. Nous sommes une vingtaine. Le soleil se lève au moment où nous nous rendons vers le temple pour la méditation. Après, je vais prendre le petit déjeuner et c'est silence jusqu'au déjeuner. Tout ce qu'on entend, c'est le chant des oiseaux. Le soleil donne à ce décor une beauté sublime. On y trouve des arbres et des fleurs à profusion. À l'arrière-plan, se dressent les sommets enneigés et en bas, on aperçoit les gradins de la ville de Dharamsala. Ici, tout est calme et splendeur.

À 9 h, arrive notre professeur de bouddhisme «avancé», le lama Tenzin Choedrak. C'est un Indien, dans la quarantaine. Il a une formation scientifique et il s'exprime dans un excellent anglais bien qu'il le parle très rapidement. C'est un érudit qui manifeste cependant un petit côté radical, mais c'est pour la bonne cause.

Dès qu'il a commencé à nous donner l'enseignement, j'ai su à cet instant que je ne pourrais quitter le 25 octobre, et que je devrai prolonger mon séjour jusqu'à la fin du cours. Je souris en pensant à mon dernier séjour à Tushita; je l'avais prolongé pour recevoir ces enseignements qui étaient si importants pour moi. Je songe cependant à Micheline, ma relationniste, qui m'a peut-être organisé des conférences en France à mon retour. Je pense également à Richard qui n'est jamais allé en Europe et que je dois rejoindre le 27 octobre à Paris.

À la pause, j'explique au lama que j'ai besoin d'un conseil face à la situation. Il me dit: «Attends trois jours et si, au bout de trois jours, tu as toujours la certitude que tu dois continuer, tu prendras alors ta décision et les choses s'arrangeront d'elles-mêmes».

Le lama nous prépare à recevoir l'enseignement. Il nous prévient qu'il faut avoir l'esprit ouvert et libre de préjugés et être très attentifs durant les leçons pour les retenir et utiliser notre discernement.

- Pour s'initier au bouddhisme, ajoute-t-il, il faut d'abord se familiariser avec son jargon de base.

Je suis contente d'avoir étudié le LAM RIM, cela m'aide beaucoup. Ce lama est captivant dans sa façon d'enseigner. Il maîtrise parfaitement bien son sujet.

Cet après-midi, notre second enseignant est le Révérend Geshé Damcho Sangpo, un vieux lama rayonnant qui ne parle que le tibétain. Il est accompagné d'un traducteur. Ce qu'il dit n'est pas nouveau pour moi car il enseigne le LAM RIM. Je comprends cependant que tous les participants du groupe ne l'ont pas étudié. Aussi, ces enseignements sont-ils extrêmement importants pour plusieurs d'entre eux.

Après la pause, nous avons une discussion de groupe et voilà que mon petit côté dirigeant ressort. Quelqu'un se charge de le remettre à sa place. Mon EGO en est un peu vexé.

À la méditation de 17 h, on nous apprend qu'il existe deux types de méditation: la méditation dite de concentration au cours de laquelle on dirige son attention sur un seul point (un mantra ou autre) et la méditation analytique qui consiste à penser à une chose afin de l'approfondir. Je réalise que sans être dans une position pour méditer, je pratique souvent la méditation analytique.

D'une séance à l'autre, je constate que j'arrive à discipliner un peu plus mon corps par la posture.

À la fin de la journée, je téléphone à Richard au Québec pour savoir si j'ai des engagements en France à mon retour et s'il accepterait d'y passer une semaine sans moi. Il y a plus d'un mois que je suis sans nouvelles de lui et c'est une immense joie de l'entendre. Il m'apprend que Micheline m'a effectivement organisé des conférences mais qu'il n'en connait pas les dates. Je lui dis que j'avais pensé prolonger mon séjour ici d'une semaine mais, si des engagements ont été pris en France, je vais les respecter. Je renonce donc à prolonger ce séjour et lui dis que je serai à Paris dimanche prochain.

L'enseignement du matin avec le Maître Tenzin Choedrak est celui qui me plaît le plus. Je constate que ce que j'ai appris dans le passé est l'équivalent du primaire. Ce que je reçois à présent avec ce professeur correspond au niveau secondaire avancé. Il y a cependant quelque chose qui m'arrête: chaque école de pensée laisse entendre qu'elle est la plus près de la Vérité. Chez Saï Baba, on nous disait que ce Maître est pratiquement le Christ des temps modernes et qu'il est celui qu'il faut suivre. Même chose chez les adeptes du Raja Yoga: leur Maître est la réincarnation de Narayana, le premier empereur de l'âge d'or venu apporter la connaissance à ce monde.

À l'*ashram* Rhada Soami, on nous raconte que seul un Maître vivant peut libérer un disciple. Lorsqu'il est pris en charge par un Maître, le disciple ne peut retourner dans les sphères inférieures. On prétend aussi qu'un seul *satsang* peut libérer les fidèles de vingt-et-une vies karmiques. Voilà qu'ici, on affirme qu'on ne peut accéder à la pleine libération que par la voie bouddhique. On nous dit aussi que toutes les autres voies, christianisme, hindouisme, islamisme... nous préparent à la voie bouddhique. C'est le principal point sur lequel je ne suis pas d'accord. Ce ne sont pas les Maîtres, tel Le Dalaï Lama, qui professent de telles idées, mais plutôt certains disciples dont les convictions frôlent parfois le fanatisme.

Je crois profondément que la Vérité réside au fond de nous et que toutes ces approches ne sont que des moyens pour nous aider à l'atteindre. J'admets cependant qu'en ce qui me concerne, la philosophie bouddhique me permet de mieux saisir tous les autres enseignements, qui eux, m'ont préparée à comprendre le bouddhisme.

Ce matin, nous apprenons comment s'est propagé le bouddhisme. On nous enseigne les quatre principaux axiomes, en nous disant que si nous les acceptons, nous sommes des bouddhistes pratiquants. Ce qui n'a rien à voir avec le fait de s'afficher bouddhiste, d'avoir la tête rasée ou de s'adonner à des pratiques.

Le premier de ces axiomes nous dit que tout ce qui a pris forme (peu importe laquelle) est éphémère et, par conséquent, que tout produit est éphémère.

Le second ajoute que tout ce qui est contaminé par le mental (EGO) est source de souffrance.

Le troisième affirme que tout ce qui n'a pas atteint l'état de bouddhéité est souffrance.

Le quatrième conclut que seul le Nirvanâ est source de paix et de vrai bonheur.

Un matin, notre érudit professeur nous a dit: «Nous, les bouddhistes, nous nions l'existence de Dieu». J'ai pensé que si un bouddhiste arrivait au Québec et disait cela au début d'une conférence, il perdrait sûrement plus de la moitié de son assistance. Cela me fit prendre conscience de la profondeur de mes racines catholiques. Nier l'existence de Dieu serait démolir mes fondements.

Voyant ma stupéfaction, mon professeur me demanda de lui expliquer comment je voyais Dieu. Je lui donnai l'exemple de la bulle qui se forme sur l'océan: elle est fière d'être une bulle. Elle espère que tous verront comme elle est belle et brillante et qu'elle peut vivre longtemps. Cependant, elle vit dans la peur de crever; elle se crée alors l'illusion qu'elle est une «super bulle». Comme elle appartient au monde éphémère, elle crève. Alors, elle revient, et cette fois, elle veut être plus grosse et vivre plus longtemps... Elle répète ainsi le cycle: naissance, joies temporaires, souffrance et mort. Puis, un jour, elle en a assez; elle comprend qu'elle n'y gagne rien. Elle accepte donc de faire partie de l'océan, tout simplement.

C'est alors qu'elle réalise que son potentiel, mis au service du tout, est amplifié par le tout. Au lieu de briller solitairement, elle brille parmi l'océan!

Il me répondit: «Tu es près de la Vérité, mais ce n'est pas encore cela». Et il avait raison; je crois comprendre sa pensée. Si nous voyons Dieu à l'extérieur, en tant qu'Être Suprême ou Créateur, nous ne pouvons faire autrement qu'entrer dans un système de dualité, c'est-à-dire le Créateur et ses créations. Ce système dualiste ne peut que nous éloigner de notre source qui réside dans l'Unité.

Le Christ a-t-il déjà dit que son Père avait créé l'Univers? Il a dit: «Mon Père et moi ne sommes qu'un et nous sommes tous frères». Lorsqu'il parlait de son Père dans les cieux, cela a probablement amené plusieurs personnes à penser que Dieu était quelque part au ciel, donc à l'extérieur, dans les cieux, plutôt qu'à l'intérieur d'eux-mêmes.

Les cieux dont le Christ parlait est cet état de paix, d'harmonie et de bonheur que les bouddhistes appellent le Nirvana (absence de souffrance née de l'illusion et de l'ignorance).

Si nous voyons Dieu n'ayant ni début ni fin, comme la manifestation des phénomènes en perpétuelle transition, alors nous nous rapprochons de l'Unité qui est la Vérité.

Je comprends maintenant pourquoi je ne suis pas venue plus tôt dans l'Himalaya. Si j'étais venue il y a un mois, je n'aurais pas reçu ces enseignements qui sont d'une importance capitale pour moi.

C'est étrange. Partout où je suis allée en me laissant guider, je suis toujours arrivée au moment opportun. Chaque étape me préparait à la suivante. Si le grand Maître de Béas avait accepté que je me rende à Béas, je n'aurais jamais rencontré cet érudit professeur. Je sais maintenant que tout ce voyage devait me conduire à ces découvertes.

Cet après-midi, à la discussion de groupe, je tente d'apporter une précision face à ce qu'il faut faire avec une émotion de colère. Le moine qui anime la discussion dit de simplement regarder cette colère et de nous interroger sur ce qui l'a engendrée. Je conçois qu'une telle attitude est applicable pour des moines qui ont fait des vœux de non-violence et qui pratiquent la patience, la tolérance et l'équanimité, mais pour le commun des mortels, c'est autre chose!

Je veux simplement parler d'une attitude d'acceptation. C'est alors qu'un membre du groupe me dit: «Je sens que si tu continues, c'est moi qui vais me mettre en colère». Je lui dis qu'il a peut-être à apprendre la patience. Il me répond: «Je préfère un karma d'impatience à un karma de colère». Je n'insiste pas et je comprends qu'il veut probablement me dire au nom de tous les autres: «Nous ne sommes pas venus ici pour t'entendre, mais pour entendre parler du bouddhisme».

Et il a parfaitement raison. Mon EGO est blessé, mais cette fois, aucune colère ne se manifeste. Cependant, je dois faire des efforts pour réprimer des pensées d'aversion à son endroit. Je réussis toutefois à lui dire merci de m'avoir remise sur la voie. Voilà une belle occasion de pratiquer l'équanimité: puis-je le voir comme un ami ou un frère? Je réussis et c'est une victoire pour moi, mais il me reste encore du chemin à parcourir dans ce domaine.

Après cette rencontre, je retrouve le vieux lama que j'ai bien aimé, Géshé Tséring. Je lui parle de cet enfant *toulkou* que j'ai rencontré il y a trois ans. Je lui demande s'il est toujours là. Il me répond que oui et propose de m'amener le voir avant le coucher du soleil pour que je puisse le filmer. Il me donne une *catha* et nous nous engageons sur les petits sentiers qui mènent à la maison blanche et verte. Nous entrons dans les appartements de l'enfant. Il a maintenant six ans. Il est toujours aussi beau et rayonnant. Je lui présente la *catha* qu'il place autour de mon cou. Le lama lui apprend que je suis venue le voir, il y a trois ans. Lorsque je veux le filmer, il ne sait trop que faire, et éclate de rire. Il parle en tibétain avec le lama et lui demande si je me rendrai à Bodh Gaya (peut-être parce qu'il sait que le lama doit s'y rendre prochainement). Ce vieux lama souffre de tuberculose et de cataractes; cela doit être relié au chagrin qu'il porte de n'avoir jamais pu revoir son pays. Il a quitté le Tibet avec d'autres réfugiés en 1959 et n'y est jamais retourné depuis. Et peut-être n'a-t-il jamais eu de nouvelles de sa famille, hormis ce qu'il a appris des cruautés faites aux Tibétains demeurés dans leur pays.

Je mets la caméra en position de marche arrière et je montre à l'enfant les scènes que j'ai prises. Cela l'amuse beaucoup. Si je reviens un jour à Tushita et qu'il est encore là, j'irai de nouveau le voir.

C'est le moment des au revoir. Il nous suit et nous regarde partir au milieu des fleurs. Le soleil se couche derrière ces magnifiques montagnes, et colore le ciel en rose. Comme je suis heureuse de cette rencontre!

Les cours du matin sont toujours aussi fascinants. Si je n'avais pas reçu les enseignements précédents à Manali, et en Dorgogne au mois d'août, et si je n'avais pas étudié le LAM RIM, il me serait impossible de comprendre ces derniers enseignements. D'autant plus qu'ils sont donnés en anglais, avec plusieurs mots sanskrits.

Au cours de mon premier voyage, lorsque j'avais entendu Sa Sainteté Le Dalaï Lama dire que nous pouvions nous réincarner en animal, ce fut toute une démarche pour moi d'accepter cette idée! Lorsqu'un lama, à l'Université Laval à Québec, a parlé du *bardo* (état désincarné entre la mort et la renaissance), je ne pouvais comprendre non plus. Aujourd'hui, je comprends que les esprits des êtres décédés, qui apparaissent parfois aux êtres humains (sous forme de fantômes, par exemple), ont repris naissance dans le monde des esprits, ce qui rend le *bardo* plausible à présent. Ce voile enlevé, je peux comprendre de mieux en mieux.

Ce matin, le professeur nous a parlé de la souffrance. La première des quatre vérités du Bouddha, c'est que tant que nous serons dans le cycle des renaissances, nous connaîtrons la souffrance. Le bonheur, tel que le conçoit la majorité des êtres humains, est une contamination de l'esprit, car il est basé sur ce qui est éphémère. Le bonheur peut avoir pour chacun une signification différente mais les sources de souffrance peuvent être les mêmes pour tout être vivant.

Parmi ces sources de souffrance, il y a:

1. La souffrance causée par la faim, le froid, la chaleur, l'inconfort, la maladie.

2. La souffrance due à l'incertitude:
   On ne sait pas ce que demain nous réserve; rien n'est assuré: ni la présence d'un être cher, ni une situation fortunée, ni un bon emploi. Cette incertitude face à demain fait naître bien

des peurs, bien des angoisses et bien des inquiétudes. Ce n'est pas pour rien que les compagnies de «rassurances» sont fructueuses...

3. La souffrance reliée à l'insatisfaction:
Insatisfaction d'avoir ce que nous ne voulons pas (ex.: des voisins dérangeants) ou encore insatisfaction de ne pas avoir ce que nous souhaitons (l'homme qu'on aime, un enfant, un bon emploi, une voiture, une maison, etc.). Insatisfaction de ne pas être ce que nous aurions souhaité (médecin, chanteuse, etc.) ou d'être ce que nous ne voulons pas (obèse, malade, infirme).

4. La souffrance due à la séparation soit:
La perte de ses biens, de l'être cher (enfant, ami, parent); la peur de mourir, de quitter ceux que l'on aime, etc.

5. La souffrance due à la solitude que l'on vit après une rupture ou un décès et qui crée un sentiment de manque et de vide dans sa vie.

6. La souffrance occasionnée par le changement:
Souffrance de voir ses enfants grandir et s'en aller, de voir ses parents mourir; souffrance de vieillir, de perdre sa beauté, sa vigueur; souffrance d'être contraint d'abandonner l'emploi qu'on aime, la maison qu'on habite parce que notre conjoint veut la vendre pour aller vivre avec une autre personne.

L'une des grandes souffrances provient de notre désir de vouloir rendre permanent ce qui appartient à l'éphémère. Par exemple, combien de personnes souffrent au moment d'une séparation parce qu'elles s'étaient mises en tête que ce mariage devait durer toute leur vie? Combien se créent des tensions en voulant que leur union dure toujours ou encore que leur conjoint soit «le dernier». Leur peur de le perdre fait souvent qu'elles en font trop et qu'elles s'oublient complètement, pour ensuite accuser ce dernier d'avoir profité d'elles ou de la situation.

Mieux vaut vivre un jour à la fois en savourant la présence de la personne qui est à nos côtés et en apprenant les leçons de vie qu'elle peut nous permettre d'intégrer. Si pour notre évolution, il nous faut un nouveau conjoint, à quoi bon s'accrocher à une union qui ne tient parfois plus que par la peur de ce que les autres pourront dire ou penser? Alors, pourquoi s'emprisonner dans l'idée qu'il faut que ce soit le dernier?

Une autre grande source de souffrance est l'impuissance que l'on ressent quand tout ce qui constituait nos rêves et nos espoirs s'effondre; ce peut être une entreprise, un projet, une relation de couple, etc.

Toutes ces souffrances sont engendrées par notre ignorance face à la vraie nature des phénomènes; nous confondons la réalité avec l'illusion. Lorsqu'on comprend la non-permanence des situations, les désirs et la colère deviennent impossibles. Lorsqu'il n'y a plus de désirs, ni d'attachements, ni de passions, il n'y a plus de souffrance.

Plusieurs fois, le lama nous répète que c'est la voie des combattants. Et ce qu'il nous faut combattre, ce sont nos ennemis intérieurs, qui sont l'ignorance, l'égocentrisme, la paresse physique ou mentale, l'orgueil, la colère, l'avidité et les passions. La destruction de ces ennemis est la tâche la plus difficile à entreprendre; cependant, la Libération en est le fruit.

Le Christ a dit: «Il faut mourir à soi-même pour renaître à la Vie Éternelle». Ce n'est rien d'autre que la libération du cycle des renaissances ou *samsarâ*.

23 octobre 1991

Après l'enseignement de ce matin, j'ai senti que je ne pourrais pas partir vendredi. Ce que j'apprends est trop important, même si je dois manquer une conférence à Paris ou ailleurs. Il y a des moments où un choix peut être capital. Je choisis donc de rester jusqu'à la fin des enseignements. Je devrai changer mes billets d'avion et de train.

On nous apprend qu'il est possible qu'à la fin du séminaire, nous puissions rencontrer Sa Sainteté Le Dalaï Lama, qui reviendra de New York le 27 octobre. Ce serait merveilleux de le revoir avant mon départ.

Ce soir, j'essaie de rejoindre Richard pour lui faire part de ma décision de prolonger mon séjour, mais je suis incapable d'avoir la communication: les singes ont débranché les fils du téléphone. J'essaierai de lui téléphoner de MacLeod Ganj demain.

26 octobre 1991

Je me suis couchée plus tard que d'habitude et je m'endormais durant la méditation de ce matin. Au petit déjeuner, je suis allé prendre une douche, même si le ciment y est très froid pour les pieds. Cela m'a réveillée.

Cet après-midi, je suis allée à l'Institut médical tibétain à MacLeod Ganj. Je croyais faire une allergie car j'avais des piqûres aux visages, aux mains et aux pieds et elles me causaient des démangeaisons très désagréables durant les cours. On m'a donné de la lotion à la calamine mais elle ne me soulageait que temporairement. Lorsque les démangeaisons revenaient, je me serais grattée jusqu'au sang. Le médecin pense qu'il s'agit de morsures de punaises. Il m'a remis des médicaments qui vont m'aider: trois pilules constituées d'environ cinquante ingrédients, dont l'or, l'argent, le fer, des pierres telles que le corail, la turquoise... Elles contiennent aussi des herbes cueillies dans les hautes montagnes. Je dois les prendre de façon spécifique en répétant un puissant mantra. C'est toute une affaire!

J'ai découvert, en vaporisant le matelas d'un produit répulsif, qu'il s'agissait bien de punaises. Il m'était arrivé la même chose lors de ma première visite.

J'ai réussi à rejoindre Richard qui s'apprête à partir pour Paris. J'avais si peur de le décevoir, mais il m'a gentiment répondu: «Prends le temps qu'il te faudra, ma chérie. Je vais t'attendre et ne t'en fais pas pour moi, je vais m'occuper durant cette semaine».

En raccrochant, je me suis dit que j'avais un conjoint merveilleux. Je me sentais remplie de joie.

Je crois que je suis en train de me développer des jambes de montagnarde. Tushita me semble moins haut à atteindre maintenant; j'y arrive plus rapidement.

Après la méditation de 17 h, notre professeur Jean-Luc me dit, sans doute à cause des questions que je soulève durant les cours et discussions: «Claudia, je sais que tu cherches à faire une synthèse, mais si tu veux la réaliser entre les connaissances du Nouvel Âge et le bouddhisme, c'est totalement inconciliable».

Je persiste à croire que si les êtres d'il y a 2 000 ans vivaient dans la souffrance et cherchaient le moyen de s'en libérer, ce n'est pas différent pour les gens du Nouvel Âge. C'est simplement la façon de leur présenter l'enseignement qui peut être différente.

27 octobre 1991

C'est aujourd'hui que je devais retrouver Richard à Paris. C'est également aujourd'hui qu'arrive Sa Sainteté Le Dalaï Lama. Je souhaite le revoir avant de quitter l'Inde. Je suis heureuse d'avoir poursuivi mes cours car plus les jours avancent et plus nous allons en profondeur dans les enseignements. Notre érudit professeur nous dit qu'il nous transmet en résumé pendant ces deux semaines ce qui s'enseigne habituellement en quatorze années dans les monastères. Il nous explique que notre ouverture au monde nous permet de recevoir ces connaissances de façon accélérée.

Pour la première fois, il nous parle de son expérience et de ce qui l'a conduit à devenir lama. Par ses origines familiales, il était de religion sikh, bien que son père pratiquait aussi le bouddhisme. Ce qui n'était pas son cas. Cependant, il aimait et admirait son père au plus haut point. Lorsqu'il eut quinze ans, son père mourut d'une attaque cardiaque, devant lui. Ce fut pour lui un véritable choc dont il mit des années à se remettre. Il lui arriva de rêver à son père et ce dernier lui parlait du bouddhisme. Il était âgé d'une trentaine d'années, lorsqu'il eut l'occasion de rencontrer Sa Sainteté Le Dalaï.

Le grand Maître lui demanda:
- Est-ce que tu fumes?
- Oui.
- Est-ce que tu bois de l'alcool?
- Oui.
- Es-tu marié?

- Oui.
- Alors quitte tout cela, le temps est venu pour toi d'être moine.

Une voix plus forte que toutes les objections qu'il aurait pu poser répondit: «Oui». Il demanda au Maître:
- Que vais-je faire? (il était chimiste)
- Tu enseigneras à mes moines.
- Mais que vais-je leur enseigner, Maître?
- Tu leur enseigneras ce que tu voudras.

Sa Sainteté, dont l'omniscience n'est plus à démontrer, sait voir en chaque être. Il avait sûrement vu que cet homme devant lui avait beaucoup progressé par le passé sur la voie spirituelle et qu'il aurait le jugement, l'analyse et la compréhension justes pour enseigner à ceux qui avaient soif d'apprendre la vérité qui affranchit.

Le plus difficile pour lui fut de quitter son jeune fils qu'il aimait autant qu'il avait aimé son père. Il devait connaître la douleur de la séparation reliée à l'attachement afin d'être en mesure d'enseigner la voie du non-attachement.

Avant de nous donner ce cours, il avait passé huit mois dans un ermitage où il ne voyait et ne parlait à personne. Avant cette période de solitude, le Maître lui avait dit: «Si l'on te demande de donner un cours sur le bouddhisme à des étrangers, tu diras oui».

Quelque temps après, au Centre de retraite de Tushita, on décida d'offrir un cours pour les étrangers. On le proposa comme l'un des instructeurs.

Il nous explique comment ces rencontres sont le fruit de la grande loi de cause à effet ou des karmas positifs ou favorables. Par exemple, nous dit-il, Sa Sainteté Le Dalaï Lama est allé à New York donner l'enseignement et l'initiation *kalachakra*. Il est possible qu'il y soit allé pour une seule personne ayant un si bon karma qu'elle s'est attirée 9 999 personnes pour partager avec elle les frais de déplacement du Maître jusqu'à elle.

À midi, je vais dîner dans ce petit restaurant tibétain où l'on trouve exceptionnellement de la tarte aux pommes. Je repère la seule table qui est disponible. Il y a déjà une femme occidentale qui y est installée. Je lui demande en anglais si je peux partager sa table; elle me fait signe que oui. Lorsque je commande mon repas (un *chowmein* végétarien), elle me dit: «Oh! que cet accent sonne français». Je lui demande si elle est Française? «Non! je suis Belge», répond-elle.

Nous parlons des raisons qui nous ont amenées en Inde. Elle me dit qu'elle est atteinte d'un cancer du sein et qu'elle vient pour recevoir des traitements de la médecine tibétaine.

Je lui demande ce qu'elle pense de l'idée que toute maladie a une cause. Elle me dit: «Je suis tout à fait en accord et je connais la cause de ce cancer».

Je lui parle de mon travail en métamédecine et lui dis que très souvent, les cancers sont reliés à une profonde culpabilité. Le sein représentant la maternité, son cancer est fort probablement en relation avec son enfant ou sa mère, à moins que ce ne soient les deux.

C'est un aspect qu'elle n'avait pas envisagé. Je lui propose, si elle le désire, de la rencontrer jeudi après-midi dans un endroit tranquille pour discuter de tout cela. Elle accepte et je lui suggère un travail à faire d'ici là, pour l'aider à libérer des émotions non réglées.

Je la quitte et je remonte vers Tushita. J'ai manqué l'enseignement de l'après-midi mais de toute façon, depuis quelques jours, j'y ai renoncé, me concentrant sur l'enseignement du matin ainsi que sur les méditations.

Ce soir, le vieux lama Géshé Tséring rencontre le groupe afin de nous préparer à une journée très spéciale qui commencera demain à 17 h. Il s'agit d'une journée de prise de voeux pour vingt-quatre heures. Comme il est parfois très difficile de faire des voeux à long terme, à cause des habitudes bien ancrées, ces journées de vingt-quatre heures s'avèrent plus faciles à respecter. L'engagement consiste à:

ne pas fumer,
ne pas boire de boisson alcoolisée,
ne prendre qu'un seul repas,
ne pas tuer (y compris les insectes),
ne pas voler,
ne pas mentir,
ne pas avoir de relations sexuelles,

ne pas se parer de bijoux ou de parfum,
s'abstenir de s'installer sur des sièges trop élevés
ou trop luxueux et enfin,
ne pas chanter ni danser.

Je dis à Tricha: «Celui qui me sera le plus difficile à tenir sera de ne pas chanter, car ici, dans ces lieux de paix et d'harmonie, je ressens une telle plénitude, un tel bonheur, que j'ai toujours envie de chanter».

En quittant la *Gompa* (le temple), j'observe la nuit étoilée. Ce soir, on peut même apercevoir la voie lactée. Le fond de l'air est frais, le silence règne. Comme il est bon de savourer ce silence et cette paix!

29 octobre 1991

La nuit fut bien courte. Il est déjà 5 h; dans quinze minutes, nous devons être à la *Gompa* pour la prise de voeux. J'enfile un *pendjabi* et je mets mon cardigan de laine. J'ai même le temps de faire une petite marche dans la montagne. Le soleil n'est pas encore levé; on entend les oiseaux qui brisent le silence de ces hauts lieux de paix. Je prends la place que j'occupe habituellement. Tous les participants sont présents. Sous la direction du lama Géshé Tséring, nous débutons par la prise des trois refuges accompagnée des prosternations.

Nous devons penser que tous les bouddhas et *bodhisattvas* sont présents. Nous prononçons les voeux en répétant les formules en tibétain et terminons par le puissant mantra: *THAGATA OM MOUNI MOUNI MOUNAYÉ SOHA*.

À la fin de ces vingt-quatre heures, il sera très important d'offrir tous les mérites accumulés. En général, on les offre pour que tous les êtres connaissent la paix et le bonheur. Il semble que ce soit une façon de protéger les mérites accumulés.

À 6 h 40, c'est la méditation jusqu'à 8 h. Comme aujourd'hui il n'y a pas de déjeuner, notre cours commence plus tôt.

Notre érudit professeur nous parle des deux grandes vérités dont l'une est relative et l'autre absolue.

La vérité absolue est que :
la nature des phénomènes est permanente mais les produits des phénomènes sont toujours éphémères.

La vérité relative est que :
les produits des phénomènes ont une existence, mais très relative (c'est-à-dire qu'ils dépendent de facteurs inhérents à leurs manifestations).

Puis, il nous dit : «Tout ce que je vous ai enseigné jusqu'à maintenant était pour vous préparer à comprendre ce texte que je vais vous lire aujourd'hui et qui s'intitule «Le *Soûtra*[1] du Diamant».

Ce texte me fait comprendre dans toute sa profondeur ce que signifiait «Au commencement était le verbe» : c'est à partir de ce moment que survint l'identification qui donna naissance à l'illusion que le MOI — EGO existe par lui-même.

Je viens de comprendre ce que j'avais tant cherché pendant des années. Tout s'explique. Le voile de l'illusion se dissipe soudain. Je suis prise d'un fou rire.

La Vérité est si simple, mais notre attachement aux apparences et à des croyances complètement erronées forme des voiles de plus en plus épais que nous adoptons et qui nous masquent la réalité.

Nous cherchons parmi les livres, les religions, chez les Maîtres, sans savoir que la Vérité n'est pas cachée. Ce n'est pas elle qu'il faut chercher, ce sont nos voiles qu'il faut retirer.

Tant que nous ne savons pas qui nous sommes vraiment, nous sommes esclaves des manifestations que nous engendrons par notre ignorance.

C'EST POURQUOI LA PREMIÈRE CAUSE DE LA SOUFFRANCE EST L'IGNORANCE.

«Celui qui marche dans les ténèbres ne sait pas où il va.»

Jean 12,30

---

[1] Soûtra : Les paroles du Bouddha transcrites par ses disciples.

Les ténèbres, c'est l'ignorance; et la lumière, c'est la connaissance.

Nous retrouvons également dans Jean 1,6:

> *« Il y eut un homme envoyé de Dieu; son nom était Jean. Il vint pour servir de témoin, pour rendre témoignage à la lumière, afin que tous croient par lui. Il n'était pas la lumière mais il parut pour rendre témoignage à la lumière. Cette lumière était la véritable lumière, qui en venant dans le monde éclaire tout homme ».*

Le Christ «porteur de lumière» apporta la lumière (la connaissance) au monde afin de l' aider à se libérer de la souffrance dans laquelle l'être humain se rendait esclave par son ignorance.

Tout ce que j'apprends par le bouddhisme, loin de m'éloigner des enseignements du Christ, m'aide à mieux les comprendre. La synthèse que je cherchais tant commence à se concrétiser à travers mes recherches. Plus j'avance, plus je réalise que chaque école de pensée enseigne la même chose à sa manière.

Le cours continue de s'intensifier. Je suis à même de me rendre compte que la majorité des étudiants ne sont pas en mesure de comprendre. Au fond, c'est très simple, mais de la façon dont notre érudit professeur le présente, cela semble très compliqué.

Cela me rappelle que les apôtres avaient demandé à Jésus le Christ: «Pourquoi leur parles-tu en paraboles?»

Jésus leur avait répondu:

> *« Parce qu'il vous a été donné de connaître les mystères du Royaume des cieux, et que cela ne leur a pas été donné. Car on donnera à celui qui a, et il sera dans l'abondance, mais à celui qui n'a pas, on ôtera ce qu'il a. C'est pourquoi je leur parle en paraboles ».*
>
> *Matthieu 13,10*

Comme nous récoltons ce que nous avons semé, celui «qui a» la capacité de comprendre ce dont il est question ici, signifie qu'il y a mis la volonté, les efforts et la persévérance. Celui qui «n'a pas» la capacité de comprendre parce que n'ayant pas mis la volonté, les efforts ou la persévérance nécessaires, pourra plus facilement se laisser aveugler, manipuler ou endoctriner dans des voies qui pourront même le retarder dans son «Éveil».

Mon rendez-vous dans les Himalayas était un rendez-vous avec ces grandes vérités. Je sais que je pourrais partir aujourd'hui car tout ce qui nous a été donné était pour nous amener vers cette compréhension.

Je me demande cependant comment je pourrais retransmettre ces grandes vérités sans faire peur à qui que ce soit ? Comment faire comprendre à mes frères et soeurs de l'Univers l'importance d'investir dans un cheminement spirituel ? Y arriverais-je ? Aurais-je les mots pour les rejoindre ?

Je sais qu'en m'abandonnant à la Source qui nourrit tout être prêt à s'en alimenter, elle me donnera les mots qui feront que tous ceux et celles qui sont prêts à comprendre, comprendront.

Il ne me reste plus que quelques jours en Inde. Ce vieux lama que j'aime bien m'informe que demain, celui que je considère comme mon grand Maître, Sa Sainteté Le Dalaï Lama, présidera une cérémonie où l'on fêtera le 31e anniversaire des écoles des réfugiés tibétains. Il me propose de m'y amener. Comme les prochains cours seront axés sur des questions concernant l'enseignement donné jusqu'à présent, je choisis d'accompagner mon vieux lama à cette rencontre.

Tôt le matin, il vient me chercher. Par cette merveilleuse journée d'automne, il est très agréable de marcher dans la forêt longeant les petits sentiers. Un jeune moine tibétain nous accompagne. Je savoure dans le silence la beauté de ce paysage. Après une bonne heure de marche, nous arrivons à un endroit haut perché de MacLeod Ganj. Une foule remplit les gradins installés pour l'occasion. Je trouve une excellente place où je pourrai très bien filmer le Maître.

Tout le monde est au poste. Il y a un peu de nervosité dans l'air. Une fumée d'encens se dégage à l'entrée. Les étudiants entament la musique. On entend des voitures arriver. Des motocyclistes précèdent des automobiles de police, viennent ensuite les dignitaires.

Arrive enfin la «Jeep» qui transporte celui que tous attendaient: Sa Sainteté Le Dalaï Lama. Il est tout sourires, rayonnant l'Amour Universel. Il monte les gradins. Des centaines de caméras semblent vouloir immorta liser chacun de ses gestes ou de ses sourires. Je suis très près, j'ai ma caméra et grâce au «zoom», je peux m'approcher encore davantage. À un moment donné, je salue Le Dalaï Lama et il me rend mes salutations. Chaque fois que je le vois, mon coeur vibre si fort à sa présence.

La fête est superbe avec une présentation de danses et de chants folkloriques. Je suis impressionnée de la qualité de la chorégraphie exécutée parfaitement par les étudiants. Plus de huit cents enfants sont présents. Il y a aussi les tout-petits qui présentent un spectacle demandant une excellente mémoire. Chez les Tibétains, particulièrement de l'école des Guéloukpa, l'accent est mis sur le développement de la mémoire.

Vers l'heure du midi, je quitte la fête. Dans l'après-midi, j'ai rendez-vous avec Ghislaine, l'amie belge que j'ai rencontrée au restaurant il y a deux jours. Le vieux lama me fait comprendre de suivre la ligne d'eau pour rentrer à Tushita. Je la suis, mais à un moment, je ne sais plus quel sentier prendre. Il y en a tellement dans ces montagnes. Deux jeunes moniales passent; je leur demande le chemin pour Tushita. Elles ne parlent que le tibétain. Toutefois, elles ont saisi ma demande et elles me font comprendre de les suivre. L'une m'offre même de porter ma caméra qui devient lourde à la longue. Dans ce voyage, j'ai vraiment été escortée. Lorsque je reconnais le chemin qui est tout près de Tushita, elles me laissent pour reprendre le leur.

Encore une fois, j'arrive trop tard pour le dîner. Je descends donc à MacLeod Ganj. Je rencontre Ghislaine au restaurant; elle va déjà beaucoup mieux. Il y a aussi avec elle un garçon qui est atteint d'un cancer du cerveau. Au début, comme je vois qu'il n'a nulle envie de parler, je l'accueille non verbalement. J'attends un peu et, le sentant prêt, je lui dis:

- Je sens chez toi un petit garçon plein de chagrin que j'aurais juste envie de bercer et de consoler.

À ces mots, il se met à pleurer. Je sais qu'il faut que je continue...

- Je sens que tu penses que tu ne mérites pas d'être heureux, peut-être parce que tu as vu quelqu'un qui souffrait ou que tu t'es senti responsable de sa souffrance; c'est ce qui expliquerait ton cancer.

À travers ses larmes, il réussit à me dire:
- Tu as mis parfaitement le doigt dessus; quand j'avais treize ans, je voyais ma mère dépressive et je me sentais responsable de ses dépressions.

Nous sommes au restaurant, je perçois son besoin de se confier mais ce n'est pas l'endroit. Je lui propose d'aller marcher ensemble s'il le désire, mais il refuse en me disant: «Je n'ai jamais rien accepté des autres». Je lui dis qu'il serait peut-être temps qu'il commence. Il refuse encore. Je le laisse libre et lui indique l'endroit où me trouver s'il veut me rencontrer. Et je pars avec Ghislaine. Je comprends qu'il ne tient pas à s'en sortir, que son désir de se détruire est plus fort.

Nous nous rendons à l'hôtel de Ghislaine. Elle me confie que l'exercice que je lui ai demandé de faire, concernant ses mémoires émotionnelles, a fait ressurgir plusieurs émotions, qu'elle a beaucoup pleuré et que cela lui a fait du bien. Nous retournons aux situations qui sont à l'origine de ses émotions négatives afin d'en transformer l'interprétation de façon positive. Ghislaine me révèle que sa mère la battait et se montrait très dure envers elle. Sa mère s'était mariée alors qu'elle était enceinte; elle ne fut jamais heureuse dans sa relation de couple et toute sa frustration s'exprimait par ses colères, ses coups et ses paroles blessantes. Ghislaine portait à la fois la culpabilité «c'est à cause de moi si ma mère a dû épouser cet homme avec lequel elle est malheureuse» et en même temps, elle croyait que sa mère ne l'avait jamais aimée. Tout comme sa mère, elle devint enceinte, mais elle n'avait pas voulu se marier pour cette raison. Et voilà que la fille de Ghislaine lui reprochait de l'avoir privée, en refusant le mariage, de tout ce que son père aurait pu lui apporter (affectivement et aussi financièrement). Encore une culpabilité de plus. C'en était trop. Elle m'explique que lors de cette dernière émotion de taille, elle avait dit: «Ma fille vient de me tuer». (Cette émotion fut certainement l'élément déclencheur de son cancer). Quelque temps après, on découvrait son cancer du sein.

En aidant Ghislaine à se libérer de ses culpabilités et à voir que sa mère avait ses expériences à vivre, tout comme elle en avait d'autres, elle peut comprendre la souffrance de sa mère et en même temps son amour pour elle. Elle se sent libérée.

En remontant vers Tushita, je me sens le coeur si léger. Je comprends comment cette phrase de la marche vers l'Éveil est véridique:

«Tous ceux qui sont malheureux le sont pour avoir cherché leur propre bonheur; tous ceux qui sont heureux le sont pour avoir cherché le bonheur d'autrui».

Jeudi 31 octobre 1991

Je suis maintenant à quelques jours du retour. Ce matin, je ne vais pas au cours. J'ai appris que Sa Sainteté offrirait une entrevue à 12 h 30. Je descends à MacLeod Ganj afin de m'enregistrer au bureau de la sécurité de Sa Sainteté. On me remet une autorisation. J'ai du temps devant moi; j'en profite pour me rendre au Centre Médical Astro Tibétain à Dharamsala.

Puis, je remonte au temple ainsi qu'à la résidence de Sa Sainteté. Vers 12 h 30, on nous fait entrer. Nous passons les mesures de sécurité et nous nous installons par terre jusqu'à ce que nous puissions la rencontrer. Vers 13 h, la rencontre commence. Il y a dans le groupe plusieurs Tibétains qui sont récemment arrivés au Tibet. Certains sont malades, la plupart n'ont pas revu le Maître depuis 1959. C'est émouvant. Il accorde du temps à chaque personne, bien que nous soyons nombreux. Il distribue des médicaments à ceux qui sont malades; puis, il remet ce petit cordon rouge qui symbolise le lien unissant le disciple au Maître. Je l'observe en attendant mon tour. Il irradie le bonheur, l'amour et la compassion. Il est l'exemple, le modèle que je souhaite développer moi-même. Quand vient mon tour, je lui présente la *catha* de longue vie, afin de lui souhaiter de vivre longtemps. Il me la passe autour du cou, elle se déroule jusqu'à terre. C'est la bénédiction que je souhaitais avant de quitter l'Inde. Il me remet le cordon rouge que je conserve précieusement car je porte déjà celui qu'il m'a donné en France.

Maintenant, je peux partir. J'ai reçu toute l'énergie pour poursuivre la tâche que j'aurai à accomplir.

Le Maître est souvent comparé à une batterie de recharge mais il ne faut pas seulement s'alimenter de son énergie; il faut apprendre à réalimenter la nôtre. C'est ce qui explique que certaines personnes vont suivre des cours de croissance. Elles en reviennent toutes «réénergisées» puis, après un certain temps, toute cette belle énergie semble s'être volatilisée. C'est qu'elles l'ont utilisée en oubliant ce qu'il fallait faire pour l'entretenir.

C'est ma dernière nuit à Tushita; j'ai de la difficulté à dormir. En faisant mes valises, hier soir, j'y ai trouvé une visiteuse (une petite souris). Je ne sais si elle a passé une partie de la nuit avec moi, mais ce matin, je suis réveillée par ses pas sur mon sac de couchage.

Puis, arrive le temps des au revoir ou adieux car, même si je reviens un jour, ce vieux lama sera-t-il encore là ou la tuberculose aura-t-elle eu raison de lui? Et cet érudit professeur? À lui aussi, je dis au revoir ainsi qu'à cette oasis de paix et de sérénité où j'ai connu tant de plénitude.

Le taxi vient me chercher pour m'amener à la gare de Pathankot. Je quitte ces montagnes avec l'espoir d'y revenir un jour.

Dès que nous approchons de Dharamsala, il me semble revenir en Inde car, là-haut, je me sentais davantage au Tibet. L'Inde, c'est la foule, le bruit, les odeurs, la pauvreté mais aussi la richesse de ses temples, de ses gourous, de ses saddhus, etc.

Je prends le train de nuit pour Delhi. J'arrive à 5 h. Le train est en avance de quinze minutes. Vinod, mon chauffeur de rickshaw, est au rendez-vous. Dieu sait comment il pouvait savoir que j'étais dans ce compartiment mais, dès que le train s'arrête, il est là, prêt à m'aider.

Vinod m'a servi d'escorte durant tout mon séjour à Delhi. Il était toujours en avance sur l'heure fixée. Ce matin, je l'apprécie au plus haut point. Je vois, dans sa façon d'être, l'amour et le respect pour les personnes qu'il escorte dans son humble petit rickshaw.

La ville est encore endormie, elle commence tout juste à s'éveiller. Sur les trottoirs, le long de la route, je vois des centaines de personnes couchées à même le sol, sans couverture et sans oreiller, recroquevillées sur elles-mêmes pour trouver un peu de chaleur dans cette nuit froide de novembre. Certaines se font un petit feu sur le trottoir pour essayer de se réchauffer. Quel triste spectacle! Puisse un jour les êtres agrandir suffisamment leur coeur pour qu'il n'y ait jamais plus un enfant affamé ou un frère qui dorme sans abri.

Je rentre à l'hôtel pour mes derniers préparatifs de départ.

3 novembre 1991

Sur la route de l'aéroport, j'observe un magnifique lever de soleil, l'un des plus beaux que j'aie vus. C'est comme si l'Inde me disait au revoir. Elle m'a tant donné, bien au-delà de ce que j'attendais.

«Comment pourrais-je redonner tout ce que tu m'as donné?»

ADDENDA

Dans le second tome de *Rendez-vous dans les Himalayas* de Claudia Rainville: «Les enseignements», le lecteur retrouvera les fruits de sa quête spirituelle qu'elle nous offre maintenant «en son temps et à sa manière».

C'est avec la même simplicité et la même authenticité qu'elle nous apportera les réponses aux questions fondamentales telles que : Qui suis-je? Qu'est-ce que Dieu? L'âme existe-t-elle? Comment se manifeste la loi du karma, d'un moment à l'autre et d'une vie à l'autre? Peut-on évoluer dans la joie, le bonheur et l'abondance, ou devons-nous souffrir pour évoluer? Quel est le but de notre évolution? Peut-on aimer sans s'attacher? Qu'est-ce que les cycles de renaissances? Peut-on atteindre l'illumination dans cette vie? Si oui, comment? Et plus encore...

Véritable rendez-vous avec la connaissance des grands Maîtres, ce livre, loin de nous éloigner de l'enseignement religieux reçu, nous rapprochera de l'enseignement de Jésus le Christ, ce grand Porteur de lumière qui incarna l'Amour et qui montra la voie conduisant à la vie éternelle ou la Libération.

TABLE DES MATIÈRES

Avant-propos 11

1. L'appel 15

2. L'aventure 43

3. La recherche du Maître 63

4. Destination les Himalayas 83

5. Le retour 127

6. Le rappel 161

7. Nouvelle odyssée 193

8. Retour dans les Himalayas 241

Annexe

ANNEXE

Par ses livres, ses conférences, ses émissions de télévision ainsi qu'avec le Centre de Métamédecine qu'elle a fondé, Claudia Rainville contribue à un plus grand éveil de conscience chez les personnes en quête d'un mieux-être.

En se basant sur l'approche de sa fondatrice, le Centre de Métamédecine offre les services de thérapies individuelles et de groupes ainsi que des ateliers, dont :

La libération des mémoires émotionnelles
Réconcilier le coeur et la raison
Le défi d'être soi-même
La vision le retour à la clarté
Éveil à la spiritualité
Approche en Métamédecine I et II
Approche thérapeutique

De plus en plus sollicitée comme conférencière tant au Québec qu'en Europe, Claudia Rainville offre un volet formation pour ceux et celles qui désirent approfondir son approche thérapeutique.

Et pour ceux et celles qui aiment combiner plaisir et découvertes, Claudia propose des voyages-ateliers en République Dominicaine durant l'hiver et dans les Alpes suisses pendant la période estivale.

Pour renseignements sur les thérapies, ateliers ou voyages-ateliers, ou pour recevoir le programme de ses ateliers et conférences, contacter :

Le Centre de Métamédecine Claudia Rainville
9440 A, Henri-Bourassa
Charlesbourg (Qc)
Canada
G1G 4E6
Tél. : (418) 626.1133   Télécopieur : (418) 848.5442

BON DE COMMANDE

J'aimerais que vous me fassiez parvenir le(s) livre(s) suivant(s):

( ) PARTICIPER À L'UNIVERS,
   sain de corps et d'esprit   23,50 $ (taxes incl.)

( ) VIVRE EN HARMONIE
   avec soi et les autres   23,50 $ (taxes incl.)

( ) RENDEZ-VOUS DANS LES HIMALAYAS
   ma quête de vérité (Tome I)   23,50 $ (taxes incl.)

( ) RENDEZ-VOUS DANS LES HIMALAYAS
   les enseignements (Tome II)   23,50 $ (taxes incl.)

   Frais d'envoi   3,00 $

   Total   ____ , ____ $

Je joins:

☐ un chèque de: _____

☐ un mandat-poste de: _____

☐ no. carte Visa: _____

☐ no. carte MasterCard: _____
   Date d'expiration: _____

Nom:_____
Adresse:_____
Ville:_____
Code postal:_____ Téléphone:_____

Postez ce bon à: **Éditions F.R.J. Inc.**
                        153, du Sommet
                        Vermont sur le Lac
                        Stoneham (Québec)
                        G0A 4P0
ou téléphonez au: (418) 848-4290

Si vous désirez offrir ce volume en cadeau, dédicacé par l'auteur, inscrire le prénom de la personne sur cette ligne:

_____